Herbert Altrichter · Martin Heinrich
Katharina Soukup-Altrichter (Hrsg.)

Schulentwicklung durch Schulprofilierung?

Educational Governance
Band 8

Herausgegeben von

Herbert Altrichter
Thomas Brüsemeister
Ute Clement
Martin Heinrich
Roman Langer
Katharina Maag Merki
Matthias Rürup
Jochen Wissinger

Herbert Altrichter
Martin Heinrich
Katharina Soukup-Altrichter (Hrsg.)

Schulentwicklung durch Schulprofilierung?

Zur Veränderung von Koordinationsmechanismen im Schulsystem

VS VERLAG

Bibliografische Information der Deutschen Nationalbibliothek
Die Deutsche Nationalbibliothek verzeichnet diese Publikation in der Deutschen Nationalbibliografie; detaillierte bibliografische Daten sind im Internet über <http://dnb.d-nb.de> abrufbar.

1. Auflage 2011

Lektorat: Stefanie Laux

VS Verlag für Sozialwissenschaften ist eine Marke von Springer Fachmedien.
Springer Fachmedien ist Teil der Fachverlagsgruppe Springer Science+Business Media.
www.vs-verlag.de

Umschlaggestaltung: KünkelLopka Medienentwicklung, Heidelberg
Druck und buchbinderische Verarbeitung: Ten Brink, Meppel
Gedruckt auf säurefreiem und chlorfrei gebleichtem Papier
Printed in the Netherlands

ISBN 978-3-531-16671-1

Inhalt

Teil I: Was ist Schulprofilierung? – Eine Einführung

„Dabei war das Gymnasium, an dem Sally unterrichtete, keine Problemschule. Sie gehörte zu den besten öffentlichen Schulen der Stadt. Und weil sich das Leistungsdenken überall durchsetzte, auch im Verhältnis der Schulen untereinander, profitierte Sally von einer gesellschaftlichen Tendenz, die sie eigentlich ablehnte. Ihre Schule konnte sich die Schülerinnen und Schüler aussuchen, nur solche mit lauter Einsern und deren Geschwisterkinder, am besten aus den katholischen Volksschulen, weil gut erzogen und angepasst. Das machte die Arbeit leichter. Schon eine komische Sache. Privat hatte Sally mit Angepasstheit nichts am Hut, trotzdem war sie froh um jedes Kind, das keine Überraschungen produzierte und stillsaß und zuhörte, wenn Erwachsene redeten. Je mehr Schüler imstande waren, ihren schwächeren Mitschülern zu helfen, desto besser funktionierte das System. Die akademischen Standards waren hoch, die Disziplin einigermaßen intakt, der Anteil an verhaltenskreativen Kindern überschaubar. Und anderswo entsprechend höher. Indirekt proportional. Gewisse Probleme wurden einfach ausgesperrt. Und in der Gesellschaft war es nicht anders. Alles, was Mühe machte, wurde nach Möglichkeit auf Distanz gehalten, die sollten besser unter sich bleiben und nicht anderswo die Abläufe stören. Eine Art Klassengesellschaft. Eine Art kollektiver Heuchelei. Ja. Gleiche Bildungschancen für alle? Ein schlechter Witz. Und Sally gehörte mit zum System, sie hatte ihre alten Werte einem natürlichen Überlebenstrieb geopfert, weil auch sie nur über begrenzte Kraft verfügte. Auch ohne schwierige Kinder war das Unterrichten anstrengend genug.“ (Geiger 2010, S. 222f.)

Dass Schulprofilierungsprozesse bereits in Bestsellerromane Eingang finden, ist ein Indikator für deren alltagsweltliche Relevanz. Zugleich wird an solchen Schilderungen die Differenz kenntlich zwischen der lebensweltlichen Verankerung eines eher vage konturierten und in der Wahrnehmung stark subjektiv gefärbten Phänomens des Bildungssystems und dem wissenschaftlichen Anspruch einer empirisch gehaltvollen, schultheoretisch fundierten Analyse solcher Sachverhalte. Während es für den Romancier angemessen ist, das Phänomen als zugleich im subjektiven Erleben widersprüchlich und normativ prekär aufgeladen in den Raum zu stellen, um Sallys Situation plastisch werden zu lassen, besteht der Anspruch der Governanceanalyse eines solchen Phänomens gerade darin, jene Interdependenzen, in die die Romanfigur hier verstrickt erscheint, als Teile und Begleiterscheinungen einer Veränderung von Koordinationsmechanismen im Mehrebenensystem Schule zu verstehen. Sallys besondere Position innerhalb der Akteurkonstellation ihrer Schule, ihre dazu im Widerspruch stehenden leitenden Normen und Werte sowie die Bezogenheit einer solchen „Einzelperspektive" auf umfassendere schulische Koordinationsverhältnisse sind von daher empirisch zu fassen und theoretisch einzuholen.

Der vorliegende Band enthält verschiedene Ansätze zur Aufklärung des Phänomens „Schulprofilierung": In Teil II werden mehrere empirische Studien zu Schulprofilierungsprozessen vorgestellt und in Teil III zusammenfassend interpretiert und daraufhin befragt, ob und wie sich die Systemkoordination und Steuerung im Schulsystem im Zuge solcher „Modernisierungsprozesse" verändert haben. Bevor dies allerdings geschieht, soll zunächst in Teil I ein Vorverständnis dessen hergestellt werden, was im vorliegenden Band unter „Schulprofilierung" verstanden wird (vgl. Kap. 1). Sodann wird ein Blick auf bereits vorhandene Forschungen zum Phänomen geworfen (vgl. Kap. 2). Die Einführung schließt mit einer governancetheoretischen Verortung der hier angesprochenen Fragen (vgl. Kap. 3).

Herbert Altrichter, Martin Heinrich & Katharina Soukup-Altrichter

Kapitel 1: Schulprofilierung – Annäherungen an ein Phänomen

1 Schulprofilierung – konzeptuelle und bildungspolitische Einordnung

1.1 Schulprofil und Schulprofilierung

Schulprofil ist in der aktuellen Diskussion kein besonders klar definiertes Konzept (vgl. Reimer 2006, S. 16ff.). Es stellt oft ein anderes Wort für die Summe aller Merkmale dar, die die öffentliche Wahrnehmung einer Schule bestimmen und die sich *intendiert oder nicht-intendiert* entwickelt haben (vgl. Holtappels 2003, S. 164). In Anschluss an Philipp & Rolff (2004) wird oft das – grundsätzlich immer schon vorhandene – Schulprofil bewusster und planvoller Schulentwicklung gegenüber gestellt, deren Instrumente und Ausdruck Schulprogramm, Leitbild und schulische Arbeitspläne sind. Im Versuch zu differenzieren, was in dieses charakteristische Bild der Einzelschule eingeht, kann man folgende Hauptaspekte von schulischen Profilen nennen (vgl. auch Maritzen 2003, S. 248f.; Senatsverwaltung 2000, S. 7):

1. Ruf, Ansehen oder Image,
2. unterrichtliche und außerunterrichtliche Angebote und spezielle Dienstleistungen,
3. pädagogische Identität (wenn die Schule mit bestimmten Charakteristika der Unterrichtsgestaltung, der didaktischen Angebote oder des Schullebens assoziiert wird),
4. Position im schulstrukturellen Gefüge (z.B. Schultyp, von dem die erzielbaren Abschlüsse bzw. Berechtigungen abhängen) und andere Auswirkungen von Entscheidungen der Bildungspolitik und -verwaltung (z.B. solche, die die Lage, Größe, bauliche und sonstige Ausstattung der Schule beeinflussen).

Die zentralen – und positiven – Merkmale des Schulprofils werden oft auf der Webseite der Schule und in Werbefoldern nach außen kommuniziert und sollen helfen, die „richtige“ Klientel – in ausreichender Zahl – zu rekrutieren. Manche dieser Elemente – z.B. 1 und 4 – können nur längerfristig, indirekt oder überhaupt nicht, andere – so vor allem 2 und 3 – können kürzer- und mittelfristig von der Schule beeinflusst werden und eignen sich damit als Objekte von Entwicklungsanstrengungen – für *Schulprofilierung*.

Unter *Schulprofilierung* verstehen wir also einen Prozess der Schulentwicklung, bzw. genauer: den intentionalen Prozess, mit dem die Akteure einer Schule versuchen, das bestehende Profil dieser Schule – vor allem ihre unterrichtlichen und außerunterrichtlichen Angebote und ihre pädagogische Identität – weiterzuentwickeln. Dass nicht alle Akteure einer Schulgemeinschaft diese Intentionalität teilen und dass der Prozess auch „transintentionale“ Resultate erbringen kann, ist dabei mit gedacht.

Da sich Schulen auch mehr als nur einen spezifischen Profilierungsschwerpunkt wählen können und dies auch häufig tun, kann sich „schulische Profilierung“ aus *zwei – auch miteinander verbundenen – Prozessen* zusammensetzen*:*

(1) Klassenprofilierung: Schulautonome Profile und Lehrpläne beziehen sich meist auf einzelne Klassen, neben denen – außer in sehr kleinen oder spezialisierten Schulen – noch andere Profilklassen und „Restklassen“ bestehen.

(2) Einzelschulprofilierung: Wenn man von „Schulprofilierung“ spricht, können daher zwei unterschiedliche Szenarien gemeint sein: Szenario 1 beschreibt eine Schule, die als Ganze ein einigermaßen einheitliches Bild bieten will, wie dies beispielsweise bei den bekannten „Reformschulen“ (z.B. Laborschule Bielefeld oder Helene-Lange-Schule) der Fall ist. Im öffentlichen Schulwesen weitaus häufiger ist jedoch ein anderes Szenario. In diesem besteht „Schulprofilierung“ in dem Versuch, „ein ‚Portfolio‘ mit einer oder mehreren attraktiven Profilklassen zu füllen, mit denen ein positives Image der Schule aufgebaut und um Schüler/innen geworben werden kann. Darüber hinaus können noch weitere klassenübergreifende Merkmale dem ‚Portfolio‘ hinzugefügt werden, doch gerade im Bereich der höheren Schulen ist ein Schulprofil ohne attraktive Profilklassen kaum zu finden. Wo dies aus schulrechtlichen und regionalpolitischen Gesichtspunkten möglich ist, versuchen Schulen die Zahl attraktiver Profilklassen zu steigern und unattraktive Profile sowie ‚Restklassen‘ auslaufen zu lassen, deren Schülerklientel in weniger erfolgreiche Schulen umgeleitet wird.“ (Altrichter & Rürup 2010, S. 139f.)

In einem ersten Zugriff werden im vorliegenden Band mit *Schulprofilierung* demnach all jene Prozesse bezeichnet, durch die Einzelschulen die jeweils gegebenen Gestaltungsoptionen nutzen, um ein spezifisches Ensemble von Lernangeboten und anderen pädagogischen und organisatorischen Merkmalen aufzubauen. Warum und wie sie das tun, soll in den nachfolgenden Analysen herausgearbeitet werden.

Man kann *Schulprofilierung* auf der Ebene der Organisation „Schule" und ihrer internen Handlungen und Strukturen – also auf der Meso- und der Mikro-Ebene, wie das Helmut Fend (2006a) bezeichnet hat – als Phänomen der Einzel-Schulentwicklung (vgl. Altrichter & Helm 2010) verstehen. Man kann sie aber auch – zusätzlich – anders deuten: als Begleiterscheinung und wesentliches Instrument von Versuchen auf der Makro-Ebene des Schulsystems, die Koordination zwischen den einzelnen Systemelementen – z.B. zwischen den verschiedenen Schulen, Schulverwaltung, Bildungspolitik, Unterstützungssystemen, Eltern, Schüler/inne/n, interessierten Umfeldakteuren usw. – zu verändern. Dies soll im nächsten Abschnitt geschehen.

1.2 Autonomie-Politiken und Schulprofilierung

Die Schulentwicklung nach 1945 war in den Schulsystemen der Bundesrepublik Deutschland genauso wie in Österreich durch ein Anknüpfen an den Kanon und die Schulstrukturen der Zwischenkriegszeit sowie durch eine „Wiederbelebung abendländischer Wertkulturen" (Fend 2006b, S. 225) geprägt. Die begleitende Bildungsexpansion ließ sie „zweifellos als Erfolgsgeschichte" erscheinen, die „eine stetige Zunahme der Bildungsbeteiligung auf immer höherem Niveau" (vgl. Sertl o.J., S. 1) brachte. Für die 1960er-Jahre konstatiert Fend (2006b, S. 225) einen *ersten Modernisierungsschub*, der darauf zielte, die Inhalte partiell zu erneuern (Differenzierung der Schultypen, stärkere Berücksichtigung zukunftsnotwendiger Kompetenzen wie Fremdsprachen und Naturwissenschaften, Aufnahme berufsbildender Inhalte) sowie den erweiterten Ansprüchen von Bürger/inne/n auf ein Konzept der Chancengleichheit gerecht zu werden. Gerade letzteres Ziel wurde jedoch nicht durch Strukturreformen, sondern durch die Fortführung der Strategie der Bildungsexpansion angestrebt.

Die Schulsysteme der deutschsprachigen Länder waren – wie in vielen anderen europäischen Staaten (vgl. Maroy 2009, S. 72) – durch eine *hierarchisch-professionelle Doppelsteuerung* (vgl. Brüsemeister 2004a) charakterisierbar: Einerseits basierte die schulische Koordination auf der staatlichen Verwaltungshierarchie, die Handlungsregeln und Ressourcen „bürokratisch" an die operativen Akteure „hinunter" reichte. In diesem Regulierungstyp – der in der bildungspolitischen Diskussion im Modus der „Inputsteuerung" inkludiert ist – wurde von den Einzelorganisationen relativ gleichförmiges Handeln erwartet: Eine Hauptschule sollte mit der Hauptschule in einem anderen Bezirk in einer Weise vergleichbar sein, die gleiche Bildungschancen und den Umstieg zwischen Schulen ermöglichte. Dieser Regulierungstyp war gekoppelt mit beträchtlichen individuellen und gruppenbezogenen Freiräumen für die Lehrkräfte bei der Umsetzung der vorgegebenen Regeln.

> Dadurch „etabliert sich eine ‚Doppelsteuerung' im Sinne einer ‚antagonistischen Kooperation' zwischen Staat und Lehrkräften. Der Staat hat Lehrkräften – außer dem Unterrichtsbereich – kaum eigene Entscheidungen zugestanden; die Profession hat, da sie gleichsam im Schatten einer bürokratischen Governance des Staates gedeiht, keine eigenen Verfügungsrechte über substanzielle, operationale und strategische Entscheidungen. Aus Sicht der Lehrerprofession kann wiederum der Staat, sobald die Lehrkraft die Klassenzimmertür schließt und zu unterrichten beginnt, in diesem Bereich nicht mitreden." (Ebda., S. 5f.)

Nach der schulstrukturpolitisch[1] „eigenartig unbewegte[n] Zeit" (Fend 2006b, S. 225) Ende der 1970er- und während der 1980er-Jahre, in der sich nach dem Scheitern der Strukturreformansätze für die Sekundarstufe I die großen politischen Lager in antagonistischen Positionen festgebissen hatten, erleben wir seit der ersten Hälfte der 1990er-Jahre einen *zweiten schulpolitischen Modernisierungsschub* (vgl. Altrichter & Heinrich 2007, S. 78ff.; Fend 2006b, S. 226ff.). Im Kern der ersten Phase dieser neuerlichen Modernisierung stand die Idee, durch eine *Politik der Schulautonomisierung* mehr Entscheidungsrechte v.a. auf die Ebene der Einzelschule zu transferieren und dadurch deren Gestaltungsspielräume zu erweitern, was zu einer Erhöhung von Qualität, Effektivität und Responsivität der Bildung führen sollte (vgl. Altrichter & Rürup 2010). Vor dem Hintergrund der Schwierigkeit staatlicher Steuerung angesichts der Akzeleration gesellschaftlicher Veränderung sollten Schulen durch Maßnahmen einer Schulautonomie-Politik in die Lage versetzt werden, sich rascher zu verändern und dabei responsiver gegenüber lokalen Bedürfnissen und -potentialen zu sein. Rechtlich gesicherte Gestaltungsspielräume sollten die objektive Möglichkeit dazu bieten (vgl. Rürup 2007; Rürup & Heinrich 2007), aber auch die schulischen Akteure anspornen und „energetisieren", sich bei Entwicklungsvorhaben zu engagieren. Die systemisch-bildungspolitischen Ziele der Entwicklung blieben zunächst diffus und dadurch dem emergenten Willen der schulischen Akteure überlassen. Die Hoffnung war, dass auf diese Weise Lehrer/in-

1 Diese Aussage gilt sicher nicht für die Entwicklungen im Inneren der Schulen und „von unten" (z.B. erweiterte Lernformen, Integration), die oft unter Ausnutzung einer „Grauzonenautonomie" (vgl. Heinrich 2007b) entstanden.

nen, aber auch andere Akteure zukunftsweisende Ideen verwirklichen können – und dies auch wollen.

International sind Autonomisierungspolitiken seit den 1980er-Jahren zu beobachten. Sie wurden – in den deutschsprachigen Schulsystemen in der zweiten Hälfte der 1990er-Jahre – durch Maßnahmen zur Erhöhung der innerschulischen Steuerungsfähigkeit (z.B. Stärkung der Schulleitung, Schulprogramm, Qualitätsmanagement) ergänzt. In der ersten Hälfte der 2000er-Jahre wurden die Autonomiereformen – unter dem Eindruck der unbefriedigenden Ergebnisse in den internationalen Leistungsvergleichsstudien – durch *Accountability-Politiken* überlagert. Durch explizitere Zielvorgaben (z.B. durch Bildungsstandards, „Qualitätsrahmen"), Ergebnismessung (z.B. durch Lernstandsmessungen, „neue Schulinspektion") und darauf aufbauende Entwicklungszyklen wurden neue Steuerungsmöglichkeiten in Richtung einer verbesserten Leistungsfähigkeit des Schulsystems angestrebt. Obwohl das Verhältnis zwischen Autonomie- und Accountability-Politik in der Forschung sehr kontrovers diskutiert wird und längst nicht geklärt ist, erscheinen sie gegenwärtig als „siamesische Zwillinge" der aktuellen internationalen Bildungspolitik (vgl. Gronn 2009, S. 2).

Welche Entscheidungsrechte wurden durch Autonomie-Politiken tatsächlich an Einzelschulen transferiert? Aus internationalen Vergleichen der Gestaltungsspielräume einzelner Schulen (vgl. OECD 1995; 2008, Eurydice 2007) wird deutlich, dass sowohl das Ausmaß als auch die inhaltlichen Felder der Autonomisierungspolitiken zwischen Schulsystemen stark variieren. Im Zeitraum von 2003 bis 2007 wurden in fast der Hälfte der von der OECD (vgl. 2008, S. 528) untersuchten Länder Dezentralisierungsmaßnahmen gesetzt, doch war dieser Trend sowohl in Hinblick auf die Anzahl der betroffenen Länder als auch auf den Prozentsatz der getroffenen Entscheidungen weniger ausgeprägt als zwischen 1998 und 2003 (vgl. OECD 2004, S. 463ff.).

> „Gleichzeitig gab es immer wieder Beispiele für eine Stärkung des Einflusses der Zentralbehörden bei der Festlegung von Bildungsstandards, der Lehrpläne und der Leistungsbewertungen. So ging häufig die Dezentralisierung von Prozess- und Finanzvorgaben mit einer verstärkten zentralen Ergebniskontrolle und nationalen Richtlinien für den Lehrplan einher." (OECD 2008, S. 524)

Solche Unterschiede existieren auch zwischen den deutschen Bundesländern. Rürup (2007) analysierte die Veränderungen des Schulrechts der sechzehn deutschen Bundesländer für die Primarstufe und Sekundarstufe I im Zeitraum von 1990 bis 2004. Dabei zeigten sich große Unterschiede zwischen den Ländern in Hinblick auf das Ausmaß und die Sequenz der eröffneten Gestaltungsspielräume. Eine Auswertung im Zeitverlauf macht außerdem deutlich, dass die Idee Schulautonomie

„von 1994 bis 2004 einem deutlichen inhaltlichen Transformationsprozess ausgesetzt“ (Rürup & Heinrich 2007, S. 178) war:

> „Von einer funktionalen Aufgabenverteilung im Mehrebenensystem ‚Schule‘ im Jahr 1994, bei der insbesondere die professionelle pädagogisch-unterrichtsorganisatorische Eigenverantwortung der einzelschulischen Akteure betont wird, erweitert sie sich zu einem auf einzelschulische Organisationsentwicklung fokussierten Reformansatz im Jahr 1999 und verändert sich schließlich erneut zu einer auf einzelschulische Accountability aufbauenden Strategie gesamtsystemischer Qualitätsentwicklung im Jahr 2004.“ (Ebda., S. 178)

Für die Gesetzgeber der deutschen Bundesländer ist „Schulautonomie“ beides, sowohl die Eröffnung von Entscheidungsspielräumen als auch die Vorgabe von neuen Steuerungsimpulsen (vgl. ebda., S. 171). In Rürups (2007) Interpretation zielen die Reformen *nicht* primär auf eine Erhöhung des „Wettbewerbs“ im System und auch nicht auf eine verstärkte „Partizipation“ nicht-professioneller Akteure, wie Schüler/innen, Eltern oder interessierter Akteure aus dem schulischen Umfeld, sondern auf eine „Optimierung des bisherigen Verwaltungstypus“: Weder die staatliche Gesamtverantwortung noch die Einbettung der Einzelschule in eine formale Verwaltungshierarchie wird aufgegeben. Nur in der jüngsten Phase der Untersuchung (vgl. Rürup 2008), nämlich zwischen 2004 und 2008 ist ein gewisses Ansteigen wettbewerbsbezogener Reformen feststellbar.

Da wir in diesem Band vornehmlich mit Daten aus Österreich arbeiten werden, müssen hier noch einige Anmerkungen zur *Autonomiepolitik in Österreich* gemacht werden. Im Vergleich der deutschsprachigen Länder werden Österreich relativ frühe und relativ „tiefgreifende“ rechtliche Veränderungen attestiert (vgl. Saalfrank 2005, S. 274). Forderungen nach einer größeren „Autonomie der Schule“ wurden nach den Recherchen von Sertl (1993) in Österreich erstmals im Jahr 1988 geäußert. 1991 gab das Unterrichtsministerium ein Gutachten zu „Chancen und Grenzen der Autonomisierung im Schulwesen“ in Auftrag, das angesichts der schulpolitischen Entwicklungen in anderen Industrieländern Gestaltungsgesichtspunkte und Vorschläge für mehr Autonomie von Einzelschulen formulierte (vgl. Posch & Altrichter 1993). Im Jahre 1993 beschloss das österreichische Parlament die 14. Novelle zum Schulorganisationsgesetz (SchOG 2010). In deren Zentrum standen neben „schulautonomen Eröffnungs- und Teilungszahlen“ für die Eröffnung von Klassen und Gruppen *vor allem curriculare Verfügungsrechte:* Schulen durften (mussten aber nicht) 5-10 % ihres Curriculums nach eigenen Vorstellungen gestalten, wobei sie bestehende Fächer erweitern, kürzen oder zusammenlegen sowie neue Fächer in ihren „schulautonomen Lehrplan“ aufnehmen konnten. Aber auch neue Rechte zur Entscheidung über Schulzeit, interne Organisation, Finanzen (Vermietung von Schulliegenschaften,

Akquirieren von Sponsoring und Drittmittel, Gründung von Einrichtungen mit Teilrechtsfähigkeit) und internen Personaleinsatz (nicht aber über Personalrekrutierung) wurden in den Folgejahren an Schulen gegeben (vgl. Fankhauser 2001 und o.J.; Schratz & Hartmann 2009). 1997 kündigte sich mit einem weiteren, vom Bildungsministerium beauftragten Gutachten zu „Möglichkeiten und Grenzen der Qualitätsevaluation und Qualitätsentwicklung im Schulwesen" (vgl. Posch & Altrichter 1997) das Aufkommen von „Accountability"-Gedanken an, die in der Zwischenzeit zu einem System von Bildungsstandards und standardbezogenen Tests geführt haben, das jenem der meisten anderen deutschen Schulsysteme entspricht (vgl. Eder u.a. 2002; Eder & Altrichter 2009). 2001 wurde schließlich ein neues Lehrerdienstrecht für die Lehrenden der Volks-, Haupt- und Sonderschulen (nicht aber für jene von Gymnasien und Berufsbildenden Höheren Schulen)[2] beschlossen, das Spielräume in der Anzahl der zu erteilenden Lektionen sowie in den sonstigen, über den Unterricht hinausgehenden Tätigkeiten von Lehrpersonen vorsah, die in „Diensteinteilungen" vor Ort mit der Schulleitung auszuhandeln waren (vgl. Seel u.a. 2006).

Wir verstehen *Schulprofilierung* als ein wesentliches Instrument und Ergebnis der Autonomie-Politik und – für unsere Untersuchung besonders wichtig – als Folie, auf der sich zeigt, wie in Transaktionen und Entscheidungen eine Politik für Organisationen und Individuen konkret wird. Wir haben oben behauptet, dass durch die Autonomie-Politik (und durch die diese konkretisierenden Profilierungsprozesse) eine Veränderung der Art und Weise, wie das Schulsystem gesteuert und koordiniert wird, angestrebt wird. Die folgenden beiden Abschnitte sollen einen Weg zu den Fragen eröffnen, nach welchen „Koordinationsprinzipien" man suchen muss und wo dies geschehen könnte.

1.3 Autonomie als Struktur oder als Programm?

In den vorangegangenen Ausführungen wurde Schulprofilierung in den Kontext der Autonomiepolitik der letzten Jahre gestellt. Gegenüber einem solchen Verständnis von Autonomie als „Programm", d.h. als aktueller Reformpolitik, betont Klaus Harney (2008), dass lokale Autonomie schon immer ein *Strukturmerkmal des Schulsystems* gewesen sei. Man könne „Institutionen und die aus ihnen hervorgegangenen Organisationen nicht unabhängig von ihrem geschichtlichen Erbe, also von den Semantiken, Aufgabenzuweisungen und vergangenen Funktionen, die sich in ihnen im Laufe der Zeit abgelagert haben, reformieren" (ebda., S. 74). In den „Regeln der Institution, den organisatorischen Strukturen,

2 Vgl. das Glossar am Ende dieses Bandes für die Bedeutung österreichischer Begriffe.

den Rechtsgrundlagen und der einsozialisierten Berufsmentalität" (ebda.) wirkten Handlungslogiken fort. Reformen könnten „nur anschließen, aber nichts grundsätzlich von vorne beginnen" und wären in „Prozesse[n] der Verkettung [...] auf die Vergangenheit verwiesen" (ebda., S. 75). Die Bewältigung aktuellen und lokalen Veränderungsdrucks sei noch nie ausschließlich durch zentrale Steuerung möglich gewesen:

> „Die Vermittlung zwischen den organisatorischen Formen der Vergangenheit und dem Wandel der Funktionsanforderungen, denen sich das System gegenübersieht, erfordert lokale Autonomie im Sinne der ungestörten Möglichkeit zu entscheiden." (Ebda., S. 75)

In diesem Sinne stehe Autonomie „gar nicht zur Disposition" (Zymek 2009a, S. 1), sondern sei vielmehr Ausdruck der Struktur der Reproduktion selbst:

> „Die zentrale Steuerung [...] offizialisiert die Funktionen, die das System in seiner jeweiligen Umwelt und mit den ihm dort zugänglichen Ressourcen wahrnimmt. Aber es stellt sie nicht her [...]." (Harney 2008, S. 75)

Die Einzelinstitutionen benötigen Autonomie, um angesichts neuer Probleme ihre „latente Funktionalität" aufrechtzuerhalten. Die Aufgabe der zentralen Steuerungsinstanzen bestehe „in erster Linie" darin, „Legitimität für die Zuweisung von Ressourcen und insofern für die Anerkennung des Systems in der Gesellschaft zu beschaffen" (ebda., S. 75); sie „offizialisieren"[3] – d.h. sie legitimieren und beschützen (vgl. ebda., S. 80) – die „latente Funktionswahrnehmung" der Einzelinstitutionen (ebda., S. 79). Wenn man nun unter *Schulprofilierung* die Form „latenter Bearbeitung" spezifischer historischer und lokaler Bedingungen versteht, so hat es auch diese „immer schon" gegeben (vgl. ebda., S. 84).

Von dieser systemnotwendigen *Autonomie als Struktur* unterscheidet Harney (2008, S. 84) nun *Autonomie als „offizialisierten Anspruch und als Programm der Steuerung"* (Hervorh. durch d. Aut.). Diese „gewollte Autonomie" versteht der Autor primär als „Rückzug des Prinzipals von Funktionen der Legitimitätsbeschaffung und Offizialisierung" (ebda.). Eine solche Verlagerung von Aufgaben müsse nicht unbedingt effektiv und kostensparend sein. Die Schulen müssten „die Last der Offizialisierung teilweise übernehmen" (ebda.) und Legitimität und Anerkennung, z.B. durch Marketing, Akkreditierung, Evaluationen etc. (vgl. ebda., S. 76 & S. 84), selbst lokal beschaffen. Diese Aufgaben ließen sich jedenfalls nicht ohne weiteres „nebenher" leisten, sondern

3 Wie dies genau geschieht, ist in dem zitierten Aufsatz nicht ausgeführt. Man kann aber annehmen, dass dies durch ihre Regelproduktion und Ressourcenverteilung erreicht wird.

erforderten „zusätzliche Ressourcen auf dezentraler Ebene“ (ebda., S. 84) – und wären anfällig für Kritik.

Wie passen nun die Vorstellungen Harneys zu der im vorliegenden Band anvisierten governanceanalytischen Sichtweise? Wenn wir „Autonomie als einen Koordinationstypus im System“ analysieren, so zielen wir offensichtlich auf ein Verständnis von „Autonomie als Struktur“. Schwierigkeiten haben wir allerdings mit Harneys gleichzeitigem Insistieren auf dem „Immer-Schon“ des Organisationsprinzips „Autonomie“. Wenn es auch richtig ist, dass Schulen schon *vor* der aktuellen Autonomiepolitik eine „prinzipielle Autonomie“ benötigten, um überhaupt einigermaßen zu funktionieren, so interessieren uns gerade die historischen Transformationen der Schulsteuerung und damit auch, *wie sich historisch existierende Formen der „Autonomie“ durch aktuelle („Autonomie“-) Politiken*, die gerade den „offizialisierten Rahmen“ der latenten Wahrnehmung autonomer Spielräume erweitern sollen, *tatsächlich verändern*. Diese Veränderungen können gerade durch die unterschiedliche quantitative und qualitative Ausgestaltung dieser „prinzipiellen Autonomie“ charakterisiert werden.

Aus Harneys kurzem Text geht nicht hervor, welche strukturellen Koordinationsprinzipien er neben jenem der „Autonomie als Struktur“ annimmt. Wir gehen governanceanalytisch jedenfalls davon aus, dass in der Koordination komplexer Systeme typischerweise „Mischungen“ verschiedener Koordinationsprinzipien wirksam werden (vgl. Altrichter 2010b, S. 51). Zudem nehmen wir an, dass auch durch bestimmte Prinzipien geordnete Koordination immer wieder durch Friktionen und Inkonsistenzen gekennzeichnet ist, dass „Koordination“ also ein Problem ist, an dem laufend in den Transaktionen zwischen verschiedenen Akteuren in Form von Interdependenzmanagement gearbeitet wird. Insofern wollen wir gerade das beobachtbare, vor dem Hintergrund bestimmter Kriterien vielleicht gelingende oder misslingende Ineinandergreifen der Handlungen verschiedener Akteure empirisch erfassen und schrecken vor harmonisch-teleologisch klingenden Beschreibungen der Ausgangssituation – wie sie sich beispielsweise in den Wendungen „genau“ und „ungestört“ im nachfolgenden Zitat ausdrücken können – zurück:

> „Der zentrale Prinzipal (Landesregierung, Ministerium) beschafft im Medium des Zentralismus seiner Setzungen genau die Spielräume des Handelns, die eine lokale Organisation benötigt, um im Rahmen ihrer Funktionen ungestört agieren und entscheiden zu können.“ (Harney 2008, S. 76)

Harneys These, dass im Zuge von Autonomie-Programmen die Funktion der „Legitimitätsbeschaffung“ dezentralisiert werde, erscheint nicht unplausibel: In der Konkurrenz zwischen Schulen könnte die Wertschätzung und Legitimität der

Einzelangebote eine große Rolle spielen. Etwas abweichend von Harneys Priorisierung dieser Funktion („in erster Linie") formulieren wir hier eine offenere, empirisch prüfbare (und im empirischen Teil II des Bandes zu überprüfende) Hypothese, wenn wir im Folgenden danach fragen, welche Aufgaben – Legitimitätsbeschaffung, aber auch weitere Aufgaben – bei Einzelschulen und anderen Akteuren im Zuge von Profilierungsprozessen verstärkt, vermindert oder qualitativ transformiert werden.

1.4 Wettbewerb als Struktur?

In einem anregenden Aufsatz nimmt Zymek (2009a) Bezug auf Harneys (2008) systemische Überlegungen, will aber einen anderen Leitbegriff zur Analyse der neueren Schulentwicklungspolitik verwenden, nämlich jenen des Wettbewerbs bzw. der Konkurrenz zwischen Schulen: Wettbewerb ist für ihn dabei ebenfalls kein einzuführendes „Programm", sondern ein ohnehin bestehendes Strukturmerkmal im Schulsystem.

Zymek (2009a, S. 4f.) versteht die neue Schulpolitik als „einen vorsichtigen schulpolitischen Strategiewechsel der Länder in einer besonderen bildungshistorischen Konstellation". Er scheint davon auszugehen, dass es sich bei der Autonomiepolitik in den deutsch(sprachig)en Schulsystemen um einen Politikimport aus den angelsächsischen Ländern handelt, der auf die Etablierung von *Quasi-Märkten im Schulwesen* zielt. Dieser Import würde aber „nur selektiv" (ebda., S. 4) realisiert, weil die importierten Modelle (1) auf autochthone Formen von Konkurrenz in den deutschen Schulsystemen träfen und (2) von spezifischen regionalen und lokalen Dynamiken überformt würden:

> „Das in angelsächsischen Ländern entwickelte Programm der Schaffung von *Quasi-Märkten im Schulwesen,* zu dem die Begriffe *Autonomie* und *Wettbewerb* gehören, wird in Deutschland […] nur selektiv übernommen werden (können), da es die – in der politischen Praxis sehr unrealistische – Aufkündigung zentraler institutioneller und mentaler Prinzipien der bisherigen deutschen Schulgeschichte erfordert." (Ebda., S. 1f.; Hervorh. im Original)

In die bildungspolitischen Reformkonzepte aufgenommen[4] „wurden hier nur zwei Elemente des Modells der Quasi-Märkte: zum einen die erweiterten Zuständigkeiten der Schulleitung bei der Mittelverwaltung und der Personal-

4 Zymek (2009a, S. 5) spricht hier davon, dass diese Elemente „in den Schulen auch angenommen" wurden, was uns allerdings gemessen an den bisher vorliegenden empirischen Erfahrungen (vgl. Altrichter & Maag Merki 2010) als durchaus offen erscheint.

rekrutierung und zum anderen die Standardisierung und regelmäßige Evaluation der Unterrichtarbeit." (Ebda., S. 5) Auf der anderen Seite würden die Ergebnisse der Einzelschulen nicht veröffentlicht, sodass Transparenz nicht gegeben, rationale Wahl nicht möglich sei und öffentlicher Wettbewerb vermieden werde; auch erfolge kein Ausbau des Angebots privater Anbieter (vgl. ebda.).

Aber auf welche einheimischen Formen der Konkurrenz treffen Reformpolitiken? Zymek (ebda., S. 6) argumentiert hier, dass das „traditionelle deutsche Schulsystem, wie es im 19. Jahrhundert entwickelt wurde," Strukturmerkmale enthalte, „die den Schulen und Schulträgern beachtliche Spielräume lassen, um sich angepasst an die örtlichen bzw. regionalen Gegebenheiten zu entwickeln und zu profilieren – und damit auch Wettbewerbs- und Konkurrenzverhältnisse zwischen Schulen und Schulträgern" eröffneten. Die Hierarchisierung der Sekundarschulformen solle einerseits Konkurrenz ausschließen, andererseits etabliere sie die Möglichkeit der Schulwahl, der eine „starke verfassungsrechtliche Stellung der Eltern" entspreche. Für die Funktionsfähigkeit der Hierarchie „waren schon immer die – von einigen wahrgenommenen, von anderen aber nicht wahrgenommenen – Wahloptionen der Eltern ein zentraler Faktor" (ebda., S. 6). Gerade die Privilegierung der hierarchisch höheren (gymnasialen) Schulformen bringe aber eine „innere Dynamik zur Anpassung und Annäherung der niederen und berufsbildenden Schulformen" an das privilegierte Merkmal, an die exklusiven Studien- und Berufslaufbahnberechtigungen mit sich (vgl. ebda.). Im Zuge des berufs- und sozialstrukturellen Wandels während der zweiten Hälfte des 20. Jahrhunderts und als Erfolg der „Bildungsexpansion" seien die Wahlmöglichkeiten offensiver von breiteren Schichten der Bevölkerung ausgenutzt worden, um – nicht unbedingt die „beste Einzelschule", wie vom Modell der Quasi-Märkte erwartet, sondern – jene Schulformen zu wählen, die alle Optionen offen halten; dies habe das Gymnasium zum Gewinner des „historisch neuartigen Verteilungswettbewerbs zwischen den Schulformen" (ebda.) werden lassen. Dieser werde durch den demografischen Wandel seit Mitte der 1970er-Jahre (vgl. auch Horak & Johanns 2001, S. 9f.) und aktuelle Prozesse der Internationalisierung (vgl. Zymek 2009b) weiter verschärft und führe schließlich dazu, dass auch die Gymnasien zwecks „Bestandserhaltung" elitäre Abwehrstrategien nach und nach aufgäben (vgl. Zymek 2009a, S. 7). „Wettbewerb" ist nach Zymek in diesem Sinn ein historisches und sich historisch wandelndes Strukturelement des Schulsystems.

Die Ausgestaltung des Wettbewerbs aber, d.h. wie viel und welche Art von Wettbewerb sich entwickelt, hängt jedoch nicht nur von zentralen Vorgaben und historischen Strukturmerkmalen ab, sondern auch von spezifischen *lokalen und regionalen Wettbewerbskonstellationen,* von „Konstellationen in konkreten geografischen und sozialen Räumen" (Zymek 2009a, S. 7f.; vgl. auch Budde 2007).

Zymek (ebda., S. 8ff.; vgl. auch die empirische Unterfütterung in Zymek u.a. 2006) nennt hier als Beispiele:

- landes- und kommunalpolitische Entscheidungsprozesse, wie z.B. die Zulassung von Gesamtschulen und von privaten Ersatzschulen sowie ggf. deren öffentliche Förderung;
- „unterschiedliche kommunale Politik der Zuschneidung von Schuleinzugsbereichen bzw. der Freigabe der Schulwahl“ (Zymek 2009a, S. 8);
- Größe des Ortes und damit die Differenziertheit („Vollständigkeit“) des lokalen Schulangebots;
- die relative Lage des Schulorts und die „Standortkonkurrenz“: Beispielsweise entwickeln sich ehemals ländliche Gemeinden in der Umgebung von Großstädten zu „suburbanen Räumen“, die als Standort von Klein- und Mittelbetrieben sowie als Wohnort von Berufspendler/inne/n günstige Entwicklungschancen haben. Für die Standortkonkurrenz zwischen diesen Gemeinden ist ein differenziertes Bildungsangebot wichtig: „Schulentwicklungspolitik ist heute im ehemals ländlichen Raum von einer Standortkonkurrenz der Gemeinden und einem Wettbewerb der Schulen um eine regional mobile Wohnbevölkerung geprägt.“ (Ebda., S. 11)

Der Wettbewerb wird damit durch die spezifische soziale Struktur des schulischen Umfeldes entscheidend überformt. Es gibt offenbar „Standortvorteile“ (ebda., S. 9), die die Entwicklungschancen einer Schule nachhaltig beeinflussen. Zymek (ebda., S. 8f.) nennt allerdings auch zwei *Typen von Schulen,* die vom „Ortsschicksal“ weniger abhängig sind: Sehr wenige Schulen, v.a. solche in kleineren Gemeinden, in Stadtteilen im Randbereich von Städten oder in Vororten, die oft gut mit ihrem Umfeld vernetzt sind, werden als „konkurrenzlose“ *Solitärschulen* relativ unberührt von Wettbewerbsüberlegungen ihre Entwicklung gestalten können. Als *Sammelschulen* bezeichnet Zymek (ebda., S. 9; vgl. auch Zymek & Richter 2007, S. 334ff.) hingegen Schulen, vor allem Gymnasien im Kernbereich von Großstädten, die versuchen „in der historisch neuen Konkurrenzsituation durch besondere curriculare Profile (Latein ab Klasse 5, bilinguale Klassen, Musikklassen) weiterhin eine Schülerschaft aus dem ganzen Stadtgebiet und dem Umland anzuziehen“; aufgrund ihrer räumlichen Situierung sind sie zur Profilierung, „zu pädagogischen Innovationen gezwungen“. Erfolgreiche Sammelschulen können unter den Bewerber/inne/n wählen (vgl. Zymek 2009a, S. 10). Zymek (vgl. ebda.) vermutet, dass Schulen in privater Trägerschaft bessere Chancen haben zu „Sammelschulen“ zu werden. Solitärschulen und Sammelschulen als zwei Typen von Schulen, die vom „Ortsschicksal“ weniger abhängig sind, stellen aber wahrscheinlich eher die Ausnahme als die Regel dar. Der Autor resümiert seine Überlegungen zum Wettbewerbscharakter der Schulprofilierung mit folgender Einschätzung:

> „Angesichts solcher Konkurrenzverhältnisse zwischen Schulen und Schulträgern in konkreten geografischen und sozialen Räumen erscheint das Modell der Quasi-Märkte und die damit verbundene Forderung nach Wettbewerb zwischen Schulen als abstrakt und realitätsfern. Das Modell lebt ganz offensichtlich von Prämissen, wie der Gegenüberstellung einer zentralstaatlichen Steuerung der Schulentwicklung einerseits, Schulautonomie und Wettbewerb zwischen Schulen andererseits. Dabei wird der (frühere) politische Anspruch der Regierungen auf zentrale Steuerung und Kontrolle der Schulentwicklung überschätzt und die immer bestehende Differenz zwischen Programm und Struktur vor Ort übersehen, darüber hinaus die Konkurrenzverhältnisse zwischen Schulen und Schulträgern als politischer Verteilungskonflikt ausgeblendet." (Ebda., S. 13f.)

Insbesondere bezweifelt der Autor, dass eine Verstärkung der Wettbewerbskoordination im Schulwesen zu einer größeren *Angebotsvielfalt und adressatenorientierten Differenzierung von Schulen* führen müsse. Sie könne auch in einer *Vereinheitlichung von Schulen* durch Imitationslernen und Rivalitätsdruck münden, wenn sich „die konkurrierenden Anbieter nicht etwa an den Kunden und ihren Bedürfnissen, sondern an den erfolgreichen Konkurrenten auf dem Markt orientieren und damit einen Prozess der Angleichung der Anbieter auslösen" (ebda., S. 9; vgl. auch Horak & Johanns 2001, S. 4). Als Beispiel nennt der Autor die Stadt Münster, in der seit einigen Jahren die Schulsprengel aufgehoben seien und alle Eltern frei zwischen den Sekundarschulen wählen könnten. Dort habe sich „nicht etwa eine differenzierte Profilierung der Schulen und eine Arbeitsteilung im Angebot der Kursangebote auf der Oberstufe herausgebildet, sondern eine Konzentration aller Schulen auf das Mindestangebot." (Zymek 2009a, S. 9) In diesem Kontext sei es auch zu bezweifeln, dass Schulprofilierung zu *effektiverem Ressourceneinsatz* und *steigender Schulqualität* führen müsse. Die Konkurrenz zwischen den Gymnasien in der Stadt Münster bei der Rekrutierung einer ausreichenden Schülerschaft habe nicht dazu geführt, vorhandene Ressourcen effektiver zu nutzen, sondern habe „bislang den Bestand einer großen Zahl kleiner, zum Teil nur zwei- bis dreizügiger Anstalten konserviert". Es gibt aber auch Gegenbeispiele:

> „Effektivere organisatorische Strukturen verlangen offenbar kommunalpolitische Entscheidungs- und Durchsetzungsfähigkeit (wie etwa in der Stadt Bochum bei der Reorganisation ihres Gymnasialangebots 2006 – 2008) und/oder die Kooperation von Schulen, wie in der Stadt Recklinghausen, in der ein Verbund von Innenstadtgymnasien ein breites und differenziertes Kursangebot ermöglicht." (Ebda., S. 9)

Interessant ist hier der Vergleich mit der Argumentation von Horak & Johanns (2001, S. 3). Auch sie betonen den wettbewerbsforcierenden Charakter von Autonomiemaßnahmen und bezweifeln ihre Qualitäts- und allfällig erhofften Demokratisierungswirkungen, doch vermuten sie sehr wohl einen *differenzierenden – und weitergehend: hierarchisierenden – Effekt* von Autonomiestrategien (ähnlich Maroy & van Zanten in diesem Band):

> „Der Reformrhetorik zu Folge sollen durch den Wettbewerb der Schulen Wahloptionen erhöht und Vielfalt im Schulsystem gesteigert werden, die sowohl mehr demokratische und pädagogische Freiheit gewährleisten als auch Qualitäts- und Effektivitätsleistung im Schulsystem versprechen. Demgegenüber wird die traditionelle Orientierung der Schulpolitik am verfassungsrechtlich abgesicherten Postulat der ‚Gleichheit der Bildungschancen' zurückgedrängt. Internationale und nationale Studien belegen jedoch, dass die traditionelle Allokationsfunktion des Schulwesens im Prozess des gesellschaftlichen Strukturwandels der letzten zwanzig Jahre realiter nicht nur erhalten geblieben ist, sondern sich trotz abgeschwächter Selektivität noch verschärft hat (vgl. Blossfeld/Shavit 1993, Hansen/Rolf 1990). Fragen nach der Herausbildung neuer Statushierarchien zwischen Schulen im Rahmen kommunaler Schullandschaften und Veränderungen in einzelschulischen Selektionsprozessen, die zu einer Verschärfung der Ungleichheiten von Bildungschancen führen könnten, bleiben bislang in der deutschen bildungspolitischen Diskussion zu ‚Schulautonomie' aus (vgl. Magotsiu-Schweizerhof 1999) oder werden vor dem Hintergrund bestehender sozialer selektiver Folgewirkungen des gegliederten Schulwesens relativiert (vgl. Tillmann 1995)." (Horak & Johanns 2001, S. 3)

Die Ausführungen von Horak & Johanns stellen zugleich eine Bestätigung und eine Relativierung der Vorstellungen Zymeks (2009a) dar. Uns erscheint es – auch angesichts der Ergebnisse Rürups (2007) – insgesamt sinnvoll, weniger entschieden als Zymek davon auszugehen, dass das politische Ziel der neueren Schulreform[5] auf der Etablierung von „Wettbewerb als Struktur" lag. Mit ihm sind wir aber für die Beobachtung von Wettbewerbs- und hybriden Koordinationsformen im Schulsystem offen. Dass Reformen auf historischen und lokalen Strukturen aufsetzen und von diesen mitgeformt werden, ist mit dem Governanceansatz gut vereinbar. Die historischen Bedingtheiten sind bei Zymek allerdings weit expliziter und nachvollziehbarer ausformuliert, als dies bisher in den meisten Governanceanalysen der Fall war. Auch hebt Zymeks Erklärungsmodell – bei aller Zuspitzung der Argumentationsführung – nicht einseitig auf Wettbewerb als Struktur ab, auch wenn Konkurrenz bei ihm als entscheidendes Moment der Entwicklung erscheint. Als weitere *Hypothesen zu Profilierungs-*

5 Eventuell sind jene Entwicklungen eher das Ergebnis eines – sich seiner Konsequenzen nicht immer bewussten – Imports angelsächsischer Modelle (vgl. Ozga & Jones 2006).

prozessen führt der Autor bspw. auch an, dass angesichts von regionaler Standortkonkurrenz bisher festgefügte schulpolitische Prinzipien brüchiger würden. So würden „bisher nicht zulässige Formen einer horizontalen Stufung der Sekundarstufe I vor Ort hingenommen" (Zymek 2009a, S. 13). Und Zymek (ebda., S. 8) erkennt auch eine *politische Strategie der Verantwortungsverlagerung* in der Autonomiepolitik (vgl. Altrichter 1992).

> „Die neue Strategie der Schulentwicklung […] erlaubt es den Landesregierungen und Ministerien, die Verantwortung für das Gelingen der Schulentwicklung auf die einzelne Schule zu verschieben, sich auf die Verabredung von Standards und die Messung durchschnittlicher Ergebnisse zurückzuziehen […]. [Damit wird] die Bearbeitung der sozialen Folgen für die Verlierer in diesem Wettbewerb einigen Schulen und den lokalen Behörden aufgebürdet." (Zymek 2009a, S. 8)

Diese weiterführenden Hypothesen deuten schon an, dass Schulprofilierung in einem umfassenden Sinne als Transformationsprozess gedacht werden muss, dessen begriffliche Fassung mehr Koordinationsprinzipien als die bisher angesprochenen Vorstellungen von „Autonomie" und „Wettbewerb" benötigt.

2 Forschung zur Schulprofilierung

Was wissen wir über die Ansatzpunkte, den Verlauf, die Bedingungen und die Wirkungen von Schulprofilierungsprozessen? Der Forschungsstand ist nicht unbedingt reichhaltig, wenn man nach Ansätzen sucht, die über die Deskription von Entwicklungsprozessen hinausgehen. Im Folgenden soll eine Auswahl an Studien vorgestellt werden, die direkt auf Profilbildungs- und Wettbewerbsprozesse bezogene Befunde aufweisen.

2.1 Befunde zur Schulprofilierung im Kontext der „Schulautonomie-Politik" in Österreich

Die Schulautonomiegesetzgebung, die in Österreich zentral curriculare Gestaltungsspielräume eröffnete, traf offenbar auf ein Bedürfnis im Schulsystem: Obwohl optional und freiwillig, ergriffen schon in den ersten zwei Jahren nach Beschluss des Gesetzes 64 % der Hauptschulen (HS), 38 % der Gymnasien (AHS = Allgemeinbildende Höhere Schulen, i.e. Bezeichnung des gymnasialen Schultyps in Österreich) sowie drei Viertel der Berufsbildenden Mittleren und

Höheren Schulen (BMHS[6]) die Möglichkeit, spezifische Schulprofile aufzubauen (vgl. Bachmann u.a. 1996, S. 50).

An den Hauptschulen schienen die gebotenen Möglichkeiten dem Bedürfnis auf Profilierung gut zu entsprechen, während die Autonomie an AHS „auf mehr Skepsis, vor allem bei den Lehrerinnen und Lehrern [traf]; es werden mehr Probleme bei der Umsetzung gesehen und die Prozesse der inneren Veränderung im Rahmen der Autonomie gestalten sich hier deutlich schwieriger und konfliktreicher.“ (Ebda., S. 51) In den gymnasialen Schulen ging die Autonomie-Entwicklung mit höherer Arbeitsbelastung und geringerer Arbeitszufriedenheit von Lehrer/inne/n und Schulleitungen einher, während sich an Hauptschulen keine solchen Unterschiede zeigten. In beiden Schultypen erwähnten die Befragten, dass Konflikte im Kollegium im Zuge autonomer Schulentwicklungen häufiger wurden, wobei diese Konflikte in Hauptschulen eher „relativ begrenzt“ waren und das Gesamtklima wenig belasteten, während aus AHS häufiger Polarisierungen im Kollegium berichtet wurden (vgl. ebda., S. 93ff.).

Die später von Tanzer u.a. (2000) sowie Gutknecht-Gmeiner u.a. (2007) durchgeführten Fragebogenerhebungen dokumentieren die Fortsetzung dieser Entwicklung, in die auch die Berufsbildenden Mittleren und Höheren Schulen (BMHS) flächendeckend einbezogen wurden: Mit Ausnahme der land- und forstwirtschaftlichen Schulen hatten 2007 über 90 % der Schulen autonome Maßnahmen gesetzt. Mehr als die Hälfte der Hauptschulen (55 %) und über ein Drittel der AHS (36 %) wünschten sich eine Ausweitung der Lehrplanautonomie. Hindernisse bei der Einführung neuer Schwerpunkte fanden sich oft im Bereich der finanziellen und personalen Autonomie. Die Auswirkungen der Autonomie wurden von der überwiegenden Mehrheit der Schulleiter/innen positiv beurteilt (vgl. Gutknecht-Gmeiner u.a. 2007, S. 6). Auswirkungen auf die Qualität und Vielfalt des Angebots sowie die Attraktivität des Standorts wurden besonders hervorgehoben. Nach Meinung der Schulleiter/innen entstand durch die Profilierung Wettbewerb, der zu einer Steigerung der Motivation und des Engagements von Lehrpersonen führte und einen Ansporn zur Steigerung von Qualität darstellte. Gleichzeitig kam es durch den steigenden Druck zu mehr Konflikten innerhalb der Schule.

Schon in der frühen Studie von Bachmann u.a. (1996) wurden in Hauptschulen Soziales Lernen, Informatik Fremdsprachen sowie Maschineschreiben und Berufsorientierung am häufigsten als Profilschwerpunkte gewählt; in AHS waren dies Fremdsprachen, Informatik/EDV, Naturwissenschaften und Maßnahmen zur Veränderung der Unterrichtsorganisation. Schulfächer, deren Stundendeputat im Zuge der Erstellung schulautonomer Lehrpläne am häufigsten

[6] Vgl. das Glossar österreichischer Begriffe und das Abkürzungsverzeichnis am Ende dieses Bandes.

gekürzt wurde, waren in Hauptschulen v.a. Physik/Chemie, Biologie/Umweltkunde, Musik, Geschichte und Sozialkunde; dagegen wurde die Stundenzahl von Fremdsprachen am häufigsten erhöht. In einer 1999 durchgeführten Fragebogenerhebung (vgl. Tanzer u.a. 2000) sind die inhaltlichen Schwerpunktsetzungen ähnlich, doch zeigt sich auch ein beträchtliches Maß von Profilen, die der Kategorie „Einführung spezieller methodisch didaktischer Maßnahmen" zugeordnet wurden (46 %).

Durch die Schwerpunkte sollen Schulen eine unverwechselbare Identität erhalten, die sich auch in der Schulbezeichnung, wie z.B. „Technische Hauptschule" oder „Informatik-Hauptschule", niederschlägt. Die Ergebnisse der referierten Studien ermöglichen jedoch keine Aussagen über die Qualität der eingeführten Schwerpunkte. Die wichtigsten Gründe für die Einführung waren nach Angabe der Schulleitungen die Förderung einzelner Schüler/innen, die Erhöhung der Attraktivität gegenüber anderen Schulen sowie die Profilierung der eigenen Schule. Die Initiierung zu Schwerpunktsetzungen ging in den meisten Fällen von der Schulleitung und dem Kollegium aus.

Berufsbildende Schulen unterscheiden sich gegenüber allgemein bildenden Schulen deutlich in den Gründen und Anreizen für autonome Maßnahmen (vgl. Gutknecht-Gmeiner u.a. 2007). Sind es an BMHS vor allem der Wunsch nach einem vielfältigen Bildungsangebot, die Erhöhung der Arbeitsmarktchancen von Schüler/inne/n bzw. die Berücksichtigung von Anforderungen der Wirtschaft, so sind es bei den allgemein bildenden Schulen primär schülerbezogene Ziele wie Attraktivität für Schüler/innen, Förderung von Interessen und Begabungen. Die Initiative für Veränderungen ging wie an den Hauptschulen und den AHS in den meisten Fällen (neun von zehn Schulen) von der Schulleitung aus; in 60 % der Schulen haben auch Lehrer/innen den Prozess eingeleitet. Gut die Hälfte aller BMHS gab an, ein bis zweimal eine Änderung oder Ergänzung der autonomen Lehrplangestaltung vorgenommen zu haben, etwa 30 % der Schulen nahmen drei Mal oder öfter Anpassungen vor. Offenbar sind diese Schulen bereit, relativ flexibel ihre Bildungsinhalte anzupassen. In kritischen Kommentaren wurde immer wieder darauf verwiesen, dass die verstärkte Eigenständigkeit der Schule sich nicht mit manchen herkömmlichen Strukturen des zentralistischen Bildungssystems vertrage:

> „Die im Zuge der 14. SchOG-Novelle vollzogene Schwerpunktverlagerung einer ‚äußeren' zu einer ‚inneren' Schulreform, vom Gesamtsystem zur Einzelschule, muss jedenfalls die in dieser Blickrichtung häufig ausgeblendeten Systemanteile (Schulaufsicht, Schulbehörde, ministerielle Stellen) wieder hereinholen, da Mikropolitik, Entwicklung an der ‚Peripherie', nur dann möglich ist, wenn sich die Strukturen der Makropolitik, der ‚Zentrale', mitentwickeln." (Schrittesser 2007, S. 246)

2.2 Befunde zur Schulprofilierung im Kontext der „Schulautonomie-Politiken" in Deutschland

Bezogen auf die Darstellung der Befunde aus Deutschland ist zunächst der Hinweis auf die Unterschiedlichkeit von Autonomiepolitiken in den Bundesländern (vgl. Rürup 2007) notwendig. Seine in Abschnitt 1.4 bereits dargestellten Vorstellungen zur Profilbildung und Koordination zwischen Schulen hat Zymek mit Mitarbeiter/inne/n (vgl. Zymek u.a. 2006, S. 189) durch eine vergleichende Untersuchung lokaler und regionaler Schulangebotsstrukturen in Nordrhein-Westfalen empirisch fundiert. Hierzu hat er Untersuchungen für die Städte Münster, Recklinghausen, Bochum und den Kreis Steinfurt[7] durchgeführt, die primär auf Analysen der amtlichen Schulstatistik der Jahre 1995-2003 beruhen. Dieser Zeitraum wurde gewählt, weil er für den – uns hier ebenfalls interessierenden – *bildungspolitischen Strategiewechsel* steht, den Zymek u.a. (ebda., S. 196f.) durch zwei – steuerungsrelevante – Merkmale charakterisieren, durch die „Zentralisierung und Standardisierung der so genannten Output-Kontrolle der Schulen" sowie durch die „sukzessive Verlagerung von Zuständigkeiten für die Schulentwicklung, die bisher bei den Landes- bzw. Bezirksregierungen lagen, auf die regionale Ebene und die einzelne Schule". Die Autor/inn/en heben drei Hauptergebnisse hervor:

(1) Auch in der vermeintlich zentralistischen Steuerungssituation *vor* Einsetzen der Autonomisierungspolitik kann für Nordrhein-Westfalen „nicht von homogenisierten lokalen und regionalen Schullandschaften die Rede sein […], weil schon das bestehende Bildungsverfassungs- und Schulrecht kommunalen Schulträgern und Eltern Entscheidungsspielräume zugestanden hat, die […] zur Entwicklung sehr unterschiedlicher lokaler Schulangebotsstrukturen geführt haben." (Ebda., S. 198f.) Die Autor/inn/en zeigen dies am unterschiedlichen Anteil konfessioneller Schulen, an der unterschiedlichen Zahl der Förderschulen und Gesamtschulen, an unterschiedlichen Überweisungsquoten von Primarschulen in verschiedene Schulformen, am unterschiedlichen Ausbau des Ganztagesangebots und den unterschiedlichen Strategien zur Festlegung von Schuleinzugsbereichen in verschiedenen Städten und Kreisen (vgl. ebda., S. 202ff.). Auch die Schulgrößen sind nicht in dem Sinne vorhersagbar, dass kleine Schulen eher auf dem Land zu finden sind, sondern hängen auch von „kommunalpolitischer Rücksichtnahme gegenüber einflussreichen Schul- und Sozialmilieus" ab (vgl. ebda., S. 202).[8] In ähnlicher Weise fanden

7 Eine genauere Analyse dieses Kreises findet sich in der Arbeit von Franke (2007).

8 Zum Beispiel befinden sich in der Innenstadt von Münster sieben Gymnasien, die alle kleiner sind als die kleinsten im ländlichen Kreis Steinfurt (vgl. Zymek u.a. 2006, S. 202). Beispielsweise gibt es in Recklinghausen „in einem südlichen Stadtviertel nebeneinander eine

Maag Merki & Steinert (2006, S. 119) für die schulautonomen Entwicklungsprozesse in Zürcher Gymnasien, „dass trotz identischer reglementarischer Vorgaben für alle Schulen eine deutliche Varianz zwischen den Schulen in der Umsetzung der Vorgaben vorzufinden ist."

(2) Nicht nur haben Schulen und Eltern rechtlich durchaus vorgesehene Entscheidungsspielräume, sondern sie gehen auch „mit – allgemeingültig gedachten – Bestimmungen" (ebda., S. 206) unterschiedlich um. Beispielsweise wird eine Verordnung über die Kooperation von Gymnasien und Gesamtschulen zwecks Erzielung eines breiten Angebots von Leistungskursen in der gymnasialen Oberstufe sehr unterschiedlich umgesetzt. Es gibt eine große Zahl von Solitärschulen, von denen einige nicht das Mindestangebot erfüllen können. Auch zeigen sich regional höchst unterschiedliche Angebotsstrukturen (vgl. ebda., S. 210f.).

(3) Schließlich dehnen die Autor/inn/en ihre Argumentation – Handlungsspielraum vor Ort, Konkurrenzsituation, hohe Bedeutung des Standorts und lokaler Dynamiken – auf Profilierungsprozesse aus: Das Profil von Schulen ergibt sich „nicht in erster Linie aus ihrer pädagogisch inspirierten Schulprogrammarbeit [...], sondern vor allem auch aus ihrer Vernetzung mit nahe liegenden Kooperationspartnern und Sozialmilieus im geografischen und sozialen Raum der Stadt und der Region" (ebda., S. 199). Am Beispiel des Verhältnisses zwischen Innenstadtgymnasien, die im Zuge sozialer Veränderungen viel traditionelle Schülerklientel verlieren, und Vorort- und Stadtteilgymnasien, die oft zu den Gewinnern zählen, zeigen Zymek u.a. (2006, S. 211) die informellen Strategien auf, „mit denen die Schulen und die sie umgebenden Sozialmilieus (Eltern, Abnehmer, andere außerschulische und institutionelle Kooperationspartner) die schulischen Institutionen in ihrem Sinne zu nutzen und zu funktionalisieren bestrebt sind." Die Autor/inn/en spitzen dies in Anlehnung an die Terminologie der Bourdieuschen Kapitaltheorie wie folgt zu: „Die formellen und informellen Formen der Profilbildung und Kooperation stellen das kulturelle und soziale Kapital der Schulen in einem umkämpften lokalen Feld dar." (Ebda., S. 217) Dabei sind Kooperationen mit außerschulischen Partnern „eine wichtige Strategie im Konkurrenzkampf von Schulen im regionalen Raum [...] um zusätzliche Angebote, um Hilfen aller Art, um Fördermittel, um Kontakte zu den Milieus" (ebda., S. 216). Kooperationsbeziehungen sind „sorgsam gehütetes informelles Kapital, das für sie – jenseits der amtlichen Schulformbezeichnungen und ihrer Schulprogramme – Profil bildend arbeitet." (Ebda., S. 216) Schulen sind hier nicht

Gesamtschule und ein Gymnasium, die jeweils kaum ein ausreichendes Oberstufenangebot sicherstellen können und dieses Defizit auch nicht durch Kooperation kompensieren." (Ebda., S. 202)

nur treibende Kräfte, sondern auch Objekte von Kooperationsstrategien. Sportvereine, Musikschulen, Jugendhilfe und kommerzielle Dienstleister suchen auch von ihrer Seite „passende Schulen als Rekrutierungsfeld für neue Mitglieder und Kunden“ (ebda., S. 216). Dabei sind eher solche Partner kooperationsbereit, „die zu ihrer Schülerschaft und den Sozialmilieus ‚passen‘, in denen sie vernetzt sind“ (ebda., S. 216), das heißt aber auch, dass durch die außerschulische Kooperation das besondere Profil von Schulen verstärkt wird.

In der Argumentation von Zymek u.a. ergibt sich ein Bild von *Schulprofil,* das im Zuge einer Bewährungsstrategie in einer spezifischen lokalen Konkurrenzsituation durch Vernetzung in einem bestimmten Sozialmilieu entstanden ist und dieses widerspiegelt. Das Ergebnis ist oft ein „hohes Maß kleinräumiger Bildungsungleichheit“: so schwanken die Übergangsquoten von Grundschulen zu Gymnasien in der Stadt Münster – oft im gleichen Stadtteil – zwischen 19 % und 76 %. Auch sind formelle und informelle Vernetzungen von Grundschulen und Sekundarschulen zu beobachten, die Ansätze einer „Versäulung“ zwischen Grundschule und Gymnasium zeigen (vgl. ebda., S. 212).
Aus dem gleichen Forschungszusammenhang stammt die Arbeit von Sikorski (2007). Ihr geht es um die Analyse der Differenzierungsprozesse innerhalb städtischer Hauptschullandschaften, die am Beispiel von Bochum und Münster untersucht werden. Die Ergebnisse der Untersuchung verdeutlichen, dass man nicht mehr allgemein von „der Hauptschule“ sprechen kann. In einer „Arbeitsteilung“ übernimmt jede Hauptschule – willentlich oder unwillentlich – bestimmte Aufgaben. Übergreifende Aufgabe der Hauptschulen ist die Integration von Schüler/inne/n mit unterschiedlichen Herkunftsmerkmalen; sie fungiert als „Sammelbecken“ für Absteiger/innen und Wechsler/innen. Es zeigen sich dabei aber unterschiedliche schulpolitische Strategien, nach denen Hauptschulen in Stadtteilschulen, Sammelschulen und Vorortschulen eingeteilt werden können (vgl. ebda., S. 287f.).

Einen Blick nach Süddeutschland erlaubt die Inhaltsanalyse schulautonomer Lehrpläne von 92 Gymnasien in Baden-Württemberg, die Clausen u.a. (2007) vorgenommen haben. Der überwiegende Teil der Schulen nutze die durch die Schulautonomiebestimmungen erzeugten Handlungsspielräume in Form nicht zweckgebundener Schulstunden („Poolstunden“) für akademische Lernziele, wenngleich bei 40 Gymnasien auch methodische oder psychosoziale Lernziele zu verzeichnen waren. Die Autor/inn/en konstatieren eine Differenzierung der Schulen vor dem Hintergrund ihrer Profile, die dazu führe, dass sich die Schulen „programmatisch voneinander abgrenzen, ohne sich dabei gegenseitig Qualität absprechen zu müssen“ (Clausen u.a. 2007, S. 746).

In einem weiteren Beitrag geht Clausen (2006) der Frage nach, welche Kriterien Eltern und ihre Kinder bei ihrer Entscheidung für eine konkrete Schule leiten. Da Schulen mehr Autonomie erhalten haben, ihr Profil schärfen und das Prinzip der Passung Beachtung finden kann, hat die Wahl der Einzelschule innerhalb eines Bildungsgangs an Bedeutung gewonnen. Das „Schulprofil“ stellt in dieser Untersuchung einen von acht möglichen Gründen für die Wahl einer Schule dar. Bei einer inhaltsanalytischen Analyse von elterlichen Begründungen der Wahl von Einzelschulen in Mannheim und Heidelberg werden durch eine Clusteranalyse fünf *Entscheidungsformen unterschiedlicher Rationalität* identifiziert (ebda., S. 86):

- Cluster 1 (Eltern, die an *Qualitäts- und Ressourcenunterschiede* glauben): „Welche Schule bietet meinem Kind die beste schulische Ausbildung unter den günstigsten Rahmenbedingungen?“
- Cluster 2 (Eltern, die die Bedeutung der *Passung von spezifischem Kind und Schulmerkmalen* betonen): „Welche Schule passt am besten zu den Begabungen und Interessen meines Kindes?“
- Cluster 3 (Eltern, die Schulen auf einer weichen, sehr globalen Dimension der *Reputation* abbilden): „Welche Schule ist eine gute Schule?“
- Cluster 4 (Eltern, die über *konkrete Erfahrungen* verfügen): „Sind wir mit der Schule, die wir gut kennen, zufrieden?“
- Cluster 5 (Eltern, die *keine bedeutsamen Qualitätsunterschiede erwarten*): „Wo ist die nächstgelegene Schule?“

Diese Entscheidungsformen stehen in einem Zusammenhang mit dem sozioökonomischen Hintergrund der Eltern: Jene Entscheidungsformen, die der Idealvorstellung einer *rationalen Wahl* entsprechen, finden sich eher bei bildungsnahen Eltern, die sich an härteren schulbezogenen Entscheidungskriterien orientieren wie *konkrete Schulqualität*, *Schulprofile* und *schulische Rahmenbedingungen.* Eltern aus bildungsferneren Schichten treffen – im Sinne des Rational-Choice-Paradigmas – eher *begrenzt-rationale* Entscheidungen mit weniger Suchaufwand, weniger Information und orientieren sich an weicheren Kriterien wie Wohnort, Wahl der Freund/inn/e/n oder Klassenkamerad/inn/en (ebda., S. 78). Clausen diskutiert die Befunde unter dem Aspekt der beobachteten Wechselwirkungen zwischen Status, Schulqualität bzw. Schulprofil und dem spezifischen Inputmerkmal Zusammensetzung der Schülerpopulation.

Hinweise auf derartige Zusammenhänge bietet Flitners (2007) Analyse der Schulpolitik in Berlin. Sie verweist unter anderem auf die „eindrucksvolle Vermehrung zweisprachiger Schulangebote für ausgewählte Kinder deutscher

Mittelschichtfamilien“ (ebda., S. 46), während zeitgleich die Mittel für Sprachunterricht und zweisprachigen Anfangsunterricht limitiert würden – und dies in einer Stadt, die im Jahr 2006/07 etwa 30 % Prozent Kinder aus Migrantenfamilien schulisch zu versorgen hatte. Als zweites Beispiel nennt Flitner (vgl. 2007, S. 49ff.) die „grundständigen Gymnasien“ (ab der 5. Schulstufe), die innerhalb des Berliner Schulsystems mit seiner sechsjährigen Grundschule eigentlich von der Schulstruktur her nicht vorgesehen sind. Dennoch sei die Zahl jener grundständigen Gymnasien seit Beginn der 1990er-Jahre stark angewachsen – von maximal 20 Klassen mit 600 Schüler/inne/n im 5. Schuljahr des Schuljahres 1989/90 hin zu 81 grundständige Klassen mit etwa 2360 Plätzen im Schuljahr 2006/07, die zudem weit mehr Anmeldungen (3687) verzeichnen konnten, als Plätze vorhanden waren. Vor dem Hintergrund der Befunde von Lehmann & Nikolova (2003), denen zufolge die Chance auf Aufnahme an einem grundständigen Gymnasium für deutsche Kinder bei gleicher Intelligenz etwa doppelt so hoch war wie für ausländische Kinder, kommt Flitner (vgl. 2007, S. 44) zum Schluss, dass die Berliner Schulpolitik die Sparzwänge einseitig zugunsten einer Schulentwicklung bearbeite, die exklusive Angebote „für ein schulisch anspruchsvolles deutsches Publikum“ erzeuge, zugleich damit aber ohnehin schon benachteiligte Gruppen weiter marginalisiere.

Horak und Johanns (2001; vgl. auch Horak 2005) kamen in ihren Dokumentenanalysen, statistischen Berechnungen und Interviews zu schulischen Profilbildungsprozessen im Frankfurt der 1990er-Jahre zu einer ähnlich kritischen Bilanz. Die im Zuge der Autonomiepolitik zu verzeichnende Differenzierung der Einzelschulen sei von einer neuen Form der Hierarchisierung und neuen Selektionsformen begleitet worden, die sich in Statusunterschieden von Schulen gleicher Schulform ausdrückten:

> „Diese Statusunterschiede scheinen von spezifischen Handlungsstrategien abhängig, die Schulen in einer Konkurrenzsituation um Schülerinnen und Schüler entwickeln. Dabei ergibt sich aus den Statusunterschieden für einzelne Schulen die Möglichkeit, sich Schülerinnen und Schüler nach von ihnen bestimmten Kriterien auszuwählen und so neue Selektionsformen auszubilden.“ (Horak & Johanns 2001, S. 6)

Durch Profildifferenzierung würden Selektionsprozesse – innerhalb und zwischen Schulen – „in neuer Weise legitimiert“, weil sie weniger als Verweigerung von Bildungsmöglichkeiten, sondern als „interessens- und talentbezogene“ Differenziertheit ausgegeben werden könnten:

> „Betrachtet man sich die Art der Profilbildung, die sich bei einer größeren Gruppe der Frankfurter Gymnasien in den [19]90er Jahren abzeichnet, fällt auf, dass diese Gymnasien ihrem besonderen Profil gemäß Sonderklassen einrichten, die durch eine

> schulinterne Selektion besetzt werden. Unserer Einschätzung nach gelingt es den Gymnasien damit, einen Exklusivitätsanspruch zu reformulieren, der mit der Öffnung des Gymnasiums im Zuge der Bildungsreform delegitimiert worden ist. Während sich ein Gymnasium als ‚Schule für alle' präsentieren kann, so muss sein Profil nicht für alle Schülerinnen und Schüler zugänglich sein. Während die traditionellen curricularen gymnasialen Bildungsangebote der Schule für alle Schüler der Schule bestehen, werden die Profilschwerpunkte nur einem durch zuvor nach eigenen Kriterien ermittelten Kreis von Schülern zur Teilnahme offeriert. Die Schülerinnen und Schüler können somit zwar alle an der Schulform partizipieren, am Profil, welches das besondere Gesicht der Schule prägt, partizipieren allerdings nur ausgesuchte Schülerinnen und Schüler." (Ebda., S. 11)

Durch die Hierarchisierungsprozesse zwischen unterschiedlich attraktiven Angeboten (und durch die weiter bestehenden Hierarchien zwischen den Schulformen und z.T. zwischen verschiedenen Standorten) würde Selektion jedoch wieder „in alter Weise" wirksam.

Aus der differenzierten Studie lassen sich noch weitere Hypothesen über Profilierungsprozesse ableiten. Schulen, die sich profilieren wollen, brauchen nicht unbedingt ein Alleinstellungsmerkmal, wohl aber irgendein Merkmal an ihrem Profil, das ihnen einen Wettbewerbsvorteil verschafft (vgl. Altrichter & Heinrich 2005).[9] Auch kann man aus den Beobachtungen von Horak & Johanns auf einen epochenabhängigen *Wandel der Profilierungsgegenstände* schließen. Daraus ergeben sich Fragen nach angedachten Alternativen der Profilierung und nach Gründen, weshalb sich dann doch ein bestimmter Profilierungsschwerpunkt gegen einen anderen durchgesetzt hat.[10] Im Raum steht damit die Frage, was

---

9 „In Frankfurt exponieren sich in den achtziger Jahren Gymnasien durch zusätzlich zur Hochschulreife erwerbbare Abschlussqualifikationen. An zwei neusprachlichen Gymnasien wird Englisch bzw. Französisch nicht mehr nur als bilingualer Unterricht angeboten, sondern es wird die Möglichkeit geboten, neben dem Abitur als weiteren Abschluss das Baccalaureus bzw. Baccalaureat zu erwerben. Ein innerstädtisches Gymnasium profiliert seinen musikalischen Schwerpunkt durch eine Kooperation mit einem benachbarten Konservatorium und führt ab der Jahrgangsstufe 5 eine eigene Klasse mit dem Schwerpunkt Musik ein. Schulabgänger dieser Klasse bekommen beim Übergang auf die Musikhochschule ein Semester anerkannt." (Horak & Johanns 2001, S. 8)

10 „Gegen Ende der neunziger Jahre haben sich in Frankfurt zwölf von sechzehn Gymnasien durch gezielte Schwerpunktbildungen im Rahmen von Profilbildungsprozessen platziert. Im Zuge dieser Entwicklungen veränderten sich mit den Bildungsangeboten auch die Statusdifferenzen der Frankfurter Gymnasien. An dem Bild fachlicher Profile fällt auf, dass die Angebote mehrheitlich im neusprachlichen Bereich mit bilingualen Klassen liegen, demgegenüber besitzt der altsprachliche Bereich im Gegensatz zu den siebziger Jahren eine geringe Profilierungsattraktivität. Auffällig ist weiterhin, dass sich nur noch ein Gymnasium mit einem naturwissenschaftlichen Schwerpunkt profiliert, während der musische Bereich als Profilfeld eine hohe Attraktivität besitzt. Dagegen gibt es nur wenige Gymnasien, die in einem

denn Merkmale einer erfolgreichen Profilierung sind. Sind spezifische Inhalte, der Grad der Spezialisierung, die Passung auf die Umgebung oder Arten der Werbung für ein Profil entscheidend? Außerdem wird aus den Erfahrungen von Horak & Johanns (vgl. 2001, S. 10) deutlich, dass *ein* Schulprofil durchaus aus *mehreren Profilschwerpunkten* bestehen kann. In ihrer Studie ist eine Doppelprofilierung besonders erfolgreich, ein Gymnasium mit einem doppelten Profil in Ökologie und Musik.

Infrage steht in diesem Zusammenhang auch, ob sich Schulen Profilierungsprozessen entziehen können, und wenn ja, unter welchen Bedingungen. Horak & Johanns (vgl. ebda., S. 9) trafen auf Schulen – allerdings nur Gymnasien – die sich dem Trend zur Spezialisierung versagten, indem sie an alten Allgemeinbildungsvorstellungen festhielten (vgl. Heinrich 2001/02, S. 90ff.). In den Blick geraten in ihren Analysen auch die Auswirkungen der Einzelschulprofilierungen auf das Umfeld, auf andere Schulen und die Schulsteuerung durch Verwaltung und Politik. So zeigten Profilbildungsprozesse der Sekundarschulen in dieser Studie auch *Auswirkungen auf Grundschulen*, weil einige profilierte Schulen versuchten, „den Prozess der Klientelbildung für das eigene Profil schon in die Grundschulen zu verlagern, indem sie Kooperationen mit Grundschulen eingehen, die ein entsprechendes [fachspezifisches Angebot] bereits in den Klassen 1-4 anbieten. Durch diese institutionelle Strategie geraten auch Schulen aus dem Grundschulbereich in den Sog des Profilierungsprozesses und es verstärkt sich die Tendenz, dass bestimmte Grundschulen sich nicht mehr nur nach Anforderungen des gegliederten Schulwesens ausrichten, sondern sich verstärkt auf Profile weiterführender Schulen beziehen.“ (Ebda., S. 12) Deutlich wird damit, dass die Untersuchung erfolgreicher Profilierungen immer auch die daraus resultierenden Rahmenbedingungen für die anderen Schulen in den Blick nehmen muss. Dies gilt aus einer Steuerungsperspektive auch für die Schulverwaltung:

> „Die Versuche der staatlichen Schulverwaltung, die abgelehnten Schüler und Schülerinnen an Zweit- oder Drittwunsch-Schulen zu lenken, lassen erste nachteilige Effekte erkennen: An manchen Schulen übersteigen diese Anmeldungen die Zahl der Erstwunsch-Anmeldungen, was möglicherweise zu einer problematischen pädagogischen Situation in den Eingangsklassen führt, wenn mehr als die Hälfte der Schüler und Schülerinnen an einzelnen Schulen aufgenommen werden, die nicht dem primären Schulwunsch entsprechen. Weiterführende Schulen mit hohen Zweit- bzw. Drittwunsch-Aufnahmen befürchten, dass ihnen der Status von ‚Auffangschulen‘ zugewiesen wird und sich dieses Image wiederum nachteilig auf die nachfolgenden Schulwahlen auswirkt.“ (Horak 2005, S. 3f.)

---

sozialintegrativen Ansatz ihre Profilierungsmöglichkeiten sehen.“ (Horak & Johanns 2001, S. 9).

Die Rekrutierungserfolge und Aufnahmeentscheidungen weiterführender Schulen provozieren Deregulierungseffekte und in der Folge *neuen Steuerungsbedarf* im kommunalen Schulwesen.
Dabei zeigten sich auch Interferenzen zwischen traditionellen verwaltungstechnischen Vorstellungen und der Logik einer Wettbewerbsregulierung:

> „Regulative Eingriffe der Schulverwaltungen verstärkten die sich abzeichnenden Entwicklungstrends für die Präferenz von Gymnasien und Integrierten Gesamtschulen. Die bisherigen Versuche des kommunalen Schulamtes durch Ausweitung der Aufnahmekapazitäten an Erstwunsch-Schulen die Situation zu entspannen, führten zu einer steigenden Nachfrage an den überlaufenen Schulen und erhöhten das Auswahlpotenzial." (Ebda., S. 3)

2.3 Befunde einer international-vergleichenden Studie zur Schulprofilierung

Vor dem Hintergrund eines komplexen Forschungsdesigns (Analyse von Politikdokumenten, lokale Fragebogenbefragungen, soziodemografische Analysen der Regionen, Rekonstruktion der Schülerflüsse zwischen den regionalen Schulen) kommen Maroy & van Zanten (2009, S. e68)[11] in ihrer Analyse von sechs städtischen Schulregionen in Frankreich, Belgien, Portugal, England und Ungarn zu dem Ergebnis, dass es durch Schulprofilierung zu Prozessen der Konkurrenz, der Hierarchisierung zwischen Schulen und der Segregierung ihrer Schülerpopulationen kommt. Die Autor/inn/en unterscheiden hierbei *unterschiedliche Handlungslogiken von Schulen,* mit denen sie in diesem Wettbewerb bestehen wollen. Die spezifischen Handlungsweisen der jeweiligen Schule werden zwar durch die nationalen institutionellen Kontexte vorstrukturiert, aber – wie auch Zymek u.a. (2006) betonten – durch lokale Faktoren ausgeformt. Dabei nutzen die lokalen Akteure Interpretationsspielräume der Regeln, betreiben aber auch – bewusst oder unbewusst – selbst spezifische Formen der Koordination zwischen Schulen, die z.T. nationalen Koordinierungsformen entgegenarbeiten. Die Spezifität des lokalen Kontextes versuchen die Autor/inn/en durch zwei Variablen zu beschreiben: durch den Typ des Wettbewerbs, der im spezifischen Kontext herrscht (offen, unstabil versus begrenzt, stabil), und durch die Position, die die jeweilige Schule in dem durch Wettbewerb hierarchisierten Schulsystem des lokalen Kontexts einnimmt (hohe versus niedrige Position; vgl. Abb. 1.1).

11 Die deutsche Übersetzung dieser Studie findet sich in Teil II des vorliegenden Bandes.

Abbildung 1.1 Schulische Handlungslogiken angesichts von Wettbewerb in Schulprofilierungsprozessen (nach Maroy & van Zanten 2009, S. e73)

	Offener Wettbewerb, relativ unstabile Situation	Begrenzter Wettbewerb, relativ stabile Situation
Hohe Position in der Hierarchie der Schulen	*Logik der Eroberung*	*Logik des Profitierens vom Status Quo*
Niedrige Position in der Hierarchie der Schulen	*Logik der Diversifikation*	*Logik der Adaption*

Auf diese Weise ergeben sich vier schulische Handlungslogiken angesichts von Wettbewerb, die sich wie folgt skizzieren lassen:

- *Logik der Eroberung* (in offenen, unstabilen Wettbewerbssituationen für Schulen mit hohem Status). Die Autor/inn/en nennen eine Schule in Budapest als Beispiel, die spezielle curriculare Angebote beim Sport organisiert und Schüler/innen selektiv aufnimmt, obwohl dies in dieser Form illegal ist (vgl. ebda., S. e73).
- *Logik des Profitierens vom Status Quo* (begrenzter Wettbewerb und hohe Position) wird von Schulen repräsentiert, die sich auf die Aufrechterhaltung der Reputation und der Selektionspraktiken konzentrieren, ohne in die Innovation ihres Angebots zu investieren.
- *Logik der Diversifikation* (offene Konkurrenz und niedrigere Statusposition): In einer Konkurrenzsituation versuchen schwach oder mittelmäßig angesehene Schulen ihr Bildungsangebot zu diversifizieren und entwickeln unterschiedliche inhaltliche Angebote und Klassen innerhalb der Schule. Dadurch wollen sie vermeiden, zu einer „benachteiligten oder Ghettoschule" zu werden. Im inneren, weniger kontrollierten Bereich entwickeln sie verschiedene Taktiken, um den Schülerzustrom zu filtern und interne Differenzierung zwischen verschiedenen Angeboten/Klassen aufzubauen.
- *Logik der Adaption* (begrenzter Wettbewerb und niedrigere Position) beschreibt die Anpassung an eine Schülerpopulation, die man nicht gewählt hat. Unterschiedliche Verläufe sind denkbar: Etablierung in Nischen, die vom sonstigen Wettbewerb geschützt sind, oder Resignation in Hinblick auf Lernförderung und weiterer Verlust von Schüler/inne/n (vgl. ebda., S. e75).

In ihren Beispielen zeigt sich für Maroy & van Zanten (ebda., S. e77) der *fragmentierte Charakter der „Multiregulation"* („fragmented multiregulation"), der sich auch aus den strukturellen Grenzen der zentralen und regionalen Regulierungsmöglichkeiten ergibt, z.B. durch:

- die Territorialisierung der Handlungsmöglichkeiten von Bildungsbehörden, die nicht unbedingt den tatsächlichen Wettbewerbsräumen entspricht;
- eine „institutionelle Unvollständigkeit", weil die Wettbewerbsräume oft quer zu den institutionellen Grenzen in der Gesellschaft (z.B. Staat, regionale Regierung, öffentliche und private Autoritäten) liegen, die nur selten koordiniert agieren;
- eine „sektorale Unvollständigkeit", insofern z.B. Schulpolitik und -entwicklung mit anderen Politiksektoren (z.B. Sozial-, Wohn- und Stadtplanungspolitik) zusammen- und von diesen abhängen.

In Zusammenfassung dieser Ergebnisse resümiert Maroy (2009, S. 78), dass die Koordination durch Wettbewerb in den untersuchten Schulsystemen zwar zugenommen habe. Das traditionelle „bureaucratic-professional model" der Schulsteuerung, das auf einer „Doppelsteuerung" durch eine bürokratische Verwaltung und eine relativ autonome Lehrerprofession beruhe (vgl. Abschnitt 1.2), sei zwar durch eine Verstärkung von Wettbewerbskoordinierung überformt, nicht aber vollständig ersetzt worden. Die aktuellen Versionen einer *„post-bureaucratic school governance"* sind vielmehr durch hybride Kombinationen charakterisierbar, in denen unterschiedliche Handlungslogiken, Normen und Praktiken Seite an Seite koexistieren. Die aktuelle Schulsteuerung ist für Dupriez & Maroy (2003, S. 386) „a composite in which several forms of co-ordination occur, none of which is sufficiently powerful to determine in a meaningful and lasting way the overall orientation of action in the school context."

2.4 Befunde zu den Wirkungen von Schulautonomie und Schulprofilierung

Die einzige uns bekannte Studie, die explizit die Frage der Wirkungen von profilierten Schulen thematisiert, ist die Arbeit von Eder (2006), die in Teil II dieses Bandes zusammengefasst wird. Aber auch zur breiteren Frage nach den Wirkungen von Schulautonomie gibt es wenig empirische Evidenz – eigentlich überraschend, bestand doch eine grundlegende Annahme dieser Politik darin, dass Schulautonomie zu einer verbesserten Qualität des Lernens beitragen würde. Die wenigen vorliegenden Ergebnisse sind zudem inkonsistent, gehen jedoch eher in die Richtung, „dass die Effektivität von teilautonomen Schulen für die Schülerleistung kaum gegeben ist. Allerdings sei tendenziell von einer indirekten Funktionalität von Teilautonomie für die optimale Förderung der Kompetenzen der [Schüler/innen] auszugehen, indem es teilautonomen Schulen eher gelingt, eine optimale Lernumgebung herzustellen." (Maag Merki & Steinert 2006, S. 104; vgl. Leithwood & Menzies 1998, S. 340; McLellan 2009, S. 3f.).

Größere Aufmerksamkeit hat in jüngster Zeit ein spezieller Typ von Studien auf sich gezogen, der sich auf eine theoriegeleitete und mit Methoden der quantitativen Ökonomie vorgenommene Reanalyse von Daten aus den PISA- und TIMS-Untersuchungen stützt. Der größte Teil dieser Studien stammt aus einer Münchner Forschungsgruppe rund um Ludger Wößmann. Dieser stützt seine Arbeit auf ein „Education Production Model", bei dem Schülerleistungen mit institutionellen Arrangements in Bildungsinstitutionen durch principal-agent-Beziehungen und deren Auswirkungen auf effizienten Ressourcengebrauch verbunden sind (vgl. Bishop & Wößmann 2004). Akteure in diesem Modell streben danach, ihren eigenen Gewinn zu maximieren und ihre Investitionen zu minimieren. Schulautonomie oder die Dezentralisierung von Entscheidungsmacht versteht Wößmann (vgl. 2008, S. 820) als Delegation einer Aufgabe von einem Prinzipal (Gesellschaft, Politik, Eltern) auf Agenten („Schule", Lehrpersonal, Schüler/innen).

Für die Autonomiemaße, die in den PISA- und TIMS-Studien enthalten sind, zeigt Wößmann (2008, S. 824) „tendenziell eher negative Effekte erhöhter Schulautonomie" auf Schülerleistungen, die jedoch, wenn gleichzeitig zentrale Abschlussprüfungen im System wirksam sind, „vielfach in positive Effekte [gewendet werden; d.Verf.] (wobei die Effekte von Abschlussprüfungen mit und ohne Autonomie positiv sind)." Für weitere autonome Entscheidungsbereiche argumentiert der Autor (ebda., S. 822ff.), dass der Lehrereinfluss auf die Finanzierung der Lehrmittel, die lokale Festsetzung der Lehrergehälter sowie die lokale Entscheidung über Kursinhalte in Schulsystemen ohne zentrale Abschlussprüfungen keinen positiven Effekt und teilweise signifikant negative Effekte auf Schulleistungen hätten, während sie in Systemen mit zentralen Abschlussprüfungen positive Effekte aufwiesen. Ähnlich konzipierte Studien mit PISA 2000-Daten von Robin & Sprietsma (2003) erbrachten einen signifikant positiven Effekt von personeller Autonomie. Bei Maslowski u.a. (2007) hatte sowohl Personal- als auch curriculare Autonomie einen negativen Effekt auf Schülerleistungen, finanzielle Autonomie jedoch einen positiven Einfluss.

In der Zwischenzeit sind eine Reihe von *Kritikpunkten* gegenüber Studien diesen Typs vorgebracht worden (vgl. Schümer & Weiß 2008; McLellan 2009; Gronn 2009): Das „Education production-Modell" ist – von Bishop & Wößmann (2004) zugegebenermaßen – recht einfach. Es bezieht sich hauptsächlich auf *eine* Principal-Agent-Beziehung (meist auf jene zwischen Regierung und Schüler/inne/n) und nimmt gelegentlich Übertragungen auf die Akteure aus dem Lehrerkreis vor. Tatsächlich ist das Erziehungssystem aber deutlich komplexer, was der Governance-Ansatz beispielsweise durch die Annahme eines Mehrebenensystems oder durch die Erwartung multipler und hybrider Regulation zum Ausdruck bringt.

Empirisch ist an Wößmanns Studien kritisiert worden, dass in den Ergebnissen Inkonsistenzen auftreten, die mit dem Principal-Agent-Modell nicht erklärbar sind. Beispielsweise ist der („autonome") Einfluss von Lehrpersonen auf den gelehrten Stoff negativ mit Schülerleistungen in den TIMSS-Daten verbunden, während Lehrereinfluss bei der Auswahl von Schulbüchern einen positiven Effekt hat. In den PISA-Daten ist kein Effekt in irgendeiner Richtung sichtbar (vgl. McLellan 2009, S. 9).

Die Diskussion über diese Studien zeigt, dass verschiedene Aspekte von Schulautonomie und „Accountability" in einer höchst komplexen Weise interagieren, die noch nicht hinreichend erklärt ist. Wie Wößmann (2007) selbst anmerkt, können die internationalen Schulleistungsvergleiche zwar ein „big picture" geben, allerdings kommt es auch auf die Spezifika der Implementation an, die durch die internationalen Vergleichsstudien nicht hinreichend ausgeleuchtet werden. Daraus ergibt sich die Aufgabe, auch von der Makro- auf die Meso- und Mikroebene zu wechseln, um die Prozesse, durch die Autonomie und Accountability verbunden und in der schulischen Arbeit konkretisiert werden, besser zu verstehen.

3 Schulprofilierung und die Transformation der Governance des Schulsystems

Was kann man sich angesichts dieser Befunde und Konzeptualisierungsvorschläge unter „Systemsteuerung" vorstellen? Wie können Modi der Systemsteuerung im Kontext von Schulprofilierung konzeptuell und empirisch erfasst werden? Zusammenfassend ist für den weiteren Gang unserer Argumentation Folgendes festzuhalten:

(1) Wir verstehen „Schulprofilierung" als mehr als nur einen einzelschulischen Entwicklungsprozess, sondern vielmehr als einen Teilprozess, eine Begleiterscheinung und Auswirkung sowie eine – charakteristische – *Konkretisierung einer Politik der Schulautonomisierung.*

(2) Autonomie-Politik wie Schulprofilierung bietet *Beispiele für die Transformationen der Systemsteuerung*, die in jüngster Zeit in den deutschsprachigen Schulsystemen angestrebt wurden. Auch wenn in späteren Phasen zusätzliche Politiken forciert und die „Schulautonomiepolitik" dadurch überlagert wurde, so wurde ihr nie offiziell abgeschworen und sie wurde auch nicht vollkommen verdrängt (vgl. Gronn 2009). Auch in realen Schulentwicklungsprozessen wurde die „Schulprofilierungs-Orientierung" nicht aufgegeben. Schulen stellen sich

weiterhin meist über spezielle Profile nach außen dar, auch wenn sie sich in der Zwischenzeit *auch* mit anderen Entwicklungsaufgaben, z.B. Bildungsstandards, Vergleichsarbeiten, zentralen Prüfungen usw., beschäftigen müssen (vgl. Heinrich 2010a).

(3) Eine Bildungspolitik, wie eben die Autonomie-Politik, setzt sich nicht selber durch. Die rechtlichen Regelungen, die z.B. Rürup (2007; vgl. Abschnitt 1.2) als Ergebnis der Autonomie-Politik auf der Makroebene der Bildungspolitik analysiert hat, stellen *Handlungs- und Gestaltungsangebote,* Regeln und Ressourcen bereit, *die andere Systemmitspieler,* wie z.B. die Schulaufsicht, die Fortbildungsinstitute, aber eben auch die Einzelschulen und ihre Schulleitungen – notwendigerweise selektiv und konstruktiv-weiterentwickelnd – *aufgreifen,* „rekontextualisieren" und umsetzen müssen, damit die „Politik" ihre Wirksamkeit entfalten kann (vgl. genauer unter Punkt. 6). Was tatsächlich an „Teilautonomie" in Profilierungsprozessen implementiert wird, unterscheidet sich daher von Region zu Region und von Schule zu Schule in mehr oder minder großer Weise (vgl. Zymek u.a. 2006; Maag Merki & Steinert 2006).

(4) An Schulprofilierungsprozessen lässt sich daher studieren, *wie bildungspolitische Steuerungsbemühungen von verschiedenen Systemakteuren aufgenommen,* weitergedacht und in Handlung und Strukturbildung auf der Ebene der Einzelschulen, des Unterrichts und der intermediären Unterstützungssysteme übersetzt werden.

(5) Wie kann man nun ein so komplexes Phänomen wie „Systemsteuerung" erfassen? In der Governance-Perspektive, der wir hier folgen (vgl. Altrichter u.a. 2007), wird Steuerung über die *Rekonstruktion der Koordinationsverhältnisse zwischen verschiedenen Akteuren in zeitlich und örtlich situierten gesellschaftlichen (Teil-)Bereichen* erforscht. Um Steuerungsphänomene zu erfassen, muss man fragen, wie welche Akteure ihre Handlungen koordinieren, damit das entsteht, was uns als regelhafte Ordnung und produktive Leistungen dieses Teilbereichs erscheint.

(6) Wir verstehen die in Abschnitt 1.3 und 1.4 dargestellten Überlegungen von Harney und Zymek als Verweis auf zwei wichtige *Koordinationsprinzipien* – Autonomie und Wettbewerb –, die die Transaktionen im Schulsystem leiten könnten. Mit Dupriez & Maroy (2003) gehen wir zudem davon aus, dass komplexe Systeme selten durch *ein* dominierendes Koordinationsprinzip beschreibbar sind. Wir erwarten vielmehr *hybride Koordinationsverhältnisse,* in denen unterschiedliche Handlungslogiken, Normen und Praktiken Seite an Seite

koexistieren, miteinander in Konflikt stehen können, aber auch durchaus einander zuarbeiten können.

Wenn aber in einem Feld viele – z.T. lang überlieferte, z.T neu eingeführte – Koordinationsprinzipien in den Handlungen der Akteure aufgenommen werden, dann besteht die Gefahr, den Wald vor lauter Bäumen nicht zu sehen. Mit dem Begriff *Governance-Regime* bezeichnen Lange & Schimank (vgl. 2004, S. 15) die Kernaufgabe und den „Königsweg" der Governance-Analyse – nämlich den Versuch, auf einer mittleren Abstraktionsebene die formgebenden Prinzipien und Muster der Handlungskoordination in einem Bereich oder Handlungssektor herauszuarbeiten und zu zeigen, wie die Handlungskoordination in einem spezifischen gesellschaftlichen System durch spezifische Relationierungen von Akteuren und Strukturen aufgebaut, aufrechterhalten und transformiert wird. Solche Governance-Regime sind also in begründeter Weise selektiv, indem sie als besonders bedeutsam erachtete Koordinationsprinzipien herausarbeiten. Sie sind zeitlich, örtlich und in Hinblick auf gesellschaftliche Teilbereiche situiert und können daher nicht ohne Weiteres auf andere Situationen übertragen werden. Und sie müssen in der Lage sein, empirische Veränderungen erfassen zu können.

Dabei ist die Unterscheidung zwischen „Programm" und „Struktur" (vgl. Harney 2008) als analytische wichtig: Politische „Programme", wie z.B. Schulautonomie, richten sich auf „Struktur- und Koordinationsprinzipien" und versuchen diese in ihrer qualitativen Funktionsweise und/oder in ihrer quantitativen Bedeutung zu verändern. Für die Governance-Analyse sind diese „Koordinationsweisen" weniger als allgemeine Prinzipien, als in ihrer konkreten, historisch veränderlichen Ausformung interessant.

Beide Ideen, jene der Mehrzahl der Prinzipien und jene ihrer Veränderlichkeit, kommen im Governance-Equalizer von Uwe Schimank (2007) zum Ausdruck, der eine gewisse Popularität in der Steuerungsdiskussion erlangt hat. Mit Hilfe dieses heuristischen Instruments (vgl. Abb. 1.2) beschreiben beispielsweise de Boer u.a. (2007) die gegenwärtigen Transformationen in den europäischen Hochschulsystemen als spezifische Konfigurationen von Veränderungen in fünf Analysekategorien, nämlich in Hinblick auf Ausmaß und Form (1) staatlicher Input-Regulierung, (2) der Selbststeuerung der akademischen Lehrenden, (3) der Außensteuerung durch Vorgabe substanzieller Ziele, (4) der hierarchischen Selbststeuerung innerhalb der Einzelorganisationen sowie von (5) Konkurrenzdruck und Quasi-Märkten.

Bei Schimanks Reglern erkennt man unschwer einige Aspekte der bisher erwähnten Koordinationsprinzipien: Wettbewerb und staatliche Input-Regulierung als Gegenpol lokaler Spielräume. Obwohl man einige Entwicklungen im Schulsystem mit Hilfe dieser Regler veranschaulichen kann (wohl weil zeittypische, bereichsübergreifende Politikelemente in verschiedenen Politikbereichen in ähnlicher Weise zu erkennen sind; vgl. Altrichter 2010a), ist das Instrument sicher nicht als bereichsunabhängige Vorgabe zu verstehen, sondern als Aufforderung bereichspezifische Governance-Regimes zu formulieren.

Abbildung 1.2 Veränderungen der universitären Governance in vier Ländern (Quelle: de Boer u.a. 2007, S. 149)

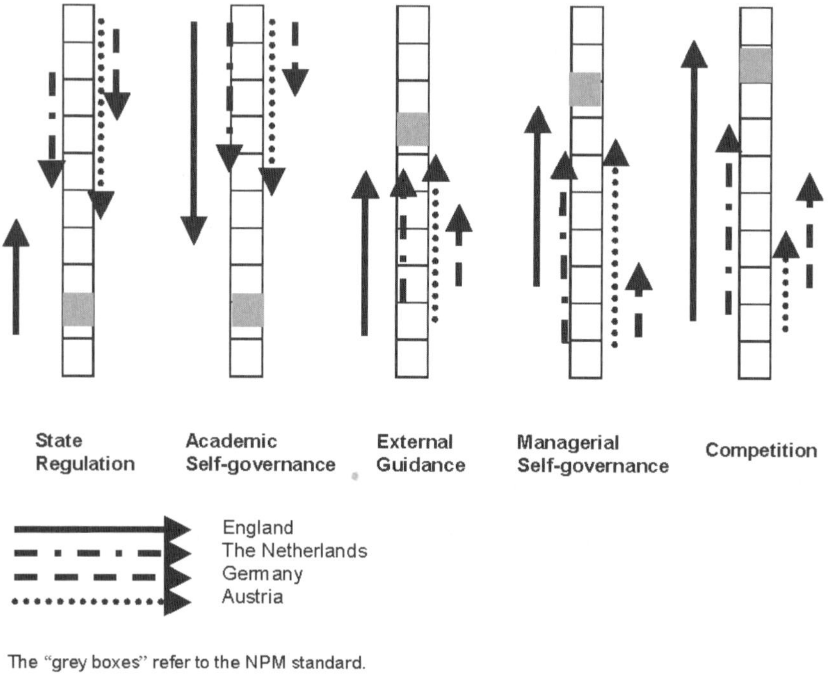

(7) In der Governance-Perspektive interessiert allerdings nicht nur der Aufweis genereller Koordinationsprinzipien, sondern auch eine „Mikroperspektive" – die *Frage nach dem „mikrologischen" Zustandekommen dessen, was uns dann als übergreifende Koordinationsprinzipien, Muster und Strukturen erscheint.* Uns interessieren besonders die Handlungen, durch die jene Strukturen genutzt und weiterentwickelt werden, die weiteres Handeln im Sinne der systemtypischen Koordinationsprinzipien wahrscheinlicher machen. Handlung und Struktur werden dabei als aufeinander bezogen verstanden und in ihrer Beziehung analysiert: In diesem Sinne stützt sich alle Handlung auf „Strukturelemente", auf

eine „Regelungsstruktur", die *Verfügungsrechte und -fähigkeiten zum Treffen von Entscheidungen* in einer für den jeweiligen sozialen Zusammenhang spezifischen Weise organisiert (vgl. Kussau & Brüsemeister 2007, S. 21ff.).

Reformen im Bildungswesen werden handelnd als *„Struktur-Angebote"* – als Regeln und Ressourcen (vgl. Giddens 1992) – in den Interaktionszusammenhang eines Schulsystems eingegeben. Diese müssen von Akteuren aufgegriffen und für ihren Kontext „zubereitet und weiterentwickelt" werden, um die Chance zu haben, gesellschaftliche Wirksamkeit zu entfalten. Welche Wirkung sich durch diese neuen Handlungsangebote (und ob sich die postulierte Wirkung) ergibt, entscheidet sich erst durch die Benutzung dieser „Struktur- und Handlungsangebote" und durch die Art und Weise, wie die verschiedenen Akteure (z.B. Lehrer/innen, Schüler/innen, Schulleitung und -aufsicht, Eltern) ihre Handlungen angesichts der Innovation (z.B. „Bildungsstandards") neu ausrichten und koordinieren.

Fend (2006a) hat diesen Sachverhalt durch das Konzept der *Rekontextualisierung* zum Ausdruck gebracht. Ihm geht es dabei „um eine handlungstheoretisch adäquate Abbildung des Gesamtzusammenhanges der inneren Struktur des institutionellen Akteurs ‚Bildungswesen' und um die adäquate Beschreibung der Form des ‚Zusammenhandelns' innerhalb des Bildungssystems" (ebda., S. 174). Das Handeln auf einer Ebene eines Mehrebenensystems impliziert, dass die „übergeordnete Ebene für die untergeordneten als Kontext präsent ist, aber im Rahmen der ebenenspezifischen Umweltbedingungen und Handlungsressourcen reinterpretiert und handlungspraktisch transformiert wird. Die übergeordnete Ebene bleibt also erhalten, wird aber gleichzeitig verändert" (ebda., S. 181).

(8) Ein weiteres Charakteristikum der Governance-Perspektive besteht darin, dass komplexe soziale Systeme, wie eben das Schulsystem, als *Mehrebenensysteme* angesehen werden. Diese Bestimmung soll ins Bewusstsein heben, dass nicht alle Akteure mit allen anderen in gleicher Weise interagieren, sondern dass es typische Konstellationen von Akteuren gibt, typische „Schichten", auf denen eigene Handlungslogiken und Koordinationsprinzipien herrschen, die sich von jenen auf anderen „Schichten" unterscheiden können. Dadurch wird die Aufmerksamkeit auf „Schnittstellenprobleme", die sich aus den unterschiedlichen Handlungslogiken, Werthierarchien, „Sprachen" und Aufmerksamkeitsprioritäten der Ebenen ergeben, sowie auf Fragen *grenzüberschreitender Koordination* zwischen Systemebenen gelenkt.

(9) Wir verwenden im Folgenden das Konzept „Governance" als allgemeinen analytischen Begriff zur Bezeichnung von *Regulierungs- und Steuerungsverhältnissen in Mehrebenensystemen* (vgl. Blumenthal 2005; Mayntz 2009; Alt-

richter 2010b). Davon zu unterscheiden ist eine normative Begriffsverwendung (die hier vermieden wird), mit der manche Autor/inn/en spezifische, meist aktuelle und „moderne“ Steuerungs- und Regulierungsvorschläge und -modelle bezeichnen, die versprechen, die „alten“ Steuerungsverhältnisse zu verändern und zu verbessern. Diese zweite Verwendungsweise hat üblicherweise normative Konnotationen: Im Gegensatz zur ersten Bedeutung, mit der in abstrakter Weise alle möglichen Regulierungs- und Steuerungsverhältnisse angesprochen sind, meint die zweite Bedeutung in „engerer“ Weise ein spezifisches Modell, eine moderne Entwicklung, ein Versprechen auf Verbesserung. Praktische Beispiele sind „New Public Management“, das Reden von einer „neuen Governance der Hochschulen“ usw.

> „Die Vermischung einer strikt analytischen Perspektive von Governance mit der Hypothese eines fundamentalen Wandels von Staatlichkeit und mit Aussagen über den generellen Niedergang staatlicher Steuerungsfähigkeit stellt die größte Hypothek dar, mit der Governance als Analyseperspektive belastet ist.“ (Blumenthal 2005, S. 1168)

Eine Governance-Analyse zielt in diesem Sinn auf die Beantwortung folgender *Grundfragen*, die hier auf unser Thema zugespitzt werden:

(1) Die Frage nach dem Governance-Regime: Welches Governance-Regime (welche Kombination sozialer Koordinationsprinzipien genutzt von welchen Akteuren auf welchen Handlungsebenen) charakterisiert die von uns beobachteten Schulprofilierungsprozesse?

(2) Die „mikrologische“ Frage nach der Konstitutierung des Governance-Regimes: Durch welche Handlungen welcher Akteure verschiedener Ebenen werden welche Struktur-Angebote so aufgenommen, dass relativ überdauernde Koordinationsstrukturen sichtbar werden? Diese Fragerichtung lässt sich in folgende Teilfragen aufgliedern:

(2.1) Welche *Strukturangebote* werden den Akteuren in den untersuchten Feldern und aus deren externer Umgebung angeboten? Dies kann beispielsweise durch eine Inhaltsanalyse formeller Strukturangebote gesellschaftlicher Akteure geschehen, z.B. durch eine Analyse der Gesetze, Verordnungen und Begleitmaßnahmen (wie z.B. in Rürup 2007), aber auch von Förderungsprogrammen, Stellungnahmen wichtiger korporativer Akteure oder Auseinandersetzungen in Medien.

(2.2) Welche Strukturangebote werden von den relevanten Akteuren des untersuchten Feldes *rezipiert*?

(2.3) Welche dieser Strukturangebote werden *aufgegriffen, umgesetzt und (wie) re-interpretiert*? In Hinblick auf die Fragen 2.2 und 2.3 interessieren sowohl die subjektiven Deutungen der beteiligten Akteure, die mit qualitativen Interviews erhoben werden können, als auch deren handelnde Umsetzung, die am besten über Beobachtung und die Analyse von Handlungsergebnissen zugänglich erscheint.

(3) Die Frage nach der Transformation des Governance-Regimes: Ist das Governance-Regime, das in Schulprofilierungsprozessen sichtbar wird, als eine (partielle) Veränderung der Koordinationsverhältnisse, die vor der Forcierung schulischer Modernisierungspolitiken geherrscht haben, zu interpretieren?

(4) Die Frage nach den Wirkungen des Governance-Regimes: Welche weiteren Auswirkungen auf Prozesse, Rahmenbedingungen und Ergebnisse des untersuchten Systems zeigen sich durch die beobachteten Governance-Transformationen? Wie wirkt sich eine eventuell veränderte Steuerungsstruktur auf die Leistungsstruktur des untersuchten Systems aus (vgl. Schimank 2007)?

Diesen Fragen soll in Teil II des Bandes in verschiedenen empirischen Analysen von Schulprofilierungsprozessen nachgegangen werden. In Teil III versuchen wir eine zusammenfassende Einschätzung in zwei Richtungen: Einesteils sollen die in Schulprofilierungsprozessen sichtbar werdenden „Governance-Regime“ beschrieben und governance-analytisch interpretiert werden. Zum anderen soll gefragt werden, ob und inwiefern diese eine Erneuerung und Veränderung der traditionellen Muster hierarchisch-professioneller Doppelsteuerung im Schulsystem bedeuten.

Teil II: Empirische Studien zur Schulprofilierung

In Teil II dieses Bandes werden unterschiedliche Studien zu Schulprofilierungsprozessen vorgestellt. *Herbert Altrichter, Martin Heinrich, Eva Prammer-Semmler und Katharina Soukup-Altrichter* analysieren den Zusammenhang von Schulentwicklung und Schulprofilierung auf der Basis von insgesamt elf Fallstudien. Dabei fokussieren sie auffällige Mechanismen einer veränderten Handlungskoordination in Schulprofilierungsprozessen, um schließlich einige Antworten auf die Frage „Was verändert sich durch Schulprofilierung?“ zur Diskussion zu stellen.

Mit Material aus dem gleichen Projekt analysiert *Ewald Feyerer* fallvergleichend unterschiedliche Ausformungen von integrationspädagogischen Arbeitsschwerpunkten mit der Fragestellung, ob hier neuartige Elemente in der Arbeit der Schule zur „Profilierung“ einzelner Klassen beitragen, die – öffentlichkeitswirksam kommuniziert – zusätzliche Schüler/innen anlocken sollen, oder ob diese Neuerungen als „normale“ Qualitätselemente in allen Klassen wirksam werden sollen.

Werner Specht nutzt die Daten einer Untersuchung der Schul- und Unterrichtsqualität aus der Sicht von Hauptschüler/inne/n, um nach spezifischen ökologischen Merkmalen von Restschulen und Restklassen zu fragen.

Ferdinand Eder zieht die Ergebnisse einer empirischen Studie über Musikhauptschulen heran, um Besonderheiten der Rekrutierung von Schüler/inne/n und die Wirkungen von Profilhauptschulen zu analysieren.

Christian Maroy und Agnès van Zanten diskutieren einige Lehren aus einem Projekt, in dem aktuelle Veränderungen der Regulierung im Schulwesen in sechs europäischen Regionen vergleichend untersucht wurden. Ihre Interpretation von Mustern der Transformationen der schulischen Koordination in verschiedenen nationalen Kontexten hat auch Anregungskraft für Analysen von Schulreformen in deutschsprachigen Ländern.

Herbert Altrichter, Martin Heinrich, Eva Prammer-Semmler & Katharina Soukup-Altrichter

Kapitel 2: Veränderung der Handlungskoordination durch Schulprofilierung

1 Design und Kontext der Untersuchungen

Im Kontext eines größeren Projektverbunds wurden über mehrere Projektphasen hinweg in den letzten Jahren die Profilierungsprozesse von insgesamt elf österreichischen Sekundarschulen unterschiedlicher Schulformen untersucht. Die Ergebnisse dieser Studien liegen inzwischen in elf Einzeldarstellungen als ausführlich dokumentierte Schulfallstudien vor (vgl. Altrichter u.a. 2005b; Soukup-Altrichter u.a. 2007; Heinrich 2009; Altrichter u.a. 2010). Im Folgenden sollen einige übergreifende Erkenntnisse dieser Einzelfallstudien in einem vergleichenden Blick herausgearbeitet werden.

Um den Leser/inne/n zunächst einen Eindruck des forschenden Zugriffs auf die Einzelschulen zu vermitteln, werden Fragestellungen und Konzeptionen der Forschungsprojekte (Kap. 1) vorgestellt, innerhalb derer die Schulfallstudien entstanden sind. In Kap. 2 wird ein erster Einblick in die Profilierungsprozesse, die den folgenden Analysen zugrunde liegen, gegeben; dabei wird die Variation und Unterschiedlichkeit in diesen Prozessen akzentuiert. Kap. 3 setzt sich zum Ziel, wichtige Koordinationsprinzipien des Schulsystems, die in Profilierungsprozessen deutlich und dabei partiell verändert werden, herauszuarbeiten. Dies geschieht in mehreren Schritten: In Kap. 3.1 werden alte und neue Ausformungen von Schulautonomie und ihre Funktion für eine wettbewerbsakzentuierte Koordination zwischen Schulen besprochen. Kap. 3.2 zeigt, dass Schul- und Klassenprofilierung in neuer Weise das Verhältnis zwischen und innerhalb von Schulen ordnen. Dies wird vor allem an den Übergängen im Schulsystem deutlich, die – je nach rechtlichen, ressourcenbezogenen und anderen lokalen Bedingungen – Schüler/inne/n und Eltern Wahlmöglichkeiten und/oder Schulen Selektionsmöglichkeiten eröffnen (vgl. Kap. 3.3). In Kap. 3.4 wird gezeigt, dass Profilierung offenbar häufig mit verstärkten Differenzierungs- und Hierarchisierungsprozessen zwischen Schulen und Klassen einhergeht. Schulautonomie und Schulprofilierung erscheinen als Reformen, die die Hierarchie-Seite der traditionellen hierarchisch-professionellen Doppelsteuerung von Schulen verändern sollen. In Kap. 3.5 wird schließlich erörtert, welchen Einfluss diese Veränderungsinitiativen auf die andere Seite dieser Doppelsteuerung, auf jene der Lehrerprofession und auf ihre spezifische Ausformung von „Autonomie" haben.

1.1 Schulprofilierung und neue Informations- und Kommunikationstechnologien

In einer ersten Studie (vgl. Altrichter u.a. 2005b) untersuchten wir – auf der Basis von qualitativen Interviews und Dokumentenanalysen – drei Sekundarschulen (Hauptschule, Gymnasium, Berufsbildende Höhere Schule mit wirtschaftlichem Schwerpunkt)[12], die sich im Bereich der neuen Informations- und Kommunikationstechnologien (IKT) attraktive Schulprofile aufbauen wollten. Aus der vergleichenden Analyse der Fälle wurden folgende Hypothesen für das Phänomen „Schulprofilierung im Bereich IKT an Sekundarschulen" formuliert:

- Die *Möglichkeit der Schulprofilierung* im Bereich IKT wird an den untersuchten (d.h. profilierten) Schulen von Protagonist/inn/en der Entwicklung sehr geschätzt. Sie bringt aber – was manche Schulreformer/innen als notwendige Voraussetzung oder Begleiterscheinung solcher Profilierung angesehen hätten – kaum Veränderung der *Arbeitsformen und der internen Organisation der Schule*. Es sind wenige neue Strukturelemente und Koordinierungsmechanismen anzutreffen, ebenso wenig gibt es eine breite Lehrerpartizipation. Möglicherweise ist dies typisch für das Profilierungsfeld IKT, weil die Entwicklungsarbeit hier offenbar nicht selten durch einzelne Fachleute im Kollegium geleistet wird und wenige neue Strukturelemente benötigt. Von einer *neuen Steuerung der Entwicklungsentscheidungen in der Schule* durch Zielvereinbarung, Schulprogramme und Evaluation – die im Untersuchungszeitraum massiv durch eine Homepage des Ministeriums und durch Fortbildungsveranstaltungen propagiert worden waren – findet sich zum Zeitpunkt der Studie wenig.
- Dagegen wird nach den Berichten der untersuchten Schulen *Wettbewerb als Mechanismus der Systemkoordinierung* immer wichtiger. Aktualität und Berufsnützlichkeit der *Qualifikationsleistungen* werden betont, weil sie eine für Eltern zugkräftige Werbebotschaft darstellen. Schulen orientieren sich stärker an *externen Standards*, weil außerschulisch legitimierte Zertifikate (wie z.B. die European Computer Driving Licence <ECDL> oder das Cam-

12 Vgl. das Glossar am Ende dieses Bandes für die Bedeutung österreichischer Begriffe.

bridge Certificate) offenbar in diesem Klima brauchbare Werbeargumente sind. Der Wunsch, durch eine ausreichend große Anzahl „guter“ Schüler/innen – in den von uns beobachteten Fällen sind derart für Schulen „attraktive“ Schüler/innen durch Geschlecht, Schulleistung und soziale Herkunft definiert – den Status der Schule abzusichern, geht einher mit einer geringer werdenden Sensibilität gegenüber den Problemen sozialer Auslese (vgl. auch Seel & Scheipl 2004, S. 19).

- Die *Gestaltung des Unterrichts* verändert sich in den beobachteten Fällen kaum (vgl. auch die Analyse Schweizer Studien mit diesem Ergebnis bei Altrichter & Heinrich 2005). Die Funktionsfähigkeit der Hardware bindet derzeit viel Aufmerksamkeit und Energie. Es gibt keine IKT-Didaktik, was von der Schulaufsicht beklagt wird, von den befragten Mitgliedern der Schule aber kaum als Problem gesehen wird – das Profil ist „auch so zugkräftig“.
- Die *Beziehungen der Schule mit der Außenwelt* scheinen sich im Verlaufe von IKT-Profilierungen stark zu intensivieren. Dieser für den Schulprofilierungsgedanken zentrale Aspekt der „Öffnung von Schule“ durch die Reflexion auf die Bedürfnisse der potenziellen Klientel und der daraus erwachsenden Bezugnahme zum außerschulischen Umfeld und der Kooperation mit diesem könnte stark vom Inhalt der Profilierung abhängig sein. Die Frage stellt sich damit, ob diese für die Fälle von IKT-Profilierungen festgestellte Intensivierung des Außenkontakts auch für andere Profilierungsinhalte wahrscheinlich ist.

Die Ergebnisse waren z.T. überraschend: Einerseits waren – im Vergleich zu früher von uns untersuchten schulischen Innovationen, z.B. Qualitätsmanagement (vgl. Altrichter & Posch 1999) und Schulprogrammarbeit (vgl. Altrichter u.a. 2003; Altrichter & Eder 2004) – relativ wenige schulinterne Konflikte zu beobachten; andererseits schien die Innovation auch „Wirksamkeit“ (im Sinne einer Erhöhung der Anmeldungszahlen von Schüler/inne/n) zu zeigen, ohne dass tiefer gehende Veränderungen von Unterrichtsgestaltung und innerschulischer Arbeitskoordination nötig waren. Ergebnisse anderer Studien über die Nutzung von neuen Medien im Unterricht (vgl. Cuban 2001; Schulz-Zander 2001) sowie die Resonanz von Fachkolleg/inn/en, Schulentwickler/inne/n und Schulpraktiker/inne/n bei Tagungspräsentationen deuteten darauf hin, dass unserer Resultate nicht auf die Wahl idiosynkratischer Fälle zurückzuführen sind, sondern relevante Verlaufsmuster schulischer Profilierung im Bereich IKT rekonstruierten. Sie warfen aber auch die Frage auf, inwiefern die beobachteten Muster typisch für einen „aktuellen“ Innovationsbereich, wie die neuen Informations- und Kommunikationsmedien, wären und in anderen – z.B. „älteren“ oder „weniger in einem Trend gesellschaftlicher Brauchbarkeit liegenden" – Profilierungsbereichen vielleicht andere Verlaufs- und Ergebnismuster schulischer Profilierung zu beobachten wären. Diese Frage bildete den Impuls und Kern der Folgestudien.

1.2 Was verändert sich durch Schulprofilierung? – Die Folgestudien

Für die Folgestudien suchten wir im Sinne eines *theoretical samplings* für die Auswahl neuer Schulen nach „Kontrastfällen". Als spezifisches Merkmal für die Profilierung im IKT-Bereich nahmen wir an, dass die *Berufsnützlichkeit* der dort erworbenen Fähigkeiten eine besondere Rolle spielen könnte. Als weiteren bedeutsamen Faktor für die im Vergleich zu anderen Schulentwicklungsprozessen recht reibungslose Implementierung der IKT-Schwerpunkte vermuteten wir zudem den Status der Informations- und Kommunikationstechnologien als neuen Lernbereich ohne *Anbindung an ein „Schulfach"* mit langjährigen Traditionen. Das Fehlen einer gefestigten Fachkultur mit kodifizierten Ausbildungsgängen könnte sowohl das Aufkommen von Kritik aus den eigenen Fach-Reihen verhindern (weil es keine selbstbewussten Fachvertreter/innen mit eigenen Vorstellungen über die Entwicklung des Gegenstandes gibt) als auch von anderen „Fächern", die fürchten, durch die Profilierungsprozesse in den Hintergrund gedrängt zu werden; bei letzteren, weil der neue Gegenstand nicht „fachförmig" auftritt, sondern sich als eine aktuelle Notwendigkeit quer zu allen Fächern gibt. Die „Berufsnützlichkeit" des Profilierungsschwerpunktes sowie die „Affinität zu etablierten Lehrfächern" wurden damit zu leitenden Kategorien bei der Auswahl für die – bzgl. der ersten Studien zum Profilierungsschwerpunkt Informations- und Kommunikationstechnologien – kontrastiven Schulen (vgl. Abb. 2.1). Entlang dieser beiden Dimensionen wurden für die Folgeuntersuchung folgende Profilierungsinhalte als Untersuchungsgegenstand festgelegt, die dann jeweils anhand von zwei Schulen vergleichend untersucht wurden:

Abbildung 2.1 Unterscheidung von Profilierungsinhalten

	„unmittelbar berufsnützlich" erscheinend	*allenfalls „mittelbar berufsnützlich" erscheinend*
Affinität zu „etablierten Lehrfächern"	a) Fremdsprachen (SPR)	b) Kunst und Kreativität (KRE)
wenig/keine Affinität zu „etablierten Lehrfächern"	e) Informations- und Kommunikations-technologien (IKT)	c) Soziales Lernen (SOL) d) Integration (INT)

In der Folgestudie wurden je eine Hauptschule und eine Allgemeinbildende Höhere Schule (AHS) je Profilierungsschwerpunkt (a-d) untersucht. Eine Ausnahme bildete lediglich der Schwerpunkt „Integration". Da sich für eine solche Profilierung keine Allgemeinbildende Höhere Schule finden ließ, wurde die Untersuchung an zwei verschiedenen Hauptschulen vorgenommen. Die Auswahl der Schulen erfolgte in zwei Schritten: Zunächst wurde durch Internetrecherche eine Vorauswahl erstellt, die dann durch Expertenurteile (Befragung von Landesschulinspektor/inn/en) überprüft wurde.

Die Fallstudien selbst wurden methodisch durch Dokumentenanalysen (profilierungsrelevante Dokumente wie bspw. Konzepte, Außendarstellungen, Protokolle, Rezeption in der Presse), Feldstudien sowie Interviews realisiert. Für jede der acht Schulen wurden in zwei Wellen jeweils zehn bis fünfzehn themenzentrierte Leitfadeninterviews durchgeführt. In der ersten Interviewwelle wurden zunächst fünf „Funktionsträger" an den Schulen (Schulleitung, Personalvertretung, Elternvertretung, Schülervertretung, Schwerpunktkoordinator/inn/en) befragt, die wesentliche, mit ihren jeweiligen Positionen verbundene „formelle" Perspektiven auf den Entwicklungsprozess repräsentieren sollten. Zudem konnte davon ausgegangen werden, dass diese über die Schulentwicklungsprozesse gut informiert waren. Die Interviewpartner/innen der zweiten Welle wurden mittels eines *theoretical sampling* bestimmt, das durch eine Zwischenanalyse der ersten Welle ermöglicht wurde. Leitend war hierbei die Suche nach Perspektiven, Expertisen oder Meinungen, auf die im erhobenen Material referiert wurde, die aber noch nicht hinreichend erfasst worden waren.

Das damit erhobene Material wurde durch thematisches Kodieren (vgl. Flick 1996, S. 206ff.) analysiert. Nach einer Autorisierung der vollständig transkribierten Interviews durch die Befragten wurden Schulfallstudien erstellt, die wiederum mit einer Auswahl der interviewten Protagonist/inn/en der Schulen einer kommunikativen Validierung unterzogen wurden.

Die gewählte Forschungsstrategie hat Stärken und Schwächen: Die Konzentration auf Einzelschulen erlaubt einen genaueren Blick auf die „mikrologische" Konstitution der Koordinationsprinzipien vor Ort, allerdings auf Kosten der sozialräumlichen Einbettung der einzelschulischen Transaktionen in regionale und überregionale Koordinationsverhältnisse, deren Bedeutung Maroy & van Zanten (in diesem Band) ebenso wie Zymek u.a. (2006) gezeigt haben.

Die qualitativen Interviews bringen die persönliche Verarbeitung und Interpretation von Strukturangeboten und Koordinierungsprozessen der beteiligten Akteure gut zum Ausdruck. Dies entspricht einer „Teilnehmerperspektive", die beispielsweise für Giddens (vgl. 1992, S. 342ff.) ein notwendiges Element von Analysen sozialer Prozesse ist. Über einen verstehenden Zugang zu den Wissensinhalten der Akteure – zu „dem diskursiven und praktischen Bewusstsein und den Kontrollstrategien innerhalb definierter kontextueller Grenzen“ (ebda., S. 343) – soll eine „Rekonstruktion der gesellschaftlichen Wirklichkeit aus der Perspektive der handelnden Subjekte in hermeneutisch-interpretativer Einstellung“ (Osterloh & Grand 1997, S. 357) geleistet werden.

Sozialwissenschaft muss sich auf das Alltagswissen der Akteure einlassen, weil es ein bedeutsamer Teil jener Sozialität ist, die sie verstehen, erklären und theoretisieren will. Sie muss aber auch „über das Alltagswissen hinaus gehen“. Studien aus einer distanzierteren „Beobachterperspektive“ sollen „die nicht-intendierten Nebenwirkungen aufdecken, die dem handelnden Subjekt verborgen sind.“ (Ebda.) Diese Seite von Governance-Studien ist etwa durch Beobachtungsmethoden sowie durch die Analyse von Produkten und Ergebnissen der Koordinationsprozesse zu erfassen, wie sie sich beispielsweise in demografischer Statistik, Leistungstests, Dokumenten usw. niederschlagen. Das Grundanliegen der „Beobachterperspektive“, in der Erfassung sozialer Phänomene individuelles Bewusstsein zu transzendieren, ist im Design unserer Studien durch Dokumentenanalysen sowie durch die Möglichkeit, verschiedene individuelle (Interview-) Perspektiven in der Interpretation zu konfrontieren, repräsentiert, aber insgesamt weniger gut als die „Teilnehmerperspektive“ abgedeckt. Indem wir in diesem Band auch Ergebnisse von methodisch anders vorgehenden Studien, die z.T. die „Beobachterperspektive“ stärker zum Ausdruck bringen können, zur Diskussion stellen, soll Leser/inne/n eine kritische Einschätzung der methoden-spezifischen Beschränkungen der jeweiligen Studien erleichtert werden.

Nachdem die Ergebnisse aller Untersuchungen inzwischen als ausführlich dokumentierte Einzelfalldarstellungen vorliegen, sollen im vorliegenden Beitrag die elf Schulfallstudien vergleichend gegenübergestellt werden. Diese Darstellung will wichtige Merkmale des *Governance-Regimes* (i.S. von Lange & Schimank 2004, S. 15; vgl. Kap. I, Abschnitt 3) herausarbeiten, das im Zuge von Schulprofilierungsprozessen entstanden ist – d.h. auf einer mittleren Abstraktionsebene die formgebenden Prinzipien und Muster der Handlungskoordination in sich profilierenden Schulen analysieren und zeigen, wie die Handlungskoordination im Schulsystem im Zuge dieser Prozesse durch spezifische Relationierungen (= Handlungen) von Akteuren und Strukturen aufgebaut, aufrechterhalten und transformiert wird.

Um die Abstraktionsebene eines Governance-Regimes zu erhalten, müssen also mikrologische Befunde schulischer Transaktionen und deren subjektiver Repräsentationen daraufhin untersucht werden, welche dominanten Koordinationsprinzipien in ihnen zum Ausdruck kommen. Die Suche danach muss in begründeter Weise selektiv sein. Auf diese Weise fallen viele Einzelbefunde der Fallstudien, deren vergleichende Untersuchung unter anderer (z.B. Schulentwicklungs-)Perspektive aufschlussreich wäre, unter das Verdikt „mangelnder Relevanz“ für die dominanten Wirkmechanismen des Governance-Regimes der Schulprofilierung. Leser/innen, die an solchen mikrologischen Befunden interessiert sind, seien auf die Lektüre der oben zitierten Fallstudien selbst verwiesen. Bevor wir uns in Abschnitt 3 der Diskussion bedeutsamer Koordinationsprinzipien zuwenden, soll ein Überblick über die in die Analyse einbezogenen Schulen, ihre Profilierungsprozesse und einige Aspekte ihrer Unterschiedlichkeit gegeben werden.

2 Entwicklungsimpulse und Entwicklungsverläufe: Zur Vielfalt von Schulprofilierungsprozessen

Der folgende Abschnitt soll einerseits einen gewissen Einblick in das den folgenden Argumentationen zugrunde liegende Fallmaterial geben, das schon an anderen Stellen (vgl. Altrichter u.a. 2005b; Soukup-Altrichter u.a. 2007; Heinrich 2009; Altrichter u.a. 2010) veröffentlicht wurde und hier nicht mehr wiederholt werden soll. Es soll hier vielmehr auch auf die Vielfalt empirisch beobachtbarer Verläufe hingewiesen werden: Dies differenziert erstens unsere Analyse im Vorgängerband (vgl. Altrichter u.a. 2005b; 2006) und steht zweitens im bewussten Kontrast zu unserem Versuch in Abschnitt 3, der übergreifende Koordinationsprinzipien, die in den verschiedenen Fällen wohl in verschiedenen Ausformungen und Intensitäten, doch im Prinzip in gleicher Weise wirksam sind, herausarbeiten soll.

Lassen sich in diesen Profilierungsprozessen einige typische Muster erkennen? Die Kategorisierung, die sich bei Maroy & van Zanten (in diesem Band) für den internationalen Vergleich als nützlich erwiesen hat, erscheint im nationalen Kontext nur beschränkt aussagekräftig. Diese Autor/inn/en hatten durch die Kombination zweier Kriterien – des regionalen Kriteriums „Offenheit des Wettbewerbs/Instabilität der Situation“ und des schulindividuellen Kriteriums „Position in einer Wettbewerbshierarchie der Schulen“ – ein Vierfelderschema erzeugt, das die Ableitung von Hypothesen über schulische Handlungslogiken erlaubte (vgl. Kap. 1, Abschnitt 2.3).

Im zentralstaatlich gelenkten Schulsystem Österreichs ist nun die Wettbewerbssituation – das erste Kriterium – in Hinblick auf die rechtlichen Ausgangsbedingungen für alle Schulen identisch. Zieht man empirisches Wissen heran, dann kann man annehmen, dass Hauptschulen in einer instabileren Situation arbeiten als Gymnasien, weil die letzteren in der Regel nur mit ihresgleichen konkurrieren müssen, während die ersteren offenbar mit anderen

Hauptschulen und Gymnasien um Schüler/innen wetteifern. Schaut man sich die Situation in einzelnen Teilregionen genauer an, so findet man sehr wohl Gymnasien, die in großen Städten unter einem sehr starken Konkurrenzdruck stehen (vgl. z.B. den Fall in Heinrich 2009), während es auch Hauptschulen mit sehr starken Konkurrenzpositionen gibt, wie beispielsweise den Fall bei Soukup-Altrichter (2007), eine große Schule, die ihren Standort in einer Bezirksstadt mit nur zwei Hauptschulen und einem Gymnasium hat. Eine ähnlich profilierte kleinere Schule, die ebenfalls in einer – etwas größeren – Bezirksstadt liegt, hat demgegenüber eine weit schwächere Wettbewerbsposition (vgl. Feyerer 2007a). Wie ist diese Position aber relativ zu den anderen acht Hauptschulen und zwei Gymnasien dieser Stadt einzuschätzen? Um das von Maroy & van Zanten vorgeschlagene Schema aussagekräftig verwenden zu können, bräuchte es also verlässliche ökologische Informationen über die Schulstandorte (im Sinne von Zymek u.a. 2006), die uns hier nicht für alle Schulen zur Verfügung stehen und die nur im Einzelfall (vgl. Feyerer in diesem Band) ergänzt werden konnten.

Wir beziehen uns daher in unserem ersten Überblick auf den Datenkern unseres Fallmaterials, auf subjektive Wahrnehmungen und Einschätzungen beteiligter Akteure über wichtige Entscheidungspunkte und -kriterien in den Profilierungsprozessen. Wir fragen zunächst nach typischen Impulsen, die Anstoß zu Entwicklungsprozessen in Richtung Schulprofil gegeben haben, und dann nach deren Bedeutung in längerfristigen Entwicklungsverläufen. Im Zuge dessen heben wir fünf unserer elf Fälle hervor, um einen ersten Eindruck von wichtigen Meilensteinen der Prozessverläufe zu geben. Die restlichen Fälle werden zum Abschluss tabellarisch nach einigen wenigen Merkmalen charakterisiert.

2.1 Entwicklungsimpulse

In Interviews mit Akteuren aus der „intermediären Ebene“ (vgl. Soukup-Altrichter u.a. 2010) hatten wir nach Gründen, Anlässen, Motiven und Impulsen dafür, dass sich Schulen auf Profilierungsprozesse einlassen, gefragt. Dabei waren uns 13 unterschiedliche „Klassen“ von Gründen genannt worden, die sich unterteilen ließen in *von „außerhalb“ der Einzelschule kommende Impulse* (z.B. „Aufforderung“ durch die Schulverwaltung; Aufwertung von Lernbereichen, die auf aktuelle Qualifikationen und Berufsbewährung zielen), *„Außen“ und „Innen“ verbindende Impulse* (z.B. Identifikation von gesellschaftlichen Problemsituationen; Reaktion auf Nachfrage und Wahlinteressen der Eltern), *von „innen“ kommende Impulse* (z.B. Entwicklungspotentiale und -ideen bei Lehrer/inne/n; Anknüpfen an Stärken und Ressourcen der Schule; Ausgleich zwischen unterschiedlichen Interessen an einer Schule; Auswahl „besserer“ Schüler/innen; Chance zur Selektion des Personals).

In der Folge fragen wir nach typischen Entwicklungsimpulsen, wie sie in unseren Fallstudien sichtbar werden. Wir nennen vier typische Einstiegssituationen und machen im darauf folgenden Abschnitt klar, dass diese im weiteren Verlauf von Entwicklungen in unterschiedlichen Konstellationen wiederkehren können.

2.1.1 Entwicklungsimpuls: Wettbewerb und Absicherung /Ausbau des Standorts

Die Hauptschule IKT/HS[13] (vgl. Soukup-Altrichter u.a. 2005) ist mit 8 Klassen, 160 Schüler/inne/n und 22 Lehrer/inne/n eher klein und wirkt familiär. Sie wurde in den 1970er-Jahren gegründet und ist die dritte Hauptschule in einer Kleinstadt, die ihrerseits direkt an eine Großstadt mit allen schulischen Angeboten angrenzt.

Seit 1994 nutzte die Schule die Möglichkeit, ihre Lehrpläne schulautonom zu gestalten. Seither wird Informatik als eigener Pflichtgegenstand unterrichtet; außerdem wurde die Zahl der Englischstunden um zwei erhöht und Spanisch als zweite lebende Fremdsprache angeboten. Seit 2000 trägt die Schule den Titel einer Informatikhauptschule und ist gleichzeitig Schwerpunktschule für Informatik in ihrem Bezirk. Dieser Titel wird vom Landesschulrat (LSR) verliehen und ist an die Erfüllung von Mindeststandards gebunden, die u.a. eine ausführliche, vom LSR genehmigte Projektbeschreibung, eine regelmäßige Evaluation sowie regelmäßigen Erfahrungsaustausch mit anderen Schulen vorsieht. Für den erhöhten Aufwand, der sich aus den zusätzlich für Informatik verwendeten Stunden, kleineren Schülergruppen sowie der Netzwerkbetreuung ergibt, stellt der LSR solchen „Informatikhauptschulen“ pro Schulstufe zusätzlich fünf Lehrerwochenstunden zur Verfügung.

Der erste Impuls, sich in diese Richtung zu entwickeln, entstand aus dem „Kampf ums Überleben“, dem die Schule immer wieder ausgesetzt war. Der steigende Trend zu gymnasialen Schulen machte Hauptschulen zu Konkurrenten bei der Werbung um Schüler/innen. Da es in der Umgebung bereits eine Sporthauptschule und eine Musikhauptschule gab, schien der untersuchten Schule die Informatik als zukunftsträchtige Alternative: Das Angebot von IKT, die als neue Kulturtechnik Schüler/innen fit für den Einstieg in den Beruf bzw. für den Übertritt in weiterführende Schulen machen sollen, müsste – so vermuten die Proponent/inn/en der Profilierungsidee in einer Antizipation von Schüler-

13 Kürzel, wie IKT/HS, werden im Folgenden zur Identifikation unserer Fälle verwendet. Die Erläuterung dieser Kürzel findet sich in Abb. 2.2 im folgenden Abschnitt 2.2.

und Elternwünschen – eine geeignete Strategie für die Absicherung des Schülerzustroms sein.

> *„Wir wollten einfach anders sein als die anderen und den Eltern eine Alternative anbieten, – eine zukunftsträchtige Ausbildung."* (Zit. nach Soukup-Altrichter u.a. 2005, S. 24)

Die Umsetzung des Konzepts wurde vom Schulleiter und relativ wenigen Lehrpersonen mit IKT-Kompetenzen getragen. Der sich recht schnell einstellende Erfolg in Form steigender Schülerzahlen und die Verleihung des Titels Informatikhauptschule, die mit höheren Stundenkontingenten verbunden war, stützten die Innovation, und weitere Lehrpersonen qualifizierten sich für den IKT-Unterricht.

Die Schule IKT/HS stellt den Prototyp einer „wettbewerbsorientierten Profilierung" in unserer Studie von 2005 dar. Die Entwicklungsaktivitäten starten unter dem „Druck der Verhältnisse" und richten sich auf eine „Nische" im Angebot der Schulen, die – in einer antizipativen Einschätzung von Marktbedürfnissen – als zukunftsträchtig erscheint. Die Entwicklung wird zunächst von wenigen Personen, die Macht, Energie und Qualifikation haben, vorangetrieben und trifft auf wenig Widerstand im Kollegium, das aber auch nicht massiv betroffen scheint, weil das Profil über den IKT-Kern hinaus wenig Veränderungen für die Arbeit in der Schule bringt. Die Stützung durch Ressourcen aus der Schulhierarchie sowie der Erfolg am Markt sichern die Entwicklung ab. Der sich daraus ergebenden Notwendigkeit der Beteiligung von mehr Lehrpersonen im Kern des Profils entsprechen einige Mitglieder des Kollegiums durch Weiterbildung im Bereich IKT.

Diesem idealtypischen Verlauf folgt keiner unserer Fälle der Folgestudie. Allerdings spielen Wettbewerbsüberlegungen in allen Studien an verschiedenen Stellen eine bedeutsame Rolle: Als auslösender Impuls am Anfang der Entwicklung beispielsweise im Fall INT/HS1; als Grund für das Kollegium, sich schließlich an einer früher boykottierten Entwicklung zu beteiligen, in der Hauptschule KRE/HS; als Argument, das Widerstand im Kollegium entgegenarbeitet, im Fall KRE/GY; als Grund, bestehende Profilierungen durch neue zu ersetzen, in den Fällen SOL/HS und INT/HS2 und als mitlaufendes Beobachtungskriterium für den Erfolg der Entwicklung in allen Fällen. Die Ubiquität von Wettbewerbsüberlegungen legt jedoch auch eine Differenzierung ihres Auftretens und ihrer Systembedeutung nahe, was wir in Abschnitt 3.1 dieses Kapitels angehen wollen.

2.1.2 *Entwicklungsimpuls: Werte, Interessen und Fähigkeiten von Lehrpersonen*

Die Schule SOL/GY (vgl. Altrichter 2010c), ein öffentliches Gymnasium und wirtschaftskundliches Realgymnasium, liegt im innerstädtischen Gebiet einer österreichischen Landeshauptstadt, umgeben von anderen Gymnasien und Hauptschulen. Ursprünglich gegründet von der Städtischen Kaufmannschaft, wurde sie bis 1985 als Mädchenschule geführt. Seit dieser Zeit entwickelt sie sich langsam zu einer koedukativen Schule. Neben der Normalform der Allgemeinbildenden Höheren Schule bietet sie drei Schulschwerpunkte in der 1. und 2. Klasse (5. und 6. Schulstufe) an: eine Chorklasse, eine Klasse „Lebendige Sprache" sowie die Projektklasse „Neue Lernkultur".

Die Projektklasse „Neue Lernkultur" ist „eine Initiative aus der Lehrerschaft". Die Idee zur Profilierung ging zunächst von einer einzelnen Lehrerin aus. In einem Seminar zur Schulentwicklung kristallisierte sich um diese Idee eine kleine Gruppe interessierter Kolleg/inn/en. Zum Zeitpunkt der Entscheidung für die Schwerpunktsetzung „Projektklasse" gab es keine echten Alternativen oder Konkurrenzvorschläge für das Schulprofil; die beiden anderen Schwerpunkte wurden erst später ausgearbeitet. Die Projektleiter/innen motivieren die Suche nach möglichen Profilschwerpunkten

- *nicht* durch eine interne Problemdiagnose – z.B. bezüglich Schulklima, Gewalt oder Disziplin (wie z.B. in Schule SOL/HS) – und
- auch *nicht* primär durch den Blick nach außen (wie in der „wettbewerbsorientierten Profilierung" von IKT/HS), obwohl die Tatsache, dass andere Schulen sich zu profilieren begannen, sehr wohl beobachtet wurde.
- Die Inhalte der Profilierung wurden durch einen *„Blick nach innen"*, auf vorhandene Interessen, Initiativen und Stärken im Kollegium, erarbeitet. Die Lehrergruppe wurde geeint durch den Wunsch nach einer methodischen Erneuerung des Unterrichts und nach Teamarbeit, Offenem Lernen und Differenzierung, wobei schon praktizierte Stärken aufgegriffen und weiter entwickelt werden sollten. Davon versprachen sich die Lehrpersonen mehr Freude am Schulalltag für sich selbst und ihre Schüler/innen.

In einer aufwändigen zweijährigen Vorbereitungsphase wurde das didaktische und organisatorische Konzept in regelmäßigen Treffen einer Planungsgruppe von vierzehn Lehrer/inne/n (inkl. Besuch externer und schulinterner Fortbildungsveranstaltungen sowie Besuche an anderen Schulen) ausgearbeitet. Der Fokus des letztlich erarbeiteten Konzepts ist ein didaktisch-sozialerzieherischer und ruht auf drei Säulen: Soziales Lernen (als neuer Gegenstand, der vierzehntägig als Doppelstunde abgehalten wird), Offenes Lernen sowie Fachübergreifendes Lernen im Projektunterricht.

Während die Projektgruppe von Anfang an durch Eltern unterstützt wurde, zeigten Teile des Kollegiums „großen Widerstand“ gegenüber der Profilierung, was in den Augen mancher Beobachter/innen zu einer „echten Polarisierung“ führte. Die Ablehnung richtete sich nach Wahrnehmung der Projektbetreiber/innen weniger gegen den Aspekt des Sozialen Lernens in den Projektklassen, sondern betraf viel eher den didaktisch-methodischen Aspekt der Neuerung, die Offenen Lernformen und den Fächerübergreifenden Unterricht. Dabei scheinen folgende Argumente gegen den Profilschwerpunkt wichtig gewesen zu sein:

- *Mehraufwand:* Angst, bei Erfolg des Projekts selbst in einer ungewohnten und arbeitsaufwändigen Art ohne zusätzliche Abgeltung unterrichten zu müssen;
- *Privilegierung:* Kritik an ungleichen Rahmenbedingungen in verschiedenen Klassen;
- *Bastelstunde:* Befürchtung, dass zu wenig inhaltliches Lernen in den traditionellen Gegenständen stattfindet.

Die Vorbereitungsphase wurde schließlich durch eine Abstimmung in der Lehrerkonferenz abgeschlossen, die den Projektbetreiber/inne/n das Pouvoir gab, ihr Konzept zu realisieren, solange andere Lehrer/innen nicht zum Unterricht in diesen Klassen gezwungen würden. Im Laufe der Zeit „beruhigte“ sich der Konflikt zwischen den Gruppen. Das Profil wurde „offiziell anerkannt“ und nahm eine prominente Stelle in der Außendarstellung der Schule ein. Wichtige Gründe für die gestiegene innerschulische Akzeptanz des Profils waren dabei (vgl. Altrichter 2010c, S. 42ff.): Der Erfolg des Schwerpunkts in Hinblick auf Anmeldezahlen sicherte die Weiterentwicklung der Schule ab. Das aus einer Lehrerinitiative entstandene Profil erlaubte der Schule, die Aufforderung des Landesschulrats, jede AHS müsse sich bei Profilentwicklung engagieren, als erledigt zu betrachten. Die Respektierung des Prinzips der „Lehrerfreiwilligkeit“ im Entwicklungsverlauf, die später erfolgende Ergänzung des Angebots durch zwei weitere Schwerpunkte in der 5. und 6. Schulstufe sowie die partielle Zurücknahme und „Normalisierung“ von ursprünglich weitergehenden Ansprüchen des Konzepts trugen ebenfalls zur Festigung des Profils in der untersuchten Schule bei.

Dass Profilierungsarbeit in allen Schulen entsprechende Lehrerkompetenzen benötigt, ist trivial; dass sie nicht gegen Lehrerinteressen erfolgen kann, gehört zu den Leitsätzen der Schulentwicklungsbewegung. Im beschriebenen Fall lässt sich aber mehr beobachten: Lehrerwerte und -kompetenzen sind nicht *ein* Aspekt der Entwicklung, sondern ihr Ausgangspunkt, der ihr Richtung und Energie verleiht. In Ausgangspunkt und Entwicklungsverlauf ist die Schule KRE/GY (vgl. Ziebermayr & Altrichter 2010b) dem eben skizzierten Fall sehr ähnlich: Auch hier spielen Interessen und Kompetenzen der Lehrpersonen eine entscheidende Rolle für den Start des Unternehmens, hier stärker gepaart mit der Einbeziehung von Schülerinteressen in der Entwicklungsphase.

2.1.3 Entwicklungsimpuls: Veränderte Lernbedürfnisse von Schüler/inne/n

Die Schule SOL/HS (vgl. Prammer-Semmler 2007) ist eine Hauptschule in einer österreichischen Landeshauptstadt. Sie teilte das Schicksal vieler städtischer Hauptschulen – sie sah sich in Konkurrenz zu mehreren Hauptschulen und Unterstufengymnasien in unmittelbarer Umgebung. Einerseits ging die Anzahl der Schüler/innen sukzessive zurück, andererseits sah sich die Schule einer wachsenden Anzahl von Schüler/inne/n gegenüber, auf deren Bedürfnisse erst eine pädagogische Antwort gefunden werden musste. Durch den Zuzug von immer mehr Familien aus unterschiedlichen Herkunftsstaaten erhöhte sich die Anzahl von Schüler/inne/n mit Migrationshintergrund; die Anzahl von Schüler-/inne/n mit sozialem Lernbedarf stieg ebenfalls. Die Schule reagierte auf die veränderte Situation mit einer Schwerpunktsetzung „Soziales Lernen und Integration" und entwickelt dazu relativ differenzierte curriculare und sonstige begleitende Vorstellungen.

Obwohl die Maßnahme vom Kollegium als sinnvoll eingeschätzt wurde, brachte sie keine Stabilisierung der Schülerzahl. Das Kollegium beschloss die Maßnahmen des Sozialen Lernens – in allen Klassen – beizubehalten, zusätzlich aber eine spezielle Klasse mit dem Schwerpunkt „Kreativität" einzuführen, die schließlich wieder die Anzahl der Schüler/innen erhöhte.

> *„Wie wir mit dem kreativen Schwerpunkt angefangen haben, ist unsere Schule wieder gewachsen. Da waren wir schon sehr mager. [...] Dann, ab der Einführung des kreativen Schwerpunktes, haben wir sofort zwei parallele erste Klassen gehabt, ohne die I-Klasse."* (Zit. nach Prammer-Semmler 2007, S. 28)

In unserer Interpretation entstand also der ursprüngliche Impuls zur Profilierung in Schule SOL/HS aus dem Wunsch, auf Veränderungen in der Sozialisation der Schüler/innen in einer pädagogisch sinnvollen und die Arbeitssituation der Lehrpersonen verbessernden Art zu antworten. Dies ähnelt einerseits dem vorher beschriebenen Verlaufstyp, weil Initiative und Interessen von Lehrer/inne/n eine große Rolle spielen. Andererseits scheint deutlich größerer Handlungsdruck vorzuherrschen: Während die Gymnasiallehrenden von Schule SOL/GY allgemein auf veränderte Bedingungen des Aufwachsens und Lernens von

Heranwachsenden referieren können, auf die durch die Entwicklung einer veränderten Pädagogik zu antworten wäre, stehen die „veränderten Schüler/innen“ schon in den Klassenzimmern von Schule SOL/HS und fordern schnelle Reaktion.

Interessant an diesem Fall ist auch, dass die Lehrerschaft dieser Schule – angesichts der Entwicklung der Schülerzahlen und ihrer kompetitiven Umgebung – schließlich nicht auf eine wettbewerbsorientierte Klassenprofilierung, damit unserem Verlaufstyp (1) entsprechend, verzichten kann. Dennoch behält sie das Merkmal „Soziales Lernen“ als notwendig für ihre Klientel – zudem für alle Klassen und damit auch als Akzent ihres *Schul*profils – bei.

Eine pädagogische Antwort auf veränderte Lebens- und Lernbedingungen von Schüler/inne/n zu geben, ist bei manchen der von uns untersuchten Profilierungen ein Impuls unter mehreren (z.B. INT/HS1, SOL/GY), steht aber bei keiner anderen der hier erfassten Schulen so deutlich im Vordergrund.

2.1.4 Entwicklungsimpuls: Auftrag aus der Schulhierarchie

Die Schule KRE/HS (vgl. Ziebermayer & Altrichter 2010a) ist die kleine Hauptschule einer ländlichen Marktgemeinde. Der Auslöser zur Schulprofilierung stammte aus einem „behördlichen Auftrag“, einem Erlass der regionalen Schulbehörde. Dieser Auftrag wurde von einem Bezirksschulinspektor, der als Vertreter moderner Schulentwicklung und des regionalen Schulmanagements mit der Zielrichtung des Erlasses vollinhaltlich übereinzustimmen schien, an die Einzelschule weitergereicht. Während der Schulleiter diesem Auftrag entsprechen und einen Prozess zur Entwicklung von Leitbild und Profil in Gang bringen wollte, war das Projekt den Lehrpersonen mehr zeitraubende Pflichterfüllung als Herzensangelegenheit. Der Schulentwicklungsprozess verlief zunächst dementsprechend schleppend, auch weil die Lehrerschaft – im Unterschied zum Schulinspektor – keinen Veränderungsbedarf sah, bis die Schule im Schuljahr 2003/04 mit einem plötzlichen Schülerschwund zu kämpfen hatte.

Ein „Leidensdruck“ wurde nun in Form von Wettbewerb(sdrohung) spürbar und hätte auch für einen Teil der Lehrpersonen Konsequenzen in Form eines Wechsels an eine andere Schule haben können. Dies brachte neue Dynamik in den Entwicklungsprozess. Die Notwendigkeit zur Schwerpunktsetzung und zur forcierten Öffentlichkeitsarbeit wurde von der Lehrerschaft „akzeptiert“ (wenn auch nicht geliebt), um damit die Stärken der Schule besser sichtbar zu machen und nach außen darstellen zu können.

Das letztlich entwickelte Profil wirkte nicht wie eine scharfe Konkurrenzansage an Nachbarschulen. Es war ein *Schul*profil, das für alle Schüler/innen und Klassen in gleicher Weise gelten sollte und drei Schwerpunkte enthielt. Diese bauten auf schon entwickelten *Stärken einzelner Lehrer/innen* (Kreativität) und vorhandenen *Ressourcen der Schule* (Lesen: Bibliothek) auf, bearbeiteten aber auch einen aktuellen *Kritikpunkt an der Schule* (Englisch: „mangelnde Englischkenntnisse der Absolvent/inn/en"). Ob die gewählte Profilierung den gewünschten Erfolg einer Absicherung der Schülerzahl erzielen würde, konnte zum Zeitpunkt der Untersuchung noch nicht beantwortet werden. Kurzfristig gab es offenbar Rückschläge, drohte doch im Folgejahr der Verlust einer Klasse und entsprechend von Personal. Dadurch wurde auch die Weiterführung des Profilelements „Kreativität" ungewiss, da dieses von der personellen Zusammensetzung des Kollegiums abhängig war.

Ein „Auftrag aus der Schulhierarchie" wurde nur in einer weiteren Studie explizit als bedeutsam für die Profilentwicklung genannt. Im Fall des unter (2) dargestellten Gymnasiums SOL/GY war der Auftrag der Behörde ein Argument in der innerschulischen Auseinandersetzung, das letztlich zur Absicherung der Projektklasse „Neue Lernkultur" beitrug. Man kann aber annehmen, dass auch in anderen (und in hier nicht untersuchten) Fällen, das Interesse aus der Hierarchie Entscheidungen mancher Schulleiter/innen und Lehrer/innen in Profilierungsprozessen beeinflusst.

Dieser hierarchische Entwicklungsimpuls kann in diesem Fall keine nachhaltige Qualität entfalten (was populären Erklärungsmustern in Schulen entspricht). Der Wettbewerbsdruck durch fehlende Anmeldezahlen aktiviert das Kollegium schließlich zu einer Entwicklungsarbeit, die sich sowohl an internen Ressourcen (Kreativität, Lesen) als auch externen Bedürfnissen (Englisch, Lesen) orientiert, jedoch kaum einen „wettbewerbsorientierten Blick" auf etwaige Nischen richtet, die durch das Angebot von Nachbarschulen offen gelassen werden.

2.2 Entwicklungsverläufe

Schon in den vorangegangen Beispielen ist deutlich geworden, dass auch in jenen Schulen, in denen ein primärer Entwicklungsimpuls am Beginn der Entwicklung ausgemacht werden kann, im weiteren Verlauf der Entwicklung weitere Motive und Gesichtspunkte eine (wechselnde) Rolle spielen. Ein weiteres Beispiel dafür:

Schule INT/HS2 (vgl. Soukup-Altrichter 2007) ist eine sehr große Hauptschule in einer österreichischen Bezirkshauptstadt. Zum Zeitpunkt der Untersuchung führt sie auf allen Schulstufen fünf Parallelklassen, die drei Schwerpunkten zuordenbar sind: der Sporthauptschule, der Integrationshauptschule und der „HS Classic". Wie in jeder Bezirkshauptstadt gibt es in unmittelbarer

Umgebung gymnasiale Standorte und andere Hauptschulen mit unterschiedlichen Schwerpunkten.

Die Entwicklung des Schwerpunktes „Integration“ begann in den frühen 1990er-Jahren, als an dieser Hauptschule auf Druck von Eltern und unter Mithilfe der Schulbehörde trotz heftiger Lehrerproteste eine erste Integrationsklasse installiert wurde. Die Zusicherung der freiwilligen Teilnahme – „Keine Lehrer/innen, die nicht in der Integration unterrichten wollen, werden dazu gezwungen“ – besänftigte die Gegner/innen und wurde auch von Befürworter/inne/n begrüßt. Die neu an die Schule kommenden Sonderpädagog/inn/en brachten Expertise ins Feld. Für die Integrationsklassen wurden neue pädagogische Konzepte entwickelt und erprobt. Die Attraktivität des Integrationsschwerpunktes stieg besonders für Pädagog/inn/en, die Interesse an der Weiterentwicklung ihres Unterrichts hatten. Integration verbunden mit neuen Lernformen wurde zu einem attraktiven Aushängeschild der Schule, das von bildungsbewussten Eltern manchmal sogar als Alternative zum Gymnasium gewählt wurde.

Neben dem Integrationsschwerpunkt entwickelte sich die später aufgebaute „Sporthauptschule“ zu einem weiteren attraktiven Schwerpunkt. Die Schule wuchs auf 550 Schüler/innen. Im Lauf der Zeit wurde es allerdings immer schwieriger unter dem Titel „Integration“ leistungsstarke Schüler/innen zu gewinnen; auch die Verbindung mit Offenem Lernen und Sozialem Lernen reichte nicht im Wettbewerb mit den Gymnasien. Daher entwickelte ein Lehrerteam ein neues pädagogisches Konzept, das ab 2007 „Integration“ ersetzte.

Selbst in dieser knappen Skizze wird deutlich, wie verschiedene Motive im Verlauf des Profilierungsprozesses sowohl sich abwechseln als auch zusammenwirken: Außendruck durch Eltern und aus der Schulhierarchie stehen am Beginn. Neues Personal und interne pädagogische Werte scheinen die Folgephase zu prägen, die sich durch externen Erfolg (Anmeldezahlen auch von „AHS-Kindern“) und internes *appeasement* (Entwicklungsprinzip: Lehrerfreiwilligkeit; Aufbau neuer Schwerpunkte beschäftigt Lehrpersonen mit anderen Interessen) Spielraum für die Entwicklung verschafft. Sinkende Schülerzahlen mit AHS-Reife bringen jedoch wieder Wettbewerbsgesichtspunkte in den Vordergrund, die schließlich zur Ablösung des Integrationsschwerpunktes durch eine Neuentwicklung führen, die „marktgängiger“ sein soll.

Abb. 2.2 enthält eine Kurzcharakterisierung aller elf in die folgende Analyse einbezogenen Fälle. Dabei werden in der ersten Spalte jene Kürzel, mit denen im Verlauf des Bandes auf die Fälle verwiesen wird, ebenso wie die Veröffentlichung, in der die ausführliche Fallstudie enthalten ist, genannt. In der zweiten Spalte werden der Schultyp und die örtliche Lage angegeben, Hinweise zur Größe in der dritten. In der vierten Spalte wird einesteils unterschieden, ob die spezifische Schule eher als *Schul*- oder als *Klassen*profilierung (im Sinne unserer Definition in Kap. 1, Abschnitt 1.1) zu bezeichnen ist. Danach werden die inhaltlichen Schwerpunkte der Profilierung genannt. Im Falle einer eindeutigen Hierarchie von Profilklassen werden wettbewerbserfolgreichere Profile vorgeordnet und durch das Zeichen „>" von weniger erfolgreichen getrennt. In der sechsten Spalte erfolgt schließlich eine Einschätzung des aktuellen Erfolgs in Hinblick auf Schülerzahlen, wo dieser aus den Interviewergebnissen einigermaßen eindeutig abgeleitet werden kann: Das Zeichen „++" bedeutet „eindeutig erfolgreich", „+" steht für „erfolgreich", „~" heißt „gemischte Ergebnisse", „?" steht für „unklar" und „–" bedeutet „nicht erfolgreich".

Der Charakter unseres Datenmaterials erlaubt keine Generalisierungen. Als Hypothesen für weitere Untersuchungen bieten sich jedoch nach Durchsicht von Abbildung 2.2 an:

- *Schul*profilierung findet sich eher bei kleinen Schulen, daher v.a. bei Hauptschulen.
- *Schul*profilierung findet sich eher bei defensiven Entwicklungsstrategien.
- Für *Schul*profilierung ist es schwerer, zu Wettbewerbserfolg zu kommen (eine Ausnahme zu allen drei Hypothesen ist die Hauptschule SPR/HS, die offenbar eine stark wertgestützte Strategie der *Schul*profilierung erfolgreich in einem relativ kompetitiven Feld umsetzen kann).
- Großen Gymnasien fällt es leichter erfolgreiche *Klassen*profile aufzubauen.
- Ähnliche Schwerpunktinhalte können unterschiedliche Wettbewerbsergebnisse erbringen.
- Auch auf den ersten Blick „nicht wettbewerbsträchtige" Schwerpunktinhalte können zu erfolgreichen Profilierungen geführt werden.
- „Normal"- oder „Rest"-Klassen finden sich in der Regel am unteren Hierarchieende von *Klassen*profilierungen.

Abbildung 2.2 Kurzcharakteristik der Fälle

Kürzel, Quelle	**Schulcharakteristik**	**Größe**	**Profilierungstyp, Profilierungsinhalte**	**Erfolg der Profilierung**
KRE/HS Ziebermayr & Altrichter 2010a	Hauptschule in ländlicher Marktgemeinde	Klein 120 S (Schüle-r/innen) 6 Klassen	Schulprofilierung: Kreativität	Zuerst: – Aktuell: ?
KRE/GY Ziebermayr & Altrichter 2010b	Gymnasium außerhalb des Zentrums der Landeshauptstadt	Groß 950 S 34 Klassen	Klassenprofilierung (KRE > NAWI)	++
IKT/HS Soukup-Alt-richter u.a. 2005	Hauptschule in einer an die Landeshauptstadt angrenzenden Stadt	Klein 160 S 8 Klassen	Klassenprofilierung (IKT > Normalklassen)	++
IKT/GY Huber & Pichler 2005	Gymnasium in Bezirksstadt (mit 2 Gymnasien)	Groß 780 S 30 Klassen	Klassenprofilierung (IKT – normales Realgymnasium)	++
IKT/HAK Feyerer & Leidlmayer 2005	Berufsbildende Höhere Schule in Bezirksstadt	Groß 1037 S 40 Klassen	Klassenprofilierung (Int Business – Management/ Controlling – Marketing/ Medien/ Journalismus – IKT – Cooperatives Offenes Lernen)	++
INT/HS1 Feyerer 2007a	Hauptschule in Bezirksstadt	Klein 179 S 8 Klassen	Schulprofilierung: Gesundheit, Beruf, Integration	~

INT/HS2 Soukup-Altrichter 2007	Hauptschule in Bezirksstadt	groß 550 S 20 Klassen	Klassenprofilierung (Sport> INT > „HS Classic“)	+ (für Sport); ~ INT ist zunächst attraktiv; wird nach sinkender Attraktivität durch VAKE „Value and Knowledge Education“ ersetzt
SOL/HS Prammer-Semmler 2007	Hauptschule „altes Wohnviertel“ in Landeshauptstadt mit sinkenden Schülerzahlen und steigendem Migrantenanteil	klein 156 S 8 Klassen	Klassenprofilierung (KRE > INT > “Normal“); selektiver Zugang zu KRE + Schulprofilierg.: „SOL“ in allen Klassen; angeschlossene städt. Nachmittagsbetreuung	~ Kann sinkende S-Zahlen in „altem Wohnviertel“ stabilisieren
SOL/GY Altrichter 2010c	(ehem. Mädchen-) Gymnasium im Zentrum der Landeshauptstadt	groß 750 S 25 Klassen	Klassenprofilierung (SOL > “Lebendige Sprache“ > Chorklasse)	+ ~ Probleme in Oberstufe
SPR/HS Prexl & Gierlinger 2007	einzige Hauptschule in einer Marktgemeinde mit größeren Industriebetrieben, 26 % S mit Migrationshintergrund	mittel 276 S 11 Klassen	Zunächst Klassenprof. („Englisch als Arbeitssprache“ > Normalklassen); dann Schulprof.: Integrierte Begabungsförderung, neue U-Formen, EAA (Englisch als Arbeitssprache) (fakultativ)	++
SPR/GY Heinrich 2009	Gymnasium im Zentrum der Landeshauptstadt	groß 636 S 25 Klassen	Klassenprofilierung (Kultur > SPR > Realgymnasium)	~

3 Welche Mechanismen der Handlungskoordination zeigen sich im Zuge von Schulprofilierungsprozessen?

3.1 Autonomie und Wettbewerb als Koordinationsprinzipien

„Autonomie", so wie sie durch die österreichische Schulgesetzgebung und Autonomiepolitik an die Schulen herangetragen wurde (vgl. Kap. I, Abschnitt 1.2), ist zunächst ein Strukturangebot für die Schulen. Wenn die Schulautonomiepolitik tatsächlich eine „Systemreform" beabsichtigt, dann müsste sie das Potenzial in sich bergen, die bestehenden Koordinationsverhältnisse in und/oder zwischen Schulen (zumindest partiell) zu verändern.

Aber auch vor dieser Reform hat die Schule nicht „wie eine Maschine" ohne Autonomiespielräume funktioniert (vgl. Harney 2008; Zymek 2009a). Wir haben oben mit Brüsemeister (2004a) und Maroy (2009) die traditionelle Steuerung im Schulsystem durch das parallele Wirken der Koordinationsprinzipien „Hierarchie/Bürokratie" und „individuelle Autonomie von Lehrpersonen" charakterisiert. Innerhalb dieser allgemeinen Charakterisierung kann man *Autonomiespielräume in drei Bereichen* erwarten, die nicht vollkommen trennscharf unterscheidbar sind, doch verschiedene Konstellationen umschreiben:

(1) *Ungeregelte Elemente innerhalb hierarchischer Steuerung:* Zymek u.a. (2006, S. 202) haben darauf hingewiesen, dass das Schulrecht auch innerhalb von im Prinzip hierarchisch-bürokratisch gestalteten Koordinationsverhältnissen den ausführenden Akteuren in den unteren Etagen der Einflusshierarchie (z.B. Schulträgern und Eltern) Entscheidungsspielräume entweder bewusst zugesteht oder aufgrund der notwendigen Abstraktheit genereller Regelungen offen lässt. Diese werden von den Akteuren tatsächlich genutzt und sind beispielsweise an der Unterschiedlichkeit lokaler Schulangebote ablesbar.

(2) *„Lehrerautonomie":* Im Sinne des Konzepts der „Doppelsteuerung" erwarten wir, dass besonders Lehrpersonen in Hinblick auf ihre unterrichtlichen Aufgaben über Spielräume verfügen, die sich beispielsweise im Konzept der „Methodenfreiheit" oder in schulkulturellen Geboten der „Nicht-Einmischung in die Klassenzimmerarbeit" widerspiegeln (vgl. Lortie 1975/2002).

(3) *„Grauzonenautonomie" bei der Interpretation allgemeingültiger Regelungen:* Man kann jedoch auch beobachten, dass „allgemein gültig gedachte Bestimmungen des Landesministeriums" (Zymek u.a. 2006, S. 199) – aufgrund von Unkenntnis, aber in anderen Fällen durchaus bewusst – entgegen den zentralen Intentionen interpretiert werden, was von

vorgesetzten Behörden nicht wahrgenommen, oft aber auch toleriert wird und so zu Unterschieden führt. Dies ist auch der Kern des Phänomens der „Grauzonenautonomie", das Heinrich (2007b, S. 59ff.) als entwicklungsförderliches Prinzip *vor* den Autonomiereformen beschrieben hat.

Die Schulautonomiepolitik verspricht Veränderungspotenzial für die Hierarchie-Seite dieser Doppelsteuerung, indem sie mehr Entscheidungsrechte von zentralen und mittleren Verwaltungsebenen an die Einzelschule verlagern will. Ihr Potenzial für eine Veränderung der Professionsseite der Doppelsteuerung ist dagegen nicht so klar. Wie nehmen schulische Akteure der von uns beobachteten Schulen dieses Strukturangebot wahr und wie nutzen sie es in ihrer Arbeit?

Im Kontext demografischen Wandels und regionaler Verschiebungen erscheint dieses „Angebot" erweiterter Gestaltungsautonomie zuweilen – z.B. in der Wahrnehmung eines Gymnasiallehrers – als Zwang: *„Wenn die Schule A irgend so einen Zweig anbietet, dann müssen wir irgendwie nachziehen mit irgendetwas."* (Zit. nach Heinrich 2009, S. 35) Das „Bewusstsein vom Zwang zur Profilierung" reproduziert sich dann bei jedem Blick auf die Nachbarschulen in gesteigerter Form, sodass eine Spirale der „Selbst-" und „Fremdwahrnehmung" unter dem Profilierungsgesichtspunkt sich zu einem Deutungsmuster der Konkurrenz verdichten kann, wie die folgende Aussage des zuvor zitierten Lehrers illustriert: *„Und insofern sind wir auch gezwungen gewesen wahrscheinlich, oder vielleicht auch nicht. Aber man hat sich gezwungen gefühlt, etwas zu machen. Es ist keine Frage, ob das eine richtige oder falsche Entscheidung war, es ist passiert."* (Zit. nach Heinrich 2009, S. 35) Nach anfänglich mehreren Relativierungen (*„wahrscheinlich"*; *„oder vielleicht auch nicht"*) umschreibt er sprachlich die Introjizierung des Zwangs (*„man hat sich gezwungen gefühlt"*), die sich nicht mehr rational rechtfertigen lässt, sondern gerade jedweden Impuls zur rationalen Rechtfertigung auszuschalten scheint (*„Es ist keine Frage, ob das eine richtige oder falsche Entscheidung war"*), um schließlich geradezu fatalistisch zu enden (*„es ist passiert"*).

Auf mikrologischer Ebene wird hier deutlich, wie bei diesem Lehrer im Moment der Versprachlichung des Phänomens im Modus der eigenen Rekonstruktion der Ereignisse ein Wissen – oder zumindest eine Ahnung – von den Zusammenhängen kurz aufscheint, dieses latente Wissen aber verbal sofort wieder durch den fatalistischen Duktus der Schlusspassage geschlossen werden muss, um der solcherart zu Bewusstsein gelangten Einsicht nicht zu erlauben, den inzwischen erreichten Stand der Schulentwicklung zu problematisieren. Denn diese Einsicht in den womöglich realiter gar nicht in der imaginierten Weise existierenden Zwang würde zu weitreichenden Umdeutungen der konkreten Situation nötigen. Die etwas überpointierte und damit geradezu fatalistisch wirkende Formulierung (*„es ist passiert“*) wird notwendig, um die aufkeimende Erkenntnis so weit zu nivellieren, dass von hier aus wieder die ursprüngliche Auffassung restituiert wird (*„Und insofern sind wir auch gezwungen gewesen [...]“*). Auf diese Weise kann die Konkurrenzorientierung der Einzelschule, die vor Jahren noch als Deutungsmuster bei den Lehrer/inne/n wohl Irritationen ausgelöst hätte, als Allgemeinplatz dargestellt werden: *„Das ist glaube ich ziemlich klar: Man richtet sich ein bisschen nach den anderen Schulen, um sich abzusetzen und konkurrenzfähig zu bleiben. Das ist unser Ziel.“* (Zit. nach Heinrich 2009, S. 36)

Die Aussagen dieser Lehrperson scheinen uns paradigmatisch die Koordinationsdynamik der veränderten Situation zu beschreiben: Die neuen Gestaltungsspielräume nötigen zur „Beobachtung“ (Lange & Schimank 2004, S. 20) dessen, was Nachbarschulen tun, um in einer Zeit insgesamt sinkender Schülerzahlen und möglicherweise neuer Entwicklungschancen nicht ins Hintertreffen zu geraten. Die Übernahme des Konkurrenzgedankens als Deutungsmuster für schulentwicklerische Aktivitäten ist wohl nicht nur aus der Dynamik der wechselseitigen Beobachtung zu erklären, auch wenn diese wahrscheinlich als Katalysator wirksam war; schließlich wird die Gefahr der Schulschließung seitens einiger Lehrer/innen auch als reales Risiko erlebt (vgl. Soukup-Altrichter u.a. 2005, S. 24; Ziebermayr & Altrichter 2010a). In einer solchen Situation erscheint dann *Schulprofilierung als Wettbewerb um Schülerklientel* als probates Mittel,[14] den Schulstandort zu sichern: „Eltern sähen Schule heute immer mehr als Dienstleistungsunternehmen, wodurch man unweigerlich in Konkurrenz zu anderen Schulen in der Region treten müsste“ (Feyerer & Leidlmayer 2005, S. 75). In der Schulchronik der Hauptschule INT/HS1 wird dieser Zusammenhang sogar ganz offensiv angesprochen: *„Die Schule kämpft ums Überleben und plant neue Wege. Um der Gefahr, als Restschule letztlich aufgelöst zu werden, zu entgehen, wurden an unserer Schule die Schwerpunkte ‚Gesundheitserziehung und Berufsorientierung‘ eingeführt und mit viel Engagement der Lehrer weiterentwickelt.“* (Zit. nach Feyerer 2007a, S. 103) Die Schwerpunktbildung dieser Schule im Bereich „Integration“ führte dazu, dass mit großer Sicherheit mit zwei Eingangsklassen gerechnet werden konnte, wenn eine davon als „Integrationsklasse“ angeboten wurde (vgl. ebda., S. 106). Auch von anderen Schulen wurden

14 Es gilt allerdings nicht notwendig der Umkehrschluss, dass „Wettbewerb“ und „zunehmende Konkurrenz“ eine notwendige Folge von Schulprofilierung seien. Vielmehr ist dies abhängig von den bildungspolitischen Rahmenbedingungen, die hier steuernd wirksam werden, wie die Analyse des Luzerner Entwicklungsprojekts „Schulen mit Profil“ zeigte (vgl. Altrichter & Heinrich 2005). Hier führten spezifische regional wirksame Steuerungsmaßnahmen dazu, den Wettbewerb zwischen den autonomeren Schulen gering zu halten, um Schulprofilierung als Entwicklungsmotor für die Etablierung innerbetrieblicher Führungs- und Kooperationsstrukturen, also für Organisationsentwicklung der Schulen zu nutzen.

zum Teil unerwartet große Erfolge berichtet (vgl. Feyerer & Leidlmayer 2005, S. 75; Soukup-Altrichter u.a. 2005, S. 27), etwa wenn sich an einer Hauptschule, die sich mit Sport- und Integrationsklassen profilierte, durch die Profilbildung die Zahl der Klassen von 12 auf 20 Klassen fast verdoppelte (vgl. Soukup-Altrichter 2007, S. 156).

Eine Profilbildung ist erfolgreich, wenn sie genügend Anmeldungen bringt. Dies gilt für alle von uns untersuchten Schulen. Der grundlegende *Indikator für Erfolg* in diesem Wettbewerb ist die *Schülerzahl,* d.h. die Zahl der Anmeldungen für die jeweilige Schule. Die Schülerzahl ist für die Weiterentwicklung der Schule bzw. das Weiterbestehen in der aktuellen Größe und für die Zuteilung verschiedener Ressourcen (wie Lehrerstunden) entscheidend. Gewirtz u.a. (1995) haben dies als „Wettbewerb erster Ordnung“ bezeichnet.

In erfolgreichen Schulen geht es jedoch bald um mehr als die bloße Zahl, es geht auch um „besondere Schüler/innen“, um „gute Schüler/innen“. In der Konkurrenz zwischen Schulen werden Schwerpunkte, die mehr angemeldete Schüler/innen als freie Plätze haben, als besonders „qualitätsvoll“ (im Sinn von wettbewerbstauglich) angesehen. Nur „gute“ Schulen bzw. Schwerpunkte können aus einer Menge von Bewerber/inne/n auswählen. Einer besonders hohen Nachfrage wird nämlich bei den untersuchten Schulen nicht mit der Errichtung zusätzlicher Schwerpunktklassen begegnet, sondern diese wird für die Selektion leistungsstärkerer Schüler/innen genutzt. Gibt es Schüleranmeldungen in einer Zahl, die über den verfügbaren Plätzen liegt, so eröffnet dies die *Möglichkeit zur Auswahl* von für die Schule besonders „attraktiven Schüler/inne/n“. Gewirtz u.a. (1995) sprechen hier von „Wettbewerb zweiter Ordnung“: Erfolg bei der Selektion „besonders attraktiver“ Schüler/innen ist erstens bedeutsam, weil Lehrer/innen lieber mit „guten Schüler/inne/n“ arbeiten; ihr Gefühl „günstiger Arbeitsbedingungen“ schlägt sich in erhöhter Berufszufriedenheit nieder. Zweitens erhöhen „gute Schüler/innen“ das Ansehen der Schule ebenso wie ihre Chance, „gute Leistungen“ hervorzubringen, was sich insgesamt in einer verbesserten Wettbewerbsposition der Schule auswirkt.

Welche Merkmale haben derartige „besondere Schüler/innen“, um die Schulen besonders werben? An der Hauptschule IKT/HS werden zunächst jene Schüler/innen umworben, die vom Abwandern an ein Gymnasium abgehalten werden können; außerdem sollen Schüler/innen aus anderen Orten außerhalb des Schulsprengels bzw. männliche Schüler gewonnen werden (vgl. Soukup-Altrichter u.a. 2005, S. 27 & S. 35). In den ersten beiden Fällen handelt es sich um besonders „leistungsfähige Schüler/innen“; das dritte Kriterium erscheint hier wie ein Versuch, eine – den landläufigen Geschlechtsvorurteilen entsprechende – Passung mit dem technikhaltigen Schwerpunkt IKT zu erzielen. An der Handelsakademie IKT/HAK gilt als Indikator für besonderen Rekrutierungserfolg, wenn

Schüler/innen aus gehobenen sozialen Schichten, also die traditionelle Gymnasialklientel, sich für die HAK (= Handelsakademie) entscheiden („*Kinder von Rechtsanwälten und Ärzten*“; zit. nach Altrichter u.a. 2005b, S. 101). Dafür scheint die Verwendung eines Notebooks in den IKT-Klassen ein passendes Werbemittel zu sein, weil es – in der Aussage eines Schulaufsichtsbeamten – selbst ein Statussymbol ist und von den Eltern eine über das Gewohnte hinausgehende Kostenbeteiligung fordert:

> „*Natürlich verändert die Notebook-Klasse schon die Schulstruktur. Es sind hier eher die Begüterten oder die Kinder jener Eltern, die sich das leisten wollen* [...].“ (Zit. nach Feyerer & Leidlmayer 2005, S. 90)

Im Fall des Gymnasiums KRE/GY haben jene Bewerber/innen größere Aufnahmechancen, die eine gewisse musikalische Vorbildung mitbringen. Den befragten Lehrer/inne/n ist bewusst, dass musikalische Vorbildung mit aktivem Interesse von Eltern an umfassenderer Bildung ihrer Kinder und dieses wieder mit unterschiedlichem Herkunftsmilieu zusammenhängt. Durch den beschriebenen Auswahlvorgang kommen nach Wahrnehmung der Lehrpersonen besonders leistungsfähige und leistungswillige Klassen zustande. Im Falle der Hauptschule KRE/HS ist die Profilierung eher defensiv; sie soll die Abwanderung von Schüler/inne/n in die Gymnasien der nahen Bezirksstadt bzw. in andere „profiliertere Hauptschulen“ verhindern und damit auch, dass die Hauptschule als „Restschule“ mit den leistungsschwächsten Schüler/inne/n zurückbleibt oder überhaupt ihre Existenz verliert. Bei der Hauptschule SOL/HS liegt der Grund für die Entwicklungsarbeit in Hinblick auf „Soziales Lernen“ eher in dem Willen, sich den Lernproblemen ihrer Klientel zu stellen. Als sich – nach einem gewissen Erfolg in Hinblick auf dieses Ziel – herausstellt, dass dies nicht durch Schülerzulauf honoriert wird, erfolgt eine zusätzliche Profilierung in „Kreativität“, die leistungsstärkere Schüler/innen und bildungsinteressierte Eltern auf die Schule aufmerksam machen soll.

Besonders interessant ist der Fall der Hauptschule INT/HS2, die ebenfalls bei zu vielen Anmeldungen leistungsstärkeren Schüler/inne/n den Vorzug gibt. Ihr Schwerpunkt „Integration“ kann sich per definitionem nicht nur an im üblichen Sinn „leistungsstarke Schüler/innen“ wenden. Indem die Lehrer/innen dieser Schule mit „besondere[n] pädagogische[n] Methoden und Betreuung“ werben, versuchen sie diese Profilklasse auch für „bildungsinteressierte Eltern“ von Kindern ohne sonderpädagogischen Förderbedarf (SPF) interessant zu machen. Durch das – pädagogisch argumentierbare – Kriterium der „Begabungsmischung“ (möglichst das gesamte Leistungsspektrum – von Schüler/inne/n mit AHS-Reife bis zu solchen mit SPF – in den Integrationsklassen abzubilden) machen sie die Gewinnung eines gewissen *Anteils* von im üblichen Sinn

„leistungsstarken Schüler/inne/n“ zu einem Auswahl- und – wie sich später klar herausstellen sollte – zu einem Erfolgskriterium. Als nicht mehr genügend „leistungsstarke Schüler/innen“ für den Integrationsschwerpunkt ansprechbar sind, wird nach einem neuen Profil gesucht, das dies wieder leisten kann.

> *„Egal, was wir an Öffentlichkeitsarbeit machen,* [wir bekommen] *immer weniger leistungsstarke Schüler. Wir* [brauchen] *ein anderes Konzept* […], *denn so kann es nicht weitergehen* […], *wir haben nur leistungsschwache Schüler, wir können auch nicht mehr integrieren. Ich kann nicht mit der dritten Leistungsgruppe integrieren, das geht nicht, das ist nicht möglich.“* (Zit. nach Soukup-Altrichter 2007, S. 151)

Das vorherrschende Ziel der Profilkonkurrenz ist also der Zugang einer möglichst großen Zahl von relativ leistungsstarken Schüler/inne/n aus engagierten, bildungsinteressierten Elternhäusern. Ausnahme sind jene Schulen, die eher ums Überleben kämpfen und denen es daher – zumindest zunächst – um bloße Zahlen geht (vgl. KRE/HS, INT/HS1), sowie Profile, die um egalitäre soziale Werte aufgebaut sind (z.B. SOL/GY, SPR/HS).

Wenn die Anmeldezahlen zum dominanten Indikator für die Güte einer Schulprofilierung werden, wird die Schulentwicklungsarbeit ebenso krisenanfällig wie der Markt. Damit werden Schulen – und auch ihre internen Arbeitsformen – stärker von äußeren, für sie nicht immer berechen- und steuerbaren Faktoren abhängig: *„Für den Markt ausbilden und nicht am Markt vorbei“*, argumentiert eine Lehrkraft (zit. nach Feyerer & Leidlmayer 2005, S. 75). Wenn vor dem Hintergrund dieses Deutungshorizonts der Profilierungsinhalt als „Produkt“ gefasst wird, dann zeigt sich, dass die Nachfrage nach diesem schwer kalkulierbar ist und auch nicht über längere Zeit stabil bleiben muss. Kontraintentionale Effekte und falsche Prognosen werden vorkommen. Wie wir oben am Fall INT/HS2 zeigten, erwies sich bspw. der Profilierungsinhalt „Integration“, den wir in unserem Projektkonzept im Gegensatz zu IKT und Fremdsprachen als weniger „wettbewerbstauglich“ eingeschätzt hatten, an einer Schule in der ersten Zeit nach seiner Einführung als Attraktor auch für leistungsstarke Schüler/innen (und ihre Eltern). Im Laufe der Zeit kippte diese Nachfrage jedoch – für die Lehrer/innen nur schwer nachvollziehbar bzw. erklärbar –, sodass der Schwerpunkt drohte, vermehrt leistungsschwache und verhaltensauffällige Schüler/innen anzuziehen (vgl. Soukup-Altrichter 2007, S. 165).

Die Profilierung innerhalb einer sich sukzessive ausdifferenzierenden Schullandschaft gestaltet sich damit – gerade vor dem Hintergrund des flächendeckend zu verzeichnenden Trends zur Profilierung – als zunehmend problematisch. Hinzu kommt, dass das „Image“ des Profilierungsgegenstands „stimmen muss“, d.h. dieser als Profilierungsschwerpunkt wahrgenommen wird, der eher leistungsstarke Schüler/innen anzieht. Ansonsten droht der Ruf einer

„zweitklassigen Ausbildungsstätte" (vgl. Prexl-Krausz & Gierlinger 2007, S. 70). Eine befragte Lehrerin dokumentiert dieses Werbekalkül in kühl-rationaler Abwägung:

> *„Der erste Schwerpunkt ist der Soziale, und es ist uns dann auch klar geworden, dass man mit dem Sozialen Lernen nicht gut Öffentlichkeitsarbeit machen kann. Darum haben wir dann auch den kreativen Schwerpunkt als Hauptschwerpunkt dazu genommen, obwohl unser heiliger Schwerpunkt eigentlich der soziale ist. Es wird nicht so groß herausgehoben."* (Zit. nach Prammer-Semmler 2007, S. 32)

Der Wettbewerbsgedanke kann auch in Spannung geraten zum traditionellen Allgemeinbildungsanspruch, der sich angesichts der Spezialisierungsanforderungen in einer sich immer weiter ausdifferenzierenden Gesellschaft gegenüber spezielleren Schwerpunktsetzungen behaupten muss. So gerät etwa der Kulturschwerpunkt eines Gymnasiums in die Krise, da seine „Breite der kulturellen Schwerpunktsetzung" mit noch stärker differenzierten Profilangeboten von benachbarten Schulen konkurrieren muss, die sich auf „Zeichnen" oder „Musik" spezialisierten (vgl. Heinrich 2009, S. 38f.). Deutlich wird, dass sich schon innerhalb der Schullandschaft einer Stadt von etwa 200 000 Einwohner/inne/n die Profilierungsschwerpunkte selbst wieder ausdifferenzieren und in Konkurrenz zueinander treten. Es kommt damit nicht nur darauf an, das Segment sehr genau zu wählen, innerhalb dessen man meint, die Schule profilieren zu können; eine „Marktanalyse" müsste inzwischen bereits darauf reflektieren, wie man als Schule innerhalb dieses Segments konkurrenzfähig bleiben kann (vgl. Heinrich 2009, S. 39).[15]

Konkurrenzfähigkeit ist damit letzten Endes doch wieder stärker an einen Leitgedanken der Schulprofilierung gebunden, der in der Rede um „Werbung" und „Öffentlichkeitsarbeit" aus dem Blick zu geraten droht. Schulprofilierung soll die Responsivität der Schule gegenüber ihrer Klientel erhöhen und vermittelt darüber auch zu einer Qualitätssteigerung der pädagogischen Arbeit beitragen. Im Versuch, „responsiv" zu sein, können mehrere Mechanismen ineinander greifen, wie das Beispiel des Gymnasiums SPR/GY zeigt. Als Innenstadtschule kämpft sie um ihre Schülerklientel und hat aufgrund der geografischen Lage nicht die Möglichkeit, aus einem großen potenziellen Pool von Schüler/inne/n auszuwählen, da in ihrem räumlichen Umfeld inzwischen viele Kinder aus sozioökonomisch schlechter gestellten Verhältnissen – und damit statistisch

15 Ein Lehrer kann diese Entwicklung und die sich daraus für seine Schule ergebende Notlage nur noch ironisch kommentieren: *„Jetzt ist ja alles profiliert, wie Sie wissen, es gibt vom Schach- und Kartenspielzweig über den Nasenbohrzweig gibt's ja schon alles."* (Zit. nach Heinrich 2009, S. 40)

gesehen wahrscheinlich auch bildungsferneren Elternhäusern – stammen. An dieser Schule trägt die Kombination von Sprachenschwerpunkt und Realzweig zu einer *internen Differenzierung des schulischen Angebots* und damit einer noch höheren „Responsivität" gegenüber dem Umfeld bei. Nach Meinung der Schulleiterin und der Bildungsberaterin dieser Schule fürchten gerade Eltern aus sozioökonomisch eher schlechter gestellten Schichten, die oft eine Abneigung gegenüber der nahe gelegenen Innenstadthauptschule „mit schlechtem Ruf" haben und die ihr Kind an dieses Gymnasium schicken wollen, eine Überforderung ihrer Kinder im Sprachenzweig. Der Realzweig, der als weniger fordernd gilt, hat damit die Funktion, responsiv gegenüber dem ökologischen Nahraum der Schule zu sein (und damit – im Sinne des „Wettbewerbs erster Ordnung" bei Gewirtz u.a. 1995 – eine quantitative Grundversorgung der Schule sicherzustellen). Die Profilierung im Bereich Sprachen soll dagegen – im Sinne eines qualitativen und imagebildenden „Wettbewerbs zweiter Ordnung" – sowohl dem erweiterten Einzugsgebiet Rechnung tragen, als auch dem von allen befragten Lehrkräften geäußerten Wunsch, eine „gymnasiale Klientel" anzuziehen – oder wie es der Personalvertreter der Schule ausdrückt: *„Leute, die an der Bildung ihrer Kinder interessiert sind"* (zit. nach Heinrich 2009, S. 55). In dieser bevorzugten Ausrichtung auf eine gymnasiale Klientel wird indessen bei den Befragten kein bildungspolitisch anrüchiges Moment einer Selektion gesehen, wie eine Lehrkraft argumentiert, die für die Schulwahlberatung der Eltern zuständig ist:

> *„Und ich möchte, dass qualifizierte Schüler kommen. Das heißt nicht, zum Beispiel, dass ich ausländische Schüler ablehnen würde, überhaupt nicht. Wir haben sehr gute ausländische Schüler, wir haben aber auch sehr schwache ausländische Schüler. Das heißt ich möchte, dass die kommen, die qualifiziert sind. Und ich möchte, dass die kommen, die gut sind. Welcher Lehrer wünscht sich das nicht?"* (Zit. nach Heinrich 2009, S. 55)

Bemerkenswerterweise scheint das – seit der ersten bildungspolitischen „Modernisierung" in den 1960er-Jahren (vgl. Fend 2006b, S. 225) gängige – Deutungsmuster der Chancengleichheit innerhalb des Profilierungsparadigmas nicht mehr recht zu greifen. Die „besondere Chance", die bessere Schüler/innen durch besondere schulische Angebote erhalten, wird hier nicht mehr als Selektionsvorgang interpretiert, sondern – positiv gewendet – als Gedanke der Responsivität innerhalb eines Quasi-Marktes, der eben auf Angebot und Nachfrage reagiert, wie ein Kollege der zitierten Lehrerin beipflichtet: *„‚Ausgrenzen', den Begriff, den mag ich nicht. Ich denke mir, jedes Produkt hat eine bestimmte Zielgruppe, oder?"* (Zit. nach Heinrich 2009, S. 55) „Responsivität" wird somit im schulischen Wettbewerb zur Chiffre „gelingender Allokation" und erscheint kaum noch als „Selektion", wie eine weitere Aussage des bereits zitierten Lehrers dokumentiert: *„Aber ich sehe eigentlich – das ist auch ganz meine persönliche Meinung – nichts Negatives dabei, wenn man bestimmte Schichten, ja bestimmte Gruppen anspricht, und andere weniger, da habe ich kein Problem damit."* (Zit. nach Heinrich 2009, S. 55)[16]

Die darin latent enthaltene „Funktionalisierung" der Schüler/innen zur „Schülerklientel" erlaubt dann auch strategische Überlegungen, die aber das durch den Wettbewerb ohnehin verschärfte Planungsproblem noch einmal diffiziler werden lassen. So ist es bspw. an der Hauptschule INT/HS1, die die Eröffnung einer Integrationsklasse plant, um zweizügig starten zu können. Diese Klasse darf aber nicht zu viele Schüler/innen haben, damit die anvisierten pädagogischen Konzepte der Individualisierung praktikabel bleiben. Idealerweise darf die Werbung für eine solche Klasse weder zu viele (dann wird es unübersichtlich) noch zu wenige Anmeldungen (dann sind nicht ausreichende Ressourcen vorhanden) provozieren. Auch die Ausweichbewegung, bei zu vielen Anmeldungen eine dritte Klasse zu eröffnen, ist in Ermangelung von Räumen für diese Schule kein Ausweg, sodass Schüler/innen ggf. abgelehnt werden müssten (vgl. Feyerer 2007a, S. 107).[17]

Solche „Attraktivitätsdifferenzen" führen neben der Schulformkonkurrenz zwischen AHS und Hauptschule in Österreich – ähnlich wie in Deutschland (vgl. Zymek 2009b) – zu vermehrter Konkurrenz zwischen den Einzelschulen gleicher Schulform. In Österreich ist hier der Wettbewerb zwischen unterschiedlich attraktiven Hauptschulen besonders groß, so dass die Entstehung von „Restschulen" oder alternativ innerhalb der Einzelschule die Existenz von „Restklassen" die Folge ist (vgl. Soukup-Altrichter 2007, S. 158; vgl. den Beitrag von Specht in diesem Band). Damit ist der Wettbewerbsgedanke auf allen Ebenen des Schulsystems präsent: von der Konkurrenz zwischen den Schulformen über die Konkurrenz zwischen Einzelschulen gleicher Schulform bis hin zur Konkurrenz unterschiedlicher Schulzweige bzw. Klassen innerhalb einer Schule.

Wettbewerb wird aber in den Schulen vielfach als ambivalent empfunden, wie an der Aussage einer in einem Schwerpunkt engagierten Lehrerin deutlich wird: *„Dieses Argument: ‚Lassen wir uns doch nicht vom Bundesministerium in*

16 Ähnliches berichten Prexl-Krausz & Gierlinger (2007, S. 90): „Obwohl uns mehrmals versichert wurde, dass der Arbeitsprachenschwerpunkt keine selektive oder elitäre Rolle spiele, schwingt in den Interviews doch mit, dass man sich von ihm verspricht, leistungsstarke SchülerInnen zu binden, um einen gewissen Schulstandard zu sichern. *‚Wir haben einen relativ hohen Ausländeranteil bei uns und ich glaube, dass diese Leute sich eher nicht angesprochen fühlen. Jedoch glaub ich, dass die Mittelschicht, oder die so genannte Mittelschicht, sich jedoch* [vom Fremdsprachenangebot] *angesprochen fühlt.*'"

17 Dies muss allerdings für die zukünftigen Jahrgänge nicht notwendig nachteilig sein, da viele Ablehnungen eine Schule erst recht attraktiv erscheinen lassen können (vgl. Horak 2005).

so ein Profilierungsgehabe da hineinjagen! Welche Schule hat das bessere Profil. Die Schulen werden sozusagen gegeneinander aufgehetzt, und wir lassen uns das gefallen und arbeiten auch noch dafür.'" (Zit. nach Altrichter 2010c, S. 38) Diese Ambivalenz führt zu einem schwer fassbaren Verhältnis vieler Lehrkräfte zum Wettbewerb. Einerseits ist die Wettbewerbs-Rhetorik vielen Lehrpersonen inzwischen ganz selbstverständlich, wenn sie an Entwicklungsprozesse ihrer Schule denken.[18] Auf der anderen Seite haben eine Reihe der Lehrpersonen auch deutliche Zweifel. Manche versuchen diese offenbar verbal zu bannen, indem sie ihre „responsive Entwicklungstätigkeit" von „bloßer Konkurrenz" abgrenzen, ohne dass in den Interviews klar geworden wäre, wodurch sich „gesunde" und „schlechte" Konkurrenz voneinander unterscheiden. Auf der einen Seite ist den meisten schulischen Akteuren sehr wohl bewusst, dass ihre Arbeit, ihre Entwicklungsbemühungen, aber auch ihre Meinungsverschiedenheiten in ein zwischenschulisches Konkurrenzsetting eingebettet sind: Sie engagieren sich bei der Werbung für ihre Schule und ihre Profile, sie messen ihren Erfolg in Anmeldezahlen. Auf der anderen Seite ist die Idee zu den Schwerpunktinhalten vielfach weniger aus „Marktforschung" entstanden, denn aus den pädagogischen Idealen einer veränderungswilligen Lehrergruppe oder aus handfesten Versuchen, aus den Bedürfnissen der spezifischen Schüler/innen und den Ressourcen der Lehrpersonen das Beste zu machen. Die internen Auseinandersetzungen zwischen den Lehrergruppen ebenso wie das Engagement im Zuge von Profilierungsprozessen werden sicherlich nicht allein durch Mechanismen der Marktkoordination hinreichend verständlich, obwohl externer Wettbewerbserfolg längerfristig auch hier und gerade an Entscheidungsschnittpunkten eine interne Bedeutung gewinnen kann, weil er interne Kritik moderieren kann. Interne fachliche und bildungsbezogene Einwände von Schwerpunktskeptiker/inne/n können weniger auf der Ebene pädagogischer Argumentation ausgeräumt werden, weil sich hier oft nicht leicht veränderbare Weltbilder gegenüberstehen. Der externe Wettbewerbserfolg hingegen muss auch von den internen Kritiker/inne/n (da sich alle bewusst sind, als ganze Schule in diesem Wettbewerb zu stehen) akzeptiert werden, was – wenn nicht zur Anerkennung, so dann doch – zu einer Dämpfung oder Sistierung der Kritik führt, die es erlaubt, die Arbeit im Profilschwerpunkt einigermaßen unbehelligt fortzuführen (vgl. Altrichter 2010c).

Man kann also sicher nicht sagen, dass alle Entwicklungsentscheidungen in den untersuchten Schulen sich an Marktkriterien orientieren würden; gleichermaßen wäre es falsch, die Wirkung von Wettbewerbskriterien herunterzuspielen.

---

18 Vgl. z.B. die Aussage einer Lehrkraft: *„Es ist sicher nicht leicht in* [dieser Stadt] *mit so vielen Konkurrenten zu leben* […] *wir dürften nicht so weit am Markt vorbei anbieten."* (Zit. nach Altrichter 2010c, S. 78)

Diese *gebrochene Vermarktlichung*, die *mit nach traditionellen schulischen Koordinationsprinzipien gesteuerten Prozessen verwoben* ist, soll an einem Beispiel erläutert werden:

In einer von uns studierten AHS mit dem Schwerpunkt „Soziales Lernen" (SOL/GY) erklärt ein Schwerpunktskeptiker – mitfühlend mit dem Direktor –, dass es im Allgemeinen keineswegs leicht wäre, tatsächlich attraktive Schwerpunkte zu entwickeln, die nicht von den Lehrer/inne/n selbst kämen (vgl. Altrichter 2010c, S. 83f.). Auch manche Lehrkräfte, die – von ihren Qualifikationen her – zukunftsträchtige Profile tragen könnten, weigern sich mitzuarbeiten, weil es keine zusätzlichen finanziellen Anreize für derartiges Engagement gibt. In einer Schule traditionellen Zuschnitts kann die Schulleitung also weder – im Sinne einer hierarchisch-bürokratischen Koordination – damit rechnen, dass „über die normale Berufstätigkeit hinausgehende" Entwicklungstätigkeit einfach beauftragt werden kann, noch dass sich – selbst in einer allgemein erkannten Wettbewerbssituation – die Lehrpersonen von sich aus darein finden werden, „marktgerecht zu agieren". Vielmehr müssen Schulleitung und/oder Entwicklungsgruppe sich immer wieder der Loyalität und Mitarbeit der Lehrer/innen vergewissern. Diese hängt eben nicht nur von dem Kriterium „Aussichten auf Markterfolg" ab, sondern auch von politischen, fachlichen oder pädagogischen Ansichten, von wechselnden Beziehungsdynamiken und von der individuellen Bereitschaft, Energie und Arbeit in das Projekt zu investieren.

Die Zusammenarbeit der Kollegien in traditionellen Schulen ähnelt in vielem einer *gemeinschaftsförmigen Koordination* (vgl. Altrichter 2010d, S. 100ff.). „Gemeinschaften" als gesellschaftlicher Koordinationstypus organisieren sich durch Werte, charismatische Führungsfiguren und subjektives Zugehörigkeitsgefühl. Sie weisen üblicherweise nur eine „geringe kollektive Handlungsfähigkeit" auf (Gläser 2007, S. 89), weil eine Instanz fehlt, die unter wechselnden Bedingungen Entscheidungen für die Gemeinschaft treffen kann (z.B. Ziele formulieren, Ressourceneinsatz entscheiden). Zielgerichtete Handlungsfähigkeit von Gemeinschaften – und damit ihre Fortentwicklung – ist nur unter bestimmten Bedingungen zu erwarten, z.B. durch freiwillige Unterordnung unter eine charismatische Führungsperson oder im Falle akuter Bedrohungen der Gemeinschafts-Identität (z.B. der Abstieg einer Fußballmannschaft, drohende Spaltung einer politischen Bewegung; Bedrohung eines Schulstandortes), die „eine spontane kollektive Willensbildung und intentionale Richtungsänderung auszulösen" (ebda.) vermögen.

Es scheint also so zu sein, dass in der Umwelt der Einzelschulen das Kriterium der „Marktbewährung" immer wichtiger wird, dieses jedoch nur vielfach gebrochen in die Transaktionen der Einzelschule „hineinreicht", wo andere Legitimationskriterien ebenfalls in Kurs sind. Dieses Phänomen hat

R. Simsa (2007, S. 19f.) allgemeiner für Non-Profit Organisationen konstatiert. Die daraus resultierende Situation, dass für externe Bewährung andere Kriterien gelten können als im internen Diskurs, dürfte aber Druck besonders auf jene ausüben, die an der Intern-Extern-Schnittstelle arbeiten, die die Schule nach außen vertreten müssen und deren Leistungen auch nach ihrer externen Bewährung eingeschätzt werden, wie v.a. die Schulleitungen. Je autonomer eine Lehrkraft ist – sei es durch ihre dienstrechtliche Absicherung (Verbeamtung), sei es durch die informelle Autonomie, die ihr im Anschluss an allgemeine Prinzipien wie „Methodenfreiheit" oder durch konkrete Absprachen[19] zugestanden wird –, desto eher ist sie in der Lage, sich von externen Kriterien der Marktbewährung abzukoppeln und alternative Legitimationen zu vertreten. Je eher eine Lehrperson mit dem Schicksal der Einzelschule verbunden ist – sei es durch schwache dienstrechtliche Stellung (Teilzeitbeschäftigte und/oder noch nicht verbeamtete Lehrkräfte), sei es durch ein Gefühl der Loyalität dem Überleben und dem Status der Einzelschule gegenüber –, desto eher wird sie auch bei Entwicklungen, die auf externe Attraktivität zielen, mitmachen (müssen).

Die Situation verkompliziert sich jedoch weiter, wenn man das bisher formal gebrauchte Kriterium „Markterfolg" etwas inhaltlicher sieht. Jene, die eher defensiv als Kritiker/innen der Neuentwicklung auftreten, könnten auch – offensiv-konstruktiv – andere oder zusätzliche Profilschwerpunkte vorschlagen – z.B. im Fall der zuvor zitierten Entwicklung in Richtung „Soziales Lernen" einen pädagogisch-konservativen oder einen fachlich-leistungsbetonenden. Es scheint durchaus plausibel, dass auch einer solchen Gruppe unter der Perspektive von „Lehrerfreiwilligkeit" Entwicklungsspielraum zugestanden würde und dass unterschiedliche Profilierungen durchaus erfolgreich sein könnten, wenn mit einer Differenzierung der Zielgruppen und ihrer Aspirationen zu rechnen ist.

Größere staatliche Schulen haben oft in ihren inhaltlichen und pädagogischen Einstellungen sehr gemischte Kollegien. Dies ist die Folge traditioneller Formen der Lehrerzuweisung durch die Zentralverwaltung – nach Fend (vgl. z.B. 2001, S. 41f.) einer der großen Qualitäts-Gleichmacher im staatlichen Schulwesen. Diese „Gemischtheit" kann durchaus eine Ressource für Schulentwicklung sein, wenn – was v.a. für größere Schulen möglich ist – durch verschiedene Profile unterschiedliche Zielgruppen angesprochen werden, die jeweils mit bestimmten Loyalitäten im Kollegium korrespondieren. An einer der untersuchten Schulen (IKT/HAK; vgl. Feyerer & Leidlmayer 2005) ist dies offensichtlich der Fall; der Schulleiter agiert dabei nicht – wie so oft – als Ausgleicher

19 Wie z.B. durch Zusicherung von „Lehrerfreiwilligkeit", d.h. dass Lehrpersonen nicht gezwungen werden können, in einem Profilschwerpunkt zu unterrichten (vgl. dazu Abschnitt 3.5).

zwischen Differenzen im Kollegium, sondern als ein Stimulierer von internem Wettbewerb und als Wettbewerbsregulationsbehörde verschiedener innerschulischer Profile. Häufig ist die „Gemischtheit" der großen Kollegien aber eine Belastung für schulische Entwicklungsprozesse, weil sie zu „ideologischen Auseinandersetzungen" über die Priorisierung alternativer pädagogischer Werte und Arbeitsauffassungen führt (z.B. deutlich in dem Fall der AHS mit „Sozialem Lernen; vgl. Altrichter 2010c). Sie steht auch in einem Spannungsverhältnis zu einer Idee von „Profilierung", die mit Verbetrieblichung, einer geschlosseneren Ausrichtung der Schule auf einen kohärenten Satz von Zielen in einem „Leitbild" und einer gewissen Loyalität der Berufstätigen dazu assoziiert wird. Aktuelle Forderungen nach „personeller Autonomie" der Einzelschule und nach Einstellung neuer Lehre/rinnen durch die Schulleitung passen zur Entwicklung von „verbetrieblichten" Einzelschulen mit unterscheidbarem Profil. Ihre Realisierung würde aber auch – eingedenk des schon oben zitierten Diktums von Fend (2001) – zu einer Vergrößerung der Qualitätsunterschiede zwischen Schulen führen, weil sich Lehrer/innen nicht nur nach ihren inhaltlichen Vorlieben unterscheiden, sondern auch nach ihrer Qualität und Einsatzbereitschaft. Nach Standort, Image und Schülerklientel attraktive Schulen könnten sich also nicht nur die „inhaltlich zu ihnen passenden" Lehrkräfte aussuchen, sondern auch die „qualitätsvolleren" und „einsatzbereiteren" (falls ihre Schulleitungen über Kriterien und praktikable Formen der Qualitätsprüfung in Einstellungsvorgängen verfügen).

Wir fassen zusammen: Die im österreichischen Schulsystem in der ersten Hälfte der 1990er-Jahre propagierte „Autonomie-Politik" verändert in unserer Interpretation die Handlungsmöglichkeiten schulischer Akteure, was sich vor allem an der Zunahme von Wettbewerbsüberlegungen und der Forcierung von Unterschiedlichkeit der Standorte (vgl. dazu weiter unten) ablesen lässt. Die Handlungsangebote der „Autonomie-Politik" setzen auf schon vordem im Schulsystem existenten Typen von Entscheidungsspielräumen (ungeregelte Räume, Lehrerautonomie, Grauzonenautonomie) auf, verändern sie aber auch. Besonders deutlich wird dies daran, dass im Zuge von verstärkter Wettbewerbsorientierung zwei Interpretationsmöglichkeiten von „Autonomie" – nämlich Schulautonomie (i.S. organisationsbezogener Autonomie) und Lehrerautonomie (i.S. pädagogischer Freiheit der pädagogischen Professionellen; vgl. Heinrich 2006) – akzentuiert werden, womit ihre potenzielle Konflikthaftigkeit aktualisiert wird: Verschärfte „marktförmige" Bewährungsbedingungen im Umfeld der Schule scheinen nach betrieblich-hierarchischen Koordinationsbedingungen im Inneren der Einzelschule zu verlangen, die die „professionelle-autonome" Seite der traditionellen Doppelsteuerung der Schule (vgl. Brüsemeister 2004a und Kap. 1,

Abschnitt 1.4) schwächen. Der Widerstreit zwischen verschiedenen Koordinationsprinzipien schlägt sich in Konflikten in den Entwicklungsprozessen oder im Unvermögen, substanzielle Entwicklungen überhaupt in Gang zu bringen, nieder. Wenn es Schulen gelingt, sowohl extern als auch intern als produktiv eingeschätzte Entwicklungen zustande zu bringen, dann ist dies entweder auf neue Verhandlungslösungen, die am Standort gefunden werden konnten, zurückzuführen oder auf eine „fruchtbare" Koinzidenz verschiedener, in Schulen gleichzeitig wirksamer Koordinationsimpulse (z.B. wenn es angesichts einer externen Konkurrenzbedrohung einer charismatischen Schulleitung und/oder Entwicklungsgruppe gelingt, eine kritische Masse der Kollegiums zur Entwicklungsarbeit zu motivieren).

3.2 Profilbildung als Koordinationsprinzip

Was ist neu an der Profilbildung, wie sie durch die Autonomie-Politik forciert wurde? Gab es nicht auch früher „profilierte Schulen"? Bislang bedeutete „Profilbildung" vielfach, dass sich regional ein Ruf von Schulen herausbildete, der nicht selten aus der Geschichte der Schule herrührte und sich damit auf ein aus der Herkunft stammendes Image bezog, wie bspw. bei ehemaligen Klosterschulen oder Lyzeen, dem anerkanntesten altsprachlichen Gymnasium am Ort etc. Unser Argument ist, dass durch die Autonomie-Politik eine qualitative Veränderung dessen, was Profilbildung für die Arbeit von und zwischen Schulen bedeutet, eingetreten ist, und zwar in mehrfacher Hinsicht:

- Während wir üblicherweise bei „profilierten Schulen" mit eigenem Image und über den engeren Einzugsbereich hinausgehender Attraktivität v.a. an Schulen des „höheren Schulwesen" und einige wenige weitere besonderen Exemplare schulischer Entwicklung denken, wird durch die Autonomie-Politik der *Anspruch auf und der Zwang zur Profilierung verbreitert:* Alle (Sekundar-)Schulen müssen sich profilieren, um sich ihrer (erwünschten) Klientel gegenüber als „responsiv" zu zeigen.
- Eine neue Qualität zeigt sich auch daran, dass Gymnasien, die durchaus auf ein hergebrachtes Image verweisen können, dennoch den *Zwang zu einer weiteren Profilierung* verspüren (vgl. z.B. Heinrich 2009; Altrichter 2010c).
- Schließlich baute die traditionelle Ausformung von Profilen v.a. auf extracurriculare Merkmale, auf besondere Wertkulturen, Qualität der Lehrkräfte, zusätzliche außerunterrichtliche Aktivitäten usw., weil die Curricula zentralstaatlich normiert waren: Die Autonomie-Politik eröffnete jedoch

neue Spielräume für curriculare Variation, die zum primären Ansatzpunkt für die Entwicklungsbestrebungen wurden (vgl. Kap. I, Abschnitt 1.2). Nicht ist damit ausgesagt, dass der curriculare Spielraum groß ist (5-10 % je nach Schultyp) oder dass die entwickelten Curricula in jedem Fall „neu" (im Sinne von „originell") und „einzigartig" (ohne „Nachahmer") sind. Wohl aber, dass ein Schul- oder Klassenprofil neuen Typs mit wenigen Ausnahmen primär aus einem schulautonomen Curriculum besteht und aus einer mit diesem korrespondierenden, „zugkräftigen" Profilbenennung, die nach außen kommuniziert werden kann. Extracurriculare Elemente sind demgegenüber Zutat, die sich eher in besonders überlegten Profilen finden lassen, nicht aber Kern der Entwicklungsarbeit.

Ein derartiges, auch curricular verankertes, nach außen kommunizierbares Profil zu haben, ist in unserer Interpretation ein – durch die Autonomie-Politik in neuer Weise forcierter – Gesichtspunkt schulischer Entscheidungen. Wir sehen in ihm ein wesentliches Koordinationsprinzip, mit dem aktuell inner- und zwischenschulische Transaktionen erklärt werden können. Damit ist nicht gesagt, dass alle Akteure dieses Prinzip unterschreiben würden, und auch nicht, dass alle ihre Handlungen dadurch erklärbar sind, wohl aber dass wir seine Wirkung an vielen und für heutige Schulentwicklung charakteristischen Stellen wiederfinden.

Wir finden sehr wohl die explizite Zurückweisung des Schwerpunktgedankens durch einen Schulleiter: *„Ich wehre mich gegen das Wort Schwerpunkt* [des Schulprofils]. *Wenn es einen Schwerpunkt gibt, dann sind die anderen alle Leichtpunkte und das will ich nicht."* (Zit. nach Huber & Pichler 2005, S. 52) Gleichwohl erklärt der Schulleiter an anderer Stelle, dass die Entwicklung einer IKT-Klasse an seinem Gymnasium auch durch Überlegungen der Marktsegmentierung getragen war: Sein Realgymnasium brauche *„ein ganz klares Profil* […], *dass wir uns vom Gymnasium* [i.e. von der Nachbarschule in der Bezirksstadt] *unterscheiden* […]. *Wenn ein Kind ein zweite lebende Fremdsprache in der Unterstufe will, dann muss es ins Gym gehen."* (Zit. nach Altrichter u.a. 2005b, S. 98)

Auch finden wir viele ambivalente Aussagen von Lehrpersonen: Viele Befragte wollen sich nicht auf einen Schwerpunkt festlegen lassen und betonen demgegenüber die Vielfalt der pädagogischen Aktivitäten (vgl. bspw. Huber & Pichler 2005, S. 54). Dies gilt nicht nur für die Schulen, bei denen es wegen Profilierungsinhalt (z.B. „Integration") oder kleinem Kollegium naheliegt, die Differenzen nicht allzu groß werden zu lassen (vgl. Feyerer 2007a).

Bei den Versuchen, das Profil zu verändern, zeigten sich *zwei Varianten*: einerseits die Profilierung durch besondere Schwerpunktklassen („Klassenprofilierung") und andererseits Versuche, attraktive Aspekte oder Innovationen in allen Klassen zu verankern („Schulprofilierung"). Die letztere Option scheint dabei meist die problematischere. Sie lässt sich meist schwerer implementieren, da sie ein Umdenken aller oder der meisten Lehrer/innen der Schule erfordert. Sie bringt zudem oft Ergebnisse, die sich schwerer nach außen kommunizieren lassen, weil die Notwendigkeit der Zustimmung des ganzen Kollegiums scharf konturierte Profile unwahrscheinlich macht. Insofern erscheint die Profilierung in Schwerpunktklassen die naheliegendere Lösungsmöglichkeit.

Die oben zitierte Aussage des schwerpunktskeptischen Schulleiters lenkt den Blick auf das hinter der Schwerpunktprofilierung liegende strukturelle Problem, das in der Dialektik von Wettbewerb begründet liegt: Sieger produzieren immer auch Verlierer, und dieses Prinzip gilt nicht nur zwischen verschiedenen Schulen, sondern wiederholt sich auch auf innerschulischer Ebene – dort abhängig von Nähe oder Ferne der eigenen Tätigkeit zum erfolgreichen Schwerpunkt. Klassenprofilierung führt strukturell zu inneren Differenzierungen in den Schulen und vielfach auch zu interner Konkurrenz (vgl. ausführlich Abschnitt 3.4). Als Strategie gegen die Hierarchisierung innerhalb der Schule zwischen Profilklassen und dem „Rest" wird oft Profilierung noch weiter getrieben: Die Entwicklung weiterer Profile soll „konfliktmildernd" wirken, wie eine Lehrerin anschaulich dokumentiert:

> *„Mittlerweile hat man ja auch dann andere Schwerpunkte in den ersten und zweiten Klassen gefunden. Ich glaube, dass uns die sehr gut getan haben. Das hat auch den Druck von den Gruppen ‚Soziales Lernen' genommen. Andere Formen gibt's auch* [, die bei Eltern Interesse finden]. *Ich glaube, dass das durchaus gut getan hat, zur Entkrampfung, dass man nicht mehr nur entweder – oder hat, sondern dass man mehrere Formen hat und jede hat ihren Platz und ihre Nische."* (Zit. nach Altrichter 2010c, S. 41)

Hier wird deutlich, dass nicht nur die den Marketingbemühungen geschuldete Idee, verschiedene „Nischen" zu besetzen, nicht nur der Wille einer besonderen „Responsivität" der Schule gegenüber einer heterogenen Schülerschaft zu den an vielen Schulen beobachtbaren „mehrfachen Schwerpunktbildungen" führen können, sondern auch *interne Gründe:* Hat sich eine Schule einmal auf Profilierung eingelassen, dann kann eine Weiterführung in Richtung mehrfacher Schwerpunktbildung geboten sein, um eine – ebenfalls heterogene – Lehrerschaft zu befrieden. In Schulen mit mehreren – möglichst distinkten – Schwerpunkten, wie etwa „Sprache", „Musisch-kreativ" und „Realzweig" (vgl. Heinrich 2009), ist die Chance groß, möglichst vielen Lehrer/inne/n ein Identifikationsangebot mit einem Schwerpunkt zu geben, um dadurch Unzufriedenheit und Rivalitäten zwischen Lehrergruppen zu vermeiden und sie im Gegenteil zu zusätzlicher Aktivität zu motivieren. Schwerpunktvielfalt soll eine relativ friktionsfreie Implementation der Schwerpunktbildung begünstigen (vgl. Altrichter u.a. 2005b, S. 123; Prexl-Krausz & Gierlinger 2007, S. 79f.; Soukup-Altrichter 2007, S. 164f.; Ziebermayr & Altrichter 2010b).

Die Strategie der Entschärfung von Konflikten durch Schwerpunktvielfalt birgt allerdings auch Folgekosten. Eine Schulleiterin spricht so etwa nicht von Schwerpunktvielfalt, sondern von einem *„Bauchladen an Angeboten"* (zit. nach Heinrich 2009, S. 25), der sowohl die an einer Anmeldung ihres Kindes interessierten Eltern als auch die Lehrer/innen und Schüler/innen verunsichert habe. Ein Grund hierfür war, dass die Vielfalt an Wahlmöglichkeiten die vorhandenen *Ressourcen bis an die Grenze ausnutzte und in der Folge mit administrativen Inflexibilitäten und Schüler„-flexibilität" kollidierte:* Da das breit gefächerte „Wahlangebot" an Sprachklassen an gesetzlich vorgegebene Mindestschülerzahlen gekoppelt ist, war bei Klassenwechsel oder -wiederholung jeweils die Weiterführung des Schwerpunkts gefährdet. Somit konnte das attraktive Angebot zu Beginn der Schulkarriere offeriert werden, ohne dass es jedoch für die ganze Schullaufbahn sichergestellt war. Die differenzierte Wahlmöglichkeit schien erkauft durch einen großen Unsicherheitsfaktor. Dieser drohte, das Positivum der Attraktivität der Wahl durch die mögliche Frustration bei der Realisierung in ein Negativum umzukehren, sobald diese Tatsache in Eltern- und Schülerkreisen bewusst wurde. Hier musste seitens der Schulleitung gegengesteuert werden, wie der Koordinator für Öffentlichkeitsarbeit der Schule erläutert:

> *„Ja, das wurde auf Umwegen erreicht. Wir haben erst im vergangenen Winter wieder einen Pädagogischen Tag gehabt und da wurde auch ein Modell entwickelt, wie man es schaffen kann, dass bei der rückläufigen Zahl der Gymnasiasten trotzdem die beiden Fremdsprachen nebeneinander existieren können und da ist ein Modell entwickelt worden, das zumindest jetzt einmal bei den heurigen ersten Klassen, bei den heurigen Anmeldungen erfolgreich gewesen ist. Wir haben damals gesagt, wir brauchen sicherlich 25 für jede Fremdsprache, damit man realistisch annehmen kann, es bleiben zehn bis zwölf da, damit diese Gruppe dann an der Oberstufe weiterfahren kann und jetzt schaut es also so aus, dass wir ungefähr 50 Anmeldungen für das Gymnasium haben und wir haben jetzt einen Zeitfaktor da mit eingeschaltet und also gesagt, wer die Fremdsprache, die das Kind favorisiert, sichern möchte bei der Anmeldung, der soll möglichst bald kommen, denn mit 25 für eine dieser beiden Fremdsprachen ist dann Schluss, da muss man dann, wenn man erst später kommt, die andere, noch nicht so gebuchte Fremdsprache wählen. Diese Rechnung ist heuer aufgegangen."* (Zit. nach Heinrich 2009, S. 65)

Auf diese Weise ist ein Mechanismus eingeführt worden, der wahrscheinlich für die Schule einen doppelt positiven Effekt hatte: Die Steuerungsaktion weist sowohl einen Werbeeffekt auf, indem das Angebot künstlich verknappt wurde –

es sind nur 25 Plätze frei, also sollte man sich schnellstmöglich anmelden; sie hat aber auch einen Kanalisierungseffekt, der sicherstellt, dass beide Sprachengruppen eine ausreichende Schülerzahl erhalten, und damit die Fortexistenz beider Fremdsprachen in der Oberstufe ermöglicht. Solche Steuerungskonzepte müssen allerdings erst entwickelt werden und sind auch nicht immer tragfähig. Vor dem Hintergrund anderer Erfahrungen formuliert die Lehrkraft einer weiteren Schule:

> *„Jede Schule hat da versucht, krampfhaft ab der* [7. Schulstufe] *alles Mögliche anzubieten: Latein, Französisch, Spanisch, Italienisch, alles gleichzeitig und wenn das dann an jeder Schule so war, ist es logisch, dass sich zu wenig Schüler für die einzelnen Zweige gemeldet haben und dass hie und da der eine oder andere Zweig wieder zusammengebrochen ist. Das lässt sich nicht durchführen, wenn Schulen in der gleichen Umgebung das gleiche Angebot in so gefächerter Vielfalt anbieten, wie es da eine Zeitlang war, das ist nicht gut gelaufen."* (Zit. nach Altrichter 2010c, S. 74)

Die Schwerpunktvielfalt führte an einigen Schulstandorten aber auch zu vollkommen überraschenden Negativeffekten. Am Gymnasium SPR/GY musste nach den Abgängen in den achten Schulstufen eine Realgymnasiumsklasse aufgrund der zu geringen Schülerzahl (fünf Schüler/innen) aufgelöst werden. Eine solche Klassenauflösung in der Oberstufe hat einen doppelten Negativeffekt, von dem zunächst nur der erste augenfällig ist: Einerseits müssen diejenigen Schüler/innen, deren Klasse verschwindet, in eine andere Klasse wechseln. Wenn die Parallelklasse aber auch eine „profilierte Schwerpunktklasse" ist, kann es zu einer Konstellation kommen, die den *Klassenwechsel unmöglich* macht, weil die spezifischen Vorkenntnisse, die im Curriculum des anderen Schwerpunkts aufscheinen, fehlen. Im besten Falle müssen diese Schüler/innen die Schule wechseln, um in einem vergleichbaren Profil in einer anderen Schule fortzusetzen. Ein solcher Schulwechsel – zudem noch in der Oberstufe, d.h. kurz vor dem Erlangen der zentralen Qualifikation – wird von den Schüler/inne/n wohl zu Recht sehr negativ aufgenommen und führt zu einem schlechten Image der Schule sowohl in der „internen Schulöffentlichkeit" (da in der Folge auch alle anderen Schüler/innen die Auflösung ihrer Klassen fürchten) als auch innerhalb der Region. Zu diesem Negativeffekt für die verbleibenden Schüler/innen, die nach der achten Schulstufe eigentlich nicht die Schule wechseln wollten, dann aber dazu gezwungen werden, kommt noch ein weiteres Phänomen hinzu: Wenn Schüler/innen des vorangegangenen Jahrgangs diesen aufgrund unzureichender Leistungen wiederholen müssen, kommen sie – womöglich sogar erst beim zentralen Abschnitt der Schulausbildung, der Matura – in eine unangenehme Lage, wenn im Folgejahrgang das von ihnen gewählte Schwerpunktprofil nicht zustande kommt. Die Schule kann den Schüler/inne/n wie auch den Eltern nicht garantieren, dass von der ersten bis zur achten Klasse eine Schulkarriere ohne Schulwechsel möglich bleibt. Eine Elternvertreterin reflektiert auch sehr klar das Spannungsverhältnis zwischen einer gewünschten Vielfalt in der Ausbildung der Schüler/innen und der damit verbundenen – wenn auch bedingten – Wahlfreiheit einerseits und den schulorganisatorischen Beschränkungen andererseits. Schulprofilierung ist als Profilierung zwar von den von uns befragten Eltern meist gewünscht, es wird aber zwischen einem zusätzlichen Vertiefungsangebot, das durch die Schwerpunktbildungen entsteht, und einer „pädagogischen gymnasialen Grundversorgung“ unterschieden, die allen Schüler/inne/n der Schule einen möglichst geraden Weg zum Abschluss ebnet. In der Wahlsituation vor Beginn der gymnasialen Schulkarriere ist diese Alternative vielen Eltern wahrscheinlich nicht klar. Retrospektiv – so die Aussage der Elternvertreterin – fiele das Votum vieler Eltern ganz klar zugunsten der „pädagogischen gymnasialen Grundversorgung“ aus (vgl. Heinrich 2009, S. 63f.).

Im Gegensatz zur eben beschriebenen Schwerpunktvielfalt-Problematik wird dieses Problem an einem anderen Standort (SOL/GY) durch *organisatorische Vereinfachung* gelöst. Verlässlichkeit lässt sich hier garantieren, weil die Schwerpunktbildung auf die ersten beiden Jahrgänge beschränkt wird. Das Angebot bietet damit einen Anreiz für die Eltern zur Anmeldung ihrer Kinder, führt längerfristig aber auch dazu, dass immer wieder Eltern, die das Angebot des Schwerpunkts schätzen, nicht einsehen wollen, dass für sie wichtige Elemente nicht über die sechste Schulstufe hinaus weitergeführt werden. Dieser Typ von „Vereinfachung“ bringt aber noch ein weiteres Problem mit sich: Neben den Anmeldezahlen in der fünften Schulstufe gibt es ein zweites „quantitatives Erfolgskriterium“ von Profilierung: geringe Verluste beim Übergang von der achten Schulstufe in die Oberstufe. Dafür wäre eine gewisse Kontinuität der Schwerpunkte günstig, die Bahnen innerhalb der Schule bis in die Oberstufe legt. Gerade dies tun aber die beiden erfolgreichen Unterstufenschwerpunkte der hier angesprochenen Schule nicht. Folglich hat sie Schwierigkeiten, ihre Oberstufenklassen in befriedigendem Maße zu füllen, weil ihre Schwerpunkte eher kurzfristig sind und bisher keine attraktiven Profilkonzepte für die Oberstufe vorliegen (vgl. Altrichter 2010c, S. 76f.).[20]

Für die durch die Autonomie-Politik forcierte Entwicklungsstrategie der Profilbildung zeigen sich damit *strukturelle Implementationsprobleme*. Die

20 Ein solcher „Schülerschwund“ einer Einzelschule beim Übergang zur Oberstufe wäre in Deutschland stark erklärungsbedürftig. Hierzu muss angemerkt werden, dass es in Österreich durchaus Usus ist, dass viele Schüler/innen einer AHS diese nach der achten Schulstufe verlassen, um an einer höheren Technischen Lehranstalt (HTL) oder einer Handelsakademie (HAK) ihre Matura zu erlangen.

Fokussierung auf *eine* Schwerpunktbildung führt oft zu einer *Hierarchisierung zwischen Profil- und Restklasse* in der Schule und damit potenziell zu innerschulischer Konkurrenz und Konflikten. Die zwar konfliktmildernde Antwort, hierauf mit einer Schwerpunktvielfalt zu reagieren, mag einzelne Akteure befrieden, kann aber erstens längerfristig zu den beschriebenen *Administrations-, Steuerungs- und Koordinationsproblemen* in den Schulen führen. Zweitens kann sich auch zwischen den vielfältigen Schwerpunkten eine neue *Hierarchie der Profilklassen* entwickeln, die wir an einigen Schulen feststellten und die gleichfalls häufig von Konkurrenz und Konflikten im Kollegium begleitet ist: So ist an unserer „Integrations-Hauptschule" INT/HS2 (vgl. Soukup-Altrichter 2007) der Schwerpunkt „Sport" attraktiver als „Integration" und diese wieder attraktiver als die „Hauptschule Classic". An einem Gymnasium ist der „musisch-kreative Zweig" attraktiver als der „naturwissenschaftliche" und erscheint den Lehrpersonen, die hauptsächlich im letzteren arbeiten, als „privilegiert" (vgl. Ziebermayr & Altrichter 2010b; vgl. auch die Fälle in Altrichter 2010c; Prammer-Semmler 2007; Heinrich 2009).

Alternativ zur Strategie der Klassenprofilierung bliebe nur die schon früher angesprochene Variante, auf das Strukturangebot „Schulautonomie" mit Versuchen zu reagieren, pädagogisch wertvolle Aspekte in allen Klassen, d.h. in ganzer Breite zu verankern – also mit *„Schulprofilierung" oder „Normalisierung"* – wie dies Feyerer (in diesem Band) bezeichnet, weil Qualitätsmerkmale zur Normalität aller Klassen einer Schule gemacht werden. Diese Strategie finden wir – neben der von Feyerer (2007a) beschriebenen Hautschule INT/HS1 – in weiteren drei Fällen unserer Studie, die – alle Hauptschulen – jeweils durch unterschiedliche Verläufe gekennzeichnet und wohl auch als unterschiedlich erfolgreich einzuschätzen sind: Am überzeugendsten wirkt eine Hauptschule (SPR/HS), die eine ursprüngliche Klassenprofilierung mit einem Fremdsprachenschwerpunkt aufgrund von pädagogischen Überlegungen, aber auch aufgrund von Hierarchisierungskonflikten im Kollegium zu einem Angebot „Englisch als Arbeitssprache" in allen Klassen „normalisiert". Dieses Schulprofil ist in der Konkurrenz mit den zwei Gymnasien der Region relativ erfolgreich und „sichert gute Schüler/innen" (vgl. Prexl-Krausz & Gierlinger 2007, S. 69). Eine andere Hauptschule (SOL/HS) „normalisiert" ihre ursprüngliche Schwerpunktsetzung in „Sozialem Lernen", die sich als nicht attraktiv in Hinblick auf Schülerzahlen herausstellt, jedoch weiterhin angesichts der spezifischen Schülerklientel als pädagogisch wichtig erachtet wird. Die Schule betreibt aber gleichzeitig eine neue Klassenprofilierung im Bereich „Kreativität", um mehr „gute" Schüler/innen zu gewinnen (vgl. Prammer-Semmler 2007). Eine weitere, kleine Hauptschule (KRE/HS) reagiert zunächst eher unwillig und halbherzig auf den von Schulverwaltung und -aufsicht betriebenen Auftrag, ein Profil zu entwickeln. Als dann die Schülerzahlen wegbrechen, werden bisherige Aktivitäten und einige Neuakzentuierungen zu einem Schulprofil gebündelt, dessen Erfolg kurzfristig nicht sichtbar ist (vgl. Ziebermayr & Altrichter 2010a).

Aus dem beschränkten Material kann man folgende Hypothesen zur Diskussion stellen: Die Strategie der „Schulprofilierung“ oder „Normalisierung“ scheint eher für kleinere (Haupt-)Schulen geeignet. Sie wirkt in den von uns untersuchten Fällen meist eher defensiv und wenig akzentuiert – und eben nicht wie eine Marketingstrategie, die sich offensiv um mehr „gute“ Schüler/innen“ bemüht (Ausnahme der Fall der Sprachhauptschule bei Prexl-Krausz & Gierlinger 2007). Größere und offensivere Schulen haben mit „Schulprofilierung“ wahrscheinlich ein massives Implementationsproblem: Erstens müssten sich dafür alle Mitarbeiter/innen der Schule einvernehmlich engagieren und in eine gemeinsame Richtung arbeiten. Wenn dies gelänge, dann wäre zweitens das erzielte Ergebnis wahrscheinlich oft aufgrund der notwendigen Einigungsprozesse relativ allgemein und „unprofiliert“. Wenn die Profibildung sich aber nicht mehr in einer öffentlich wahrnehmbaren und wirksamen Spezifik äußert, dann droht ihre ursprüngliche Motivation verloren zu gehen.

Die Gegenüberstellung von „(Klassen-)Profilierung“ und „Normalisierung“ offenbart einen weiteren diskutierenswerten Aspekt des Themas: Wenn „Normalisierung“ bedeutet, alle an einer Schule bereitstellbaren Qualitäten allen Schüler/inne/n zugänglich zu machen, dann heißt „Klassenprofilierung“, verschiedene Qualitäten unterschiedlichen Klassen und Schüler/inne/n in unterschiedlicher Weise zukommen zu lassen. In dieser Perspektive erscheinen „Profilbildung“ und breite Qualitätsentwicklung einer Schule als entgegengesetzte Konzepte. Das Normalisierungskonzept scheint davon auszugehen, dass, was eine pädagogische Qualität ist, für alle gut ist; „Profilbildung“ nimmt eher an, dass verschiedene Qualitäten differenziell unterschiedlichen Schüleransprüchen zugutekommen sollen.

3.3 Schulübergang, Schulwahl und Selektion

Noch in den revolutionärsten Konzepten für Schul- und Bildungssysteme scheint die Allokationsfunktion von Schule, die ihr in modernen Gesellschaften zukommt, zur Differenzierung der Schülerschaft zu zwingen. Diese findet ihren Ausdruck in gestuften und gegliederten Strukturen, die sich jedoch in Zeitpunkten der Einführung neuer Gliederungsgesichtspunkte und deren Anzahl deutlich unterscheiden. Selbst der Revolutionär Condorcet kommt in seinem Nationalen Bildungsplan, den er in Zeiten der französischen Revolution verfasste, nicht umhin, vor dem Hintergrund der Dialektik von persönlichem Bildungsrecht einerseits und gesellschaftlichen Anforderungen andererseits ein gestuftes und gegliedertes Bildungssystem zu entwerfen – auch wenn er über zahlreiche Mechanismen, wie bspw. eine kostenfreie Erwachsenenbildung, die Übergangs- und Selektionsentscheidungen im Sinne des Menschrechts auf Bildung zu mildern versucht (vgl. Heinrich 2001, S. 111-130). In der Folge existieren in Bildungssystemen moderner Gesellschaften immer Übergänge, die auch zu Selektion und der Notwendigkeit entsprechenden Bildungsmanagements führen (vgl. Eckert 2007).

Dieses Strukturmerkmal von Schulsystemen fordert Koordinationsleistungen von den beteiligten Akteuren. Im zweigliedrigen Sekundarschulsystem Österreichs ist die Entscheidung notwendig, ob Schüler/innen nach der Primarschule (die hier „Volksschule" heißt) ihre Bildungskarriere an einer gymnasialen „Allgemeinbildenden Höheren Schule" (AHS) oder an einer Hauptschule fortsetzen. Was vordergründig wie eine Wahlmöglichkeit für Eltern und Schüler/innen wirkt, wird durch verschiedene rechtliche, ressourcenbezogene und soziokulturelle Faktoren eingeschränkt bzw. moderiert:

- *Leistungsanforderungen:* Für den Übertritt in die gymnasiale Schulform sind bestimmte Vorleistungen in der Grundschule nachzuweisen. Gegen das Grundschullehrerurteil sind Appellationsmöglichkeiten vorgesehen. Bei Platzmangel in der nachgefragten Schule können die Leistungsanforderungen erhöht werden.
- *Zugang nach Schulsprengel:* Die Wahl der Sekundarschule wird weiterhin durch die Zuordnung von Wohngebieten zu definierten Sprengelschulen eingeschränkt. Dies gilt in Österreich nur für die öffentlichen Hauptschulen, deren Schulträger Gemeinden sind, die üblicherweise aus Kostengründen den Wechsel zwischen Schulsprengeln zu verhindern trachten. Bei den öffentlichen Gymnasien, die einheitlich vom Bund getragen werden, gibt es keine Zugangseinschränkungen durch Sprengel.
- *Verfügbarkeit und Ressourcenmanagement:* Die Schulwahl wird zudem durch die Verfügbarkeit von Plätzen eingeschränkt. Auch reagieren besonders begehrte Schulen normalerweise nicht flexibel auf erhöhte Nachfrage: Aufgrund der gesetzlich festgelegten Klassenschülerhöchstzahl (25 Schüler/innen) können sie die Besetzungszahlen in den einzelnen Klassen nicht deutlich erhöhen (obwohl immer wieder leichte Überschreitungen vorkommen). Oft aufgrund von fehlenden Räumen, aufgrund des Fehlens von für die nachgefragten Profilklassen qualifiziertem Personal (vgl. z.B. Altrichter 2010c), aber auch aufgrund von Regulierungsinteressen der Schulbehörde, die zu starke Ungleichgewichte – v.a. zwischen Bundesschulen – vermeiden

will, werden selten zusätzliche Klassen an begehrten Schulen eingerichtet, sondern nicht aufgenommene Schüler/innen an andere Schulen verwiesen.

- *Weitere Faktoren:* Aus der Forschung wissen wir, dass Schulwahl durch eine Reihe weiterer Faktoren moderiert wird, so v.a. die räumliche Erreichbarkeit und verschiedene soziokulturelle Faktoren, die spezifische Muster der Schulwahl abhängig von Merkmalen wie familiärem Einkommen, Bildungsaspirationen usw. erzeugen (vgl. Bacher 2006; 2009; Bos 2010).

Durch die Autonomie-Politik und durch die schon beschriebenen Prozesse der Verstärkung von Wettbewerbsorientierung und Profilbildung wird das Koordinationsproblem im Zuge des Übergangs von Primar- auf Sekundarschulen nicht „neu erfunden", stellt sich aber in neuer Weise. Durch die forcierte Profilierung und v.a. durch die Entwicklung von speziellen Klassenprofilen, ist die Frage nicht mehr bloß, ob Schüler/innen in eine Hauptschule oder ein Gymnasium einmünden. Die Zahl der Optionen, die mit dem Anspruch auf Unterschiedlichkeit auftreten, hat sich deutlich erhöht. Zusätzlich wird die Zuteilung nach dem Sprengelprinzip angesichts unterschiedlicher Profilangebote unterminiert, da bei der Wahl von Schulen mit bestimmten Schwerpunkten die Sprengelregelung schwerer durchsetzbar sein wird als zu einer Zeit, zu der argumentiert werden konnte, dass eine Hauptschule „wie die andere" wäre. Es gibt also Grund zur Annahme, dass sich die Koordinationsprozesse im Zuge des Schulübergangs verändern; wir werden in der Folge einige Beispiele für solche Prozesse untersuchen und danach fragen, welche Koordinationsprinzipien dabei sichtbar werden.

Der Übergang zwischen Primar- und Sekundarschule stellt sich als „Wahl"-Situation dar. Damit ist nicht ausgemacht, *wer* in dieser Situation wählen kann und ob die – im Geiste der „Responsivität" vermehrten – Wahloptionen tatsächlich zu verbesserten Wahlmöglichkeiten für Schüler/innen und Eltern und zu einer besseren Befriedigung ihrer (Bildungs-)Bedürfnisse führen. Aus der Sicht weiterführender Schulen kann das „Strukturmerkmal Schulübergang" auch als „Strukturangebot" gelesen werden, das die prinzipielle Möglichkeit bietet, eine Eingangsselektion vorzunehmen. Diese Möglichkeit kann im Einzelfall aber nur aktualisiert werden, wenn sich auch genügend Schüler/innen anmelden, aus denen ausgewählt werden kann. Profilbildung ist – wie wir schon ausgeführt haben – eine Strategie, zu hohen Anmeldezahlen zu gelangen. Gelingt sie, und übersteigen die Anmeldewünsche sogar die Aufnahmekapazität der Schule, dann hat das einen doppelten positiven Effekt: Die Schülerklientel ist mit gewünschten Attributen angereichert, und das Image der Schule profitiert insgesamt davon – was typischerweise im Folgejahr zu einer Fortschreibung des Effekts führt.

Diese „positive Spirale“ der Entwicklung gilt insbesondere, wenn in den Profilierungsschwerpunkten die Aufnahme nach Leistungskriterien erfolgt (vgl. Soukup-Altrichter 2007, S. 156). Der Wettbewerbseffekt von Schulprofilierung kristallisiert sich damit nochmals an der Übergangsentscheidung. Dementsprechend haben wir in unseren Schulen vielfach besondere Mechanismen der Handlungskoordination gefunden, diesen Übergang „zu organisieren“. Beim Blick auf die unterschiedlichen „Organisationsformen“ dieses Übergangs lassen sich nicht-intendierte, intendierte und kontraintentionale Effekte feststellen.

Als Beispiel für möglicherweise *nicht-intendierte*, aber sehr wohl selektiv wirksame Effekte mag der Integrationsschwerpunkt der Hauptschule INT/HS2 gelten, bei der sich Eltern ausländischer Kinder kaum für Plätze in der Integrationsklasse bewerben, die als attraktiver als die „Hauptschule Classic“ gilt und offenbar auch mehr pädagogische Aufmerksamkeit von Seiten der Schule erfährt. Wahrscheinlich ist ihnen nicht klar, was das „Besondere“ an dieser „Integrationsklasse“ ist (vgl. Soukup-Altrichter 2007, S. 154). Demgegenüber wird nach Einschätzung des Schulleiters die Integrationsklasse von anderen Eltern nicht nur aufgrund der engagierteren Lehrer/innen, sondern auch wegen des geringeren Ausländeranteils gewählt (vgl. ebda.). Auffällig ist in den Integrationsklassen der Schule die sehr hohe Akademikerrate unter den Eltern, sodass die Vermutung naheliegt, dass gerade die Integrationsklasse „kulturelles Kapital“ akkumuliert, wenn vom Integrationsschwerpunkt insbesondere Eltern angesprochen werden, die sich für gute pädagogische Betreuung interessieren und sich langfristige Gedanken über die bestmögliche Bildungskarriere ihrer Kinder machen (vgl. Soukup-Altrichter 2007, S. 154f.).

Die gleiche Schule hat neben dem Integrationsschwerpunkt einen weiteren Schwerpunkt im Bereich Sport. Hier existiert ein Aufnahmeverfahren, bei dem die sportliche Eignung getestet wird, wobei im Informationsfolder der Schule *„Vorkenntnisse in den Schwerpunkten, gute allgemeine Motorik, Ehrgeiz und positive Einstellung zu Schule und Sport* [sowie] *gute schulische Leistungen“* als Eignungskriterien hervorgehoben werden. Der Erfolg – und damit der intendierte Effekt – dieses Prozederes ist, dass von 70 bis 80 Anmeldungen jährlich nur 28 berücksichtigt werden können (vgl. Soukup-Altrichter 2007, S. 134). Hierbei handelt es sich dann um eine ausgesuchte Klientel, die überwiegend leistungsstark ist – nicht nur wegen der guten Schulnoten, sondern wohl auch wegen der Sekundärtugenden wie „Durchhaltevermögen“ und „Selbstdisziplin“, die notwendig sind, wenn Schüler/innen das straffe Sportprogramm der Schule (vier Trainings pro Woche plus Turniere am Wochenende) durchhalten sollen. Hervorgehoben werden allerdings auch die besonderen Chancen dieser Hauptschüler/innen schließlich die allgemeine Hochschulreife zu erhalten und somit für ihren Bildungsweg besondere „Karrierechancen“ zu haben. Absolvent/inn/en des Zweigs haben die Möglichkeit, nach der Hauptschule an eine Berufsbildende Höhere Schule mit Sportschwerpunkt („Sport-HAK“) zu wechseln, dort ihre Matura abzulegen und sich zugleich sportlich weiterzuentwickeln (vgl. Soukup-Altrichter 2007, S. 135). Für sportlich begabte Schüle/rinnen ist diese Hauptschulprofilierung damit eine attraktive Option.

An einer anderen Hauptschule (SPR/HS), die sich durch Englisch als Arbeitssprache profiliert (vgl. Prexl-Krausz & Gierlinger 2007), wurde auf zu hohe Anmeldezahlen zweifach reagiert, sowohl mit einer „pädagogisch motivierten Maßnahme“ als auch einer „Selektionsmaßnahme“. So erhielten die Schüler/innen des Schwerpunkts die Möglichkeit in „Schnupperprojekten“ festzustellen, ob Englisch als Arbeitssprache für sie tatsächlich eine Option darstellt (vgl. ebda., S. 75f.). Der große Überhang an interessierten Schüler/inne/n, die aufgrund mangelnder Ressourcen nicht in den Arbeitssprachenzweig aufgenommen werden konnten, wurde dann aber doch schlichtweg dadurch behoben, dass schließlich nur Schüler/innen der ersten Leistungsgruppe akzeptiert wurden (vgl. ebda., S. 76).

Auch an anderen Schulen sind Zeugnisnoten ein Selektionskriterium, das oftmals durch schuleigene „Aufnahme-über-prüfungen“, die auf profilspezifische Fähigkeiten zielen, ergänzt wird. So wird an einer Hauptschule (SOL/HS) für die Aufnahme in eine Klasse mit künstlerisch-kreativem Schwerpunkt die Volksschulnote des Fachs „Bildnerische Erziehung“ herangezogen, wobei nur Kandidat/inn/en mit sehr guter oder guter Abschlussnote aufgenommen werden. Ergänzt wird das Aufnahmeprozedere durch einen „Begabungstest“; auf der Homepage der Schule findet sich eine „Einladung zur Begabungsanalyse für die Aufnahme in die Kreativklasse“. Auch die Ergebnisse werden über das Netz bekannt gegeben (vgl. Prammer-Semmler 2007, S. 28f.).

An anderen Schulen finden sich gerade im musisch-kreativen Bereich „Aufnahmeprogramme“, bei denen Schüler/innen an mehreren Stationen (wie bspw. Chor, Tanz, Zeichnen, Schauspielern etc.) ihre Fähigkeiten unter Beweis stellen müssen (vgl. Heinrich 2009). Auffällig ist dabei, dass neben profilspezifisch motivierten Auswahlentscheidungen, die sich direkt auf Leistungen in den „Aufnahmeworkshops“, die mit speziellen Anforderungen des Profils zusammenhängen, beziehen (vgl. Ziebermayr & Altrichter 2010b, S. 161f.), erneut die allgemeine Schulleistungsfähigkeit mit einbezogen wird, wenn doch Schüler/innen mit guten Noten bevorzugt aufgenommen werden. Zuweilen vermischen sich Argumentationslinien, wenn eine Lehrerin ausführt, dass Schüler/innen mit den guten Noten *„belastbarer“* – für die zusätzlichen Anforderungen des Schwerpunkts – seien: *„Wenn sie sich anmelden an der Schule, dann sehen wir auch ihr Zeugnis an und wir nehmen halt dann schon lieber die, die eben gute Noten mitbringen von der Volksschule, weil sie eben auch mehr Zeit am*

Nachmittag haben und weil sie auch belastbarer sind, weil sie nicht so viel in die Schule von Vornherein investieren müssen.“ (Zit. nach Ziebermayr & Altrichter 2010, S. 163) Dabei gibt es sehr wohl Lehrkräfte, die die sekundären Herkunftseffekte ihrer Auswahlstrategien mit im Blick haben: Schüler/innen, die bereits in der Grundschule spezielle – z.B. musikalische – Förderung genossen haben, werden mit relativ hoher Wahrscheinlichkeit auch weiterhin Aussicht auf Förderung durch das Elternhaus haben (vgl. ebda.).

In den Fallstudien tauchen allerdings auch Beispiele auf, in denen die intendierte Auswahl misslingt – nicht zuletzt dann, wenn nicht genügend Schülerklientel vorhanden ist, aus der gewählt werden könnte. Auch wenn eine Auswahl real nicht stattfinden kann, hat allein die Behauptung von Selektivität offenbar eine Funktion in den sich hier etablierenden Formen der Handlungskoordination, wie man an den beiden Fällen von Schulen erkennen kann, die Auswahlprozeduren aufrechterhalten, ohne genug Bewerber/innen zu haben, aus denen sie auswählen können. So führt der Koordinator des Kulturschwerpunkts an einem Gymnasium (SPR/GY) aus:

> *„Das heißt, die bloße Tatsache, man geht mit dem Kind ins Kulturgymnasium, das Kind macht so eine Art Aufnahmeprüfung, melden sich viele gar nicht und die sich melden, sind also schon weit über dem normalen Durchschnitt, und das ist ein sehr positiver Selektionseffekt des Orientierungsworkshops, wir haben schon überlegt, wenn gar nicht so viele Anfragen sind, ob man ihn sterben lässt, das werden wir nicht tun, weil das Faktum, dass es ihn gibt, uns schon ein sehr gutes Potenzial vermittelt.“* (Zit. nach Heinrich 2009, S. 48)

Auch an einer Hauptschule mit Kreativitätsschwerpunkt (SOL/HS) wird die Aufnahmeprozedur weiter durchgeführt, obwohl normalerweise alle Bewerber/innen aufgenommen werden (vgl. Prammer-Semmler 2007). Schon die Ankündigung von Selektion soll die relative Exklusivität des Angebots nach außen kommunizieren und der Schule relativ leistungsfähige Schüler/innen zuführen. Die Balance zwischen Signalen der Exklusivität und der Attraktivität ist jedoch das Prekäre dieser Strategie, das sich gerade an Beispielen zeigt, die nicht oder gerade noch die erwünschten Rekrutierungserfolge erzielen. Der „verdeckte“, gleichwohl wirksame Selektionseffekt der Aufnahmeworkshops indiziert die Wirksamkeit symbolischer Handlungen sowie insbesondere von Etikettierungen.

An den von uns untersuchten Schulen finden sich auch ambivalente Gefühle gegenüber den eigenen Selektionspraktiken. So meint der Personalvertreter der Hauptschule mit Integrations- und Sportschwerpunkt:

> *„Letztes Jahr waren zu viele Anmeldungen* […] [darunter] *sehr viele gute, leistungsstarke Schüler, die wir auch wollten. Dann haben wir das Problem gehabt,*

was wir machen sollten. Es gibt viele Eltern, die die Kinder aus Gründen wie Sozialem Lernen gerne in der [Integrations-]*Klasse gehabt hätten.* [...] *Wir haben nur die Leistungsstarken gewählt und es hat sich rumgesprochen: Die nehmen nur die guten.* [...] *Es war keine ideale Lösung, weil wir im Innersten wir alle gesagt haben, dass es uns nicht entspricht.* [...] *Aber wie gesagt, das war einmal nicht so schlecht. Einfach für das Bild draußen.“* (Zit. nach Soukup-Altrichter 2007, S. 157)

Zwar registriert dieser Lehrer, dass die Aufnahme von leistungsstärkeren Schüler/inne/n – funktional in der Wettbewerbslogik – das Prestige der Schule stützen wird und damit langfristig wiederum ein Signal an leistungsbezogene Eltern ist. Die Aussage *„dass es uns nicht entspricht“* entspringt demgegenüber offenbar einer pädagogisch-werthaften Integrationslogik und deutet auf den Umstand hin, dass dem Interviewten der Widerspruch zwischen Integration und Selektion bewusst ist. Das Dilemma, eine größere Anzahl zu integrierender Schüler/innen zu haben, als das Aufnahmesystem verträgt, lässt sich bei einer beschränkten Anzahl von Integrationsklassen nicht lösen.

Die strukturelle Möglichkeit beim Schulübergang, Eingangsselektion betreiben zu können, führt bei Pädagog/inn/en, die der Selektionsforderung aufgrund ihres pädagogischen Ethos kritisch gegenüberstehen, zu ambivalenten Gefühlen. Andere Lehrkräfte (häufiger in höheren Schulen) sehen Selektion hingegen als Teil ihrer Berufsaufgabe. Häufig wird aber auch das Verhältnis dieser beiden Handlungsimpulse dilemmatisch erlebt. Profilierung und der Kampf um Schülerzahlen scheinen für einige Lehrer/innen eine Möglichkeit der Auflösung des Dilemmas in eine Richtung zu bieten, in der schulische Ziele und persönliche Wünsche nach günstigen Arbeitsbedingungen konvergieren: *„Und ich möchte, dass qualifizierte Schüler kommen.* [...] *Das heißt ich möchte, dass die kommen, die qualifiziert sind. Und ich möchte, dass die kommen, die gut sind. Welcher Lehrer wünscht sich das nicht?“* (Zit. nach Heinrich 2009, S. 55)

In den Interviews mit Vertreter/inne/n „intermediärer Ebenen“ des Schulsystems (Schulaufsicht; Lehrerfortbildner/inne/n, Leiter/inne/n von Sonderpädagogischen Zentren [SPZ]) zeigte sich, dass sich die meisten Vertreter/innen dieser Gruppe der selektiven Tendenzen im Wettbewerb der Profile bewusst sind (ähnlich bei Maroy & van Zanten in diesem Band). So sagte ein SPZ-Leiter ironisch verkürzend: *„Die Musik*[haupt]*schule holt sich nur die lieben braven Mädchen.“* (Zit. nach Soukup-Altrichter u.a. 2010, S. 18)

Manche wollen diese zentrifugalen Tendenzen, in denen jede Schule versucht, das Beste für sich herauszuholen, entgegenarbeiten. So sieht es ein Bezirksschulinspektor (BSI) als seine Aufgabe an, darauf zu achten, dass die Entwicklung nicht unter dem Ziel *„Ich suche mir nur die guten Schüler aus“* geschehe, sondern auch in die Richtung *„Ich mache mit der Population, für die ich zur Verfügung stehe, das Beste“* (zit. nach ebda., S. 12) gehe. Schulprofilierung müsse das Ziel haben, für die Kinder der Umgebung das Beste zu bieten. Ein Bezirksschulinspektor beobachtet *„Umschulungen von so genannten belasteten Sprengel*[n], *wo auch viele verhaltenauffällige oder auch ausländische Schüler/innen* [seien]*"*, zu Schwerpunktschulen hin, was zu einer Verstärkung der Restschulproblematik führe (ebda., S. 18). Ein anderer Bezirksschulinspektor reagiert weniger auf schulsystemische Implikationen, denn auf Auswirkungen für seinen engeren Organisationsbereich. Er will den Begriff „Konkurrenz" nur für den Wettbewerb zwischen Schulen seines Bezirks verwenden (den er negativ konnotiert), während für ihn die Abwerbung von Schüler/inne/n aus anderen Schulbezirken durch spezielle Schwerpunktklassen nicht unter dieses Konzept subsumierbar ist. *„Das heißt, die kämen so oder so nicht, wenn es die Schwerpunktklasse nicht gäbe, also ich sehe es nicht als Konkurrenz, nein."* (Zit. nach ebda., S. 8)

Andere Aufsichtsbeamte reihen Profilierungsbemühungen unter – eigentlich systemtypische, jetzt aber vielleicht klarer gemachte – *Kanalisierung von „verschieden begabten" Schüler/inne/n in die richtigen Schulangebote* ein (vgl. ebda.).

> *„Konkurrenz ist für mich wirklich dann gegeben, wenn ich wirklich um Kinder mit gleichen Begabungen konkurrieren würde.* [...] *Nachdem die mit den naturwissenschaftlichen Begabungen eher in den naturwissenschaftlichen Bereich gehen und dann sowieso nicht in diesen Musicalzweig, finde ich, das ist keine Konkurrenz, sondern einfach ein zusätzliches Bildungsangebot."* (Zit. nach ebda.)

Ähnlich argumentiert der Vertreter eines Musikschwerpunkts, der Profilierung als Instrument versteht, *„um kontinuierlich Schülerströme zu gewährleisten"* (zit. nach Soukup-Altrichter u.a. 2010, S. 20), die sich aus *„besonderen Schüler/inne/n"* zusammensetzen, nämlich solchen, die *„Musisch-Kreativem aufgeschlossen gegenüberstehen und Begabungen in dieser Richtung haben. Davon profitiert die ganze Schule."* (Zit. nach ebda.) Der Schwerpunkt in Musik verbessert die Rahmenbedingungen für den Gegenstand: Höheres Stundenkontingent ermöglicht kontinuierliches Arbeiten, *„die prinzipielle Bereitschaft, Musik, Musikerziehung, musikalische Betätigung als etwas Wichtiges zu erachten. Das ist in den Klassen von Vornherein wesentlich besser verankert.* [...] *Ein wertemäßiger Boden ist aufbereitet, der Musikunterricht und kreativen Unterricht als wertvoll hinstellt."* (Zit. nach ebda., S. 19)

Deutlich wird in diesen Argumentationen, dass das Konzept „verschiedener Begabung" in seiner Außendarstellung häufig zwischen „fachlicher Unterschiedlichkeit" und „leistungsbezogener Hierarchie" oszilliert, und dass auch dort, wo relativ reinen Herzens „fachliche Unterschiedlichkeit" gemeint ist – wie im schon zitierten Beispiel KRE/GY –, durchaus bewusst ist, dass diese oft mit stärkerer Leistungsfähigkeit und größerem Bildungsinteresse der Eltern einhergeht.

Der Schulübergang unter Bedingungen systemweiter Profilbildung kann nicht verstanden werden, wenn die Funktion von „Klassen“ für die Koordinierung von Übergangsprozessen nicht berücksichtigt wird. Wir hatten zuvor schon angeführt, dass die Mehrzahl der von uns untersuchten Schulen kein „einheitliches Schulprofil“, sondern mehrere Profilklassen nebeneinander aufwies. Auch in den Überlegungen dieses Abschnitts haben wir mehrmals auf Profilklassen Bezug genommen; im folgenden Abschnitt soll ein genauerer Blick auf ihre Funktion bei Übergangsprozessen geworfen werden.

3.4 Schulklassen, Differenzierung und Hierarchisierung

„Klassen“ sind ein traditionelles Strukturangebot des Schulsystems für interne Differenzierungen in Schulen. Neben ihrer Funktion zur Ordnung der Schüler/innen entsprechend Alter (vgl. Rauin 1987, S. 111) dienten Schulklassen früher auch zur Differenzierung bspw. von verschiedenen curricularen Schwerpunkten (z.B. altsprachliches vs. neusprachliches vs. Real-Gymnasium), von Jungen und Mädchen oder von katholischen und evangelischen Schüler/inne/n (vgl. von Friedeburg 1989, S. 282ff.). Im Rahmen von Profilbildungsprozessen bekommt diese Differenzierungsoption durch Klassenstrukturen aber eine neue Dynamik und eine partiell neue Bedeutung. Es sind nicht mehr zentrale, von außen an die Schule herangetragene gesellschaftliche Werte, die sich in unterschiedlichen, zentral verordneten Curricula niedergeschlagen haben, nach denen differenziert wird (Schulformen, Geschlecht oder Religion), sondern feinere curriculare Differenzierungen, die mit Blick auf vermutete Bedürfnisse von Schüler/inne/n und Eltern und/oder auf interne Potenziale des Kollegiums (partiell) selbst entworfen werden. Diese werden von den Befragten oft als spezielle schulische Mikrokosmen beschrieben, die sich von jenen der Nachbarklassen unterscheiden.

Am Ende der Unterstufe wird beispielsweise den Kindern aus der musisch-kreativen Klasse im Vergleich zu den anderen Schüler/inne/n eines Realgymnasiums (Fall KRE/GY) in Lehrerinterviews ein eindeutig überdurchschnittliches Leistungsniveau attestiert. Dieses wird von den Befragten übereinstimmend als Auswirkung der Eingangsselektion erklärt, die zusammen mit den für diesen Schwerpunkt typischen herausfordernden Projektaufgaben eine Leistungsdynamik in der Klasse erzeuge, in der sich begabte und engagierte Schüler/innen gegenseitig motivierten und sich das Leistungsniveau der Schüler-/innen in weiterer Folge *„von selber“* reguliere, wie die Eltervertreterin meint (zit. nach Ziebermayr & Altrichter 2010b, S. 171). Gegenüber einer solchen

„Aufwärtsspirale" berichten andere Schulen aber auch von „Abwärtsspiralen", etwa wenn sich in der als „HS Classic" bezeichneten „Restklasse" der Hauptschule INT/HS2 eine unverhältnismäßig große Anzahl leistungsschwacher Schüler/innen wieder findet (vgl. Soukup-Altrichter 2007, S. 133). Solche Effekte werden sehr wohl auch von den Schüler/inne/n wahrgenommen, wenn etwa eine Schülerin des positiv selegierten musisch-kreativen Zweiges für ihre Klasse positiv hervorhebt, *„dass es nicht so viele Schüler gibt, die die ganze Zeit irgendwie stören"* (zit. nach Ziebermayr & Altrichter 2010b, S. 173). In die gleiche Richtung zielt die Beobachtung einer Schülerin aus einer anderen Schule (SPR/GY), die sich ebenfalls mit einem Kulturschwerpunkt profiliert. Dieses Profil stelle zwar keine „unerreichbaren Ansprüche"; der zeitliche Aufwand für die Proben zu den profiltypischen Kulturveranstaltungen könne aber leistungsschwächere Schüler/innen in Probleme mit ihrem Zeitmanagement bringen: *„Für vielleicht die schwächeren Schüler* [waren die Proben dann irgendwann zu zeitaufwändig; d.V.], *also die, die Zeit vielleicht zum Lernen gebraucht hätten."* (Zit. nach Heinrich 2009, S. 52)

Die innerschulische Wahrnehmung der angebotenen Differenzierungen ist oft stärker über den „Leistungsaspekt" (i.S. guter schulischer Leistungen) definiert als über die Profilierungsinhalte und deren inhaltliche Passung auf Schülerfertigkeiten und -interessen. So merkt eine Lehrerin an: *„Die realistischen Klassen, oder die Kinder, die ins Realgymnasium gehen, sind oft Sprachflüchtlinge. Das heißt noch lange nicht, dass sie deswegen realistisch extrem begabt sind. Man fürchtet sich vor der Sprache."* (Zit. nach Heinrich 2009, S. 50)

Allerdings existieren auch Profilklassen, in denen die Klassenzusammensetzung gezielt von den Lehrer/inne/n vorgenommen wird. Die Beispiele betreffen wahrscheinlich nicht zufällig vorwiegend Klassen mit „Integrationsschwerpunkt", für die offenbar genügend fachlich-pädagogische Argumente vorliegen, um sich von der Dominanz des Selektionskriteriums „Leistungen qua Notendurchschnitt" und den Wünschen besonders aktiver Eltern unabhängig zu machen. Ein Lehrer einer Integrationsklasse (INT/HS1) weiß dazu zu berichten:

> *„Wir haben uns keine Noten usw. angeschaut, aber wir haben geschaut, dass die aus* [einer Landgemeinde an der Peripherie der Schulstadt] *bei uns sind. Die aus* [dieser Gemeinde] *haben wir ganz bewusst ausgewählt. Das ist eine Landgemeinde und da haben wir gute Erfahrungen damit gemacht, dass das ‚brauchbare, praktische' Kinder sind. Die sind in einer* [Integrations-]*Klasse immer gut und das sind sie auch. Das sind Landkinder, die gerne zupacken und mithelfen. Das bringt schon Vorteile. Aber von den Noten her haben wir nicht geschaut."* (Zit. nach Feyerer 2007a, S. 107f.)

Auch der Schulleiter dieser Schule legt Wert darauf, dass die Integrationsklassen kein *„Sammelsurium von schwachen Kindern und Hilfsbedürftigen"* (zit. nach ebda., S. 107f.) würden. Lehrkräfte anderer Schulen berichten ebenfalls vom Wunsch, dass Integrationsklassen heterogener besetzt werden sollten (vgl. Soukup-Altrichter 2007), damit man auch *„leistungsstärkere und sozial gefestigte Schüler/innen in den I-Klassen hätte"* (zit. nach Prammer-Semmler 2007, S. 56).

Versuche, durch Steuerungsmaßnahmen unausgewogene Klassenzusammensetzungen zu korrigieren, sind aber nicht immer erfolgreich, wie das Beispiel einer Hauptschule mit Kreativ-Schwerpunkt (SOL/HS) zeigt. Diese versuchte der Ungleichheit der verschiedenen Profilklassen durch die Auflösung des ungleichen Geschlechterverhältnisses gegenzusteuern; dennoch war nach Aussage der Schulleitung *„die* [Kreativ-]*Klasse leistungsfähiger, obwohl wir Burschen und Mädchen ausgeglichen haben – auch leichter lenkbar"* (zit. nach ebda., S. 35). Konterkarierend zum intendierten Ausgleichseffekt mag hier gewirkt haben, dass ausgleichende Steuerungsmaßnahmen nur in Hinblick auf das Merkmal Geschlechterverteilung gesetzt wurden. Dagegen wurden weiterhin sowohl die Eingangsselektion durch einen Begabungstest für die Kreativklasse als auch die – auch in anderen Hauptschulen beobachtbare – Praxis beibehalten, dass Schüler/innen, die eine Klasse wiederholen müssen, ebenso wie jene, die während des Schuljahres „quer einsteigen", eher der Regelklasse zugewiesen werden, wo dann eine Negativselektion in Hinblick auf Leistungsfähigkeit, Schulfreude, Bildungsaspirationen und mitgebrachtes Bildungskapital kumuliert.

Schulautonomie und Profilbildung sollen – so die bildungspolitische Idee – zu einer Differenzierung der schulischen Angebote in „Responsivität" gegenüber lokalen Schüler- und Elternbedürfnissen und unter Nutzung lokaler Ressourcen führen. Unter den Bedingungen der österreichischen Schulautonomiegesetzgebung wurde Profilbildung häufiger als „Klassenprofilierung" interpretiert denn als Entwicklung eines schulweiten Profils. Die intendierte *Differenzierung der Angebote* führt auch *innerhalb* der von uns untersuchten Schulen zu einer *Hierarchisierung der Profilklassen.*

An einem der Gymnasien (SPR/GY) firmiert die Kulturklasse als *„ganz besondere Klasse"* (Heinrich 2009, S. 50). Am Gymnasium KRE/GY ist die „musisch-kreative Klasse" das Zugpferd, während in SOL/GY die „Projektklasse Neue Lernkultur" mehr Anmeldungen bringt als die Klasse „Lebendige Sprache" und die „Chorklasse". Und auch von den Hauptschulen mit Klassenprofilierung wird von einer schulinternen Hierarchisierung der Klassen berichtet, wenn etwa ein Schulleiter von SPR/HS formuliert: *„Die Sprachenklasse ist zu einer Elite-*

klasse geworden und die anderen waren der Rest.“ (Zit. nach Prexl-Krausz & Gierlinger 2007, S. 72) An der Schule SOL/HS bringt die „Kreativitäts-Klasse“ mehr „gute Schüler/innen“; an INT/HS2 steht der Sportzweig“ über der „Integrationsklasse“ und diese wiederum über der „HS Classic“. An den IKT-Schulen stechen die Informatikklassen in der internen und externen Wahrnehmung hervor; die einzige Ausnahme ist vielleicht die von Feyerer & Leidlmayer (2005) beschriebene Handelsakademie, die eine große Zahl von sechs Profilschwerpunkten anbietet, zwischen denen für uns keine eindeutige Hierarchie erkennbar ist.

Diese Hierarchisierung ergibt sich aus der unterschiedlichen Nachfrage nach verschiedenen Profilklassen. Auf erfolgreiche Profile kann eine Schule aus Gründen der Sicherung des Standortes in seiner bisherigen Größe nicht verzichten. Ursprüngliche Kritik an dem spezifischen Profil wird leiser (z.B. in SOL/GY; vgl. Altrichter 2010c). Den Profilklassen werden einigermaßen gesicherte (z.B. in SOL/GY; vgl. Altrichter 2010c) oder sogar privilegierte Arbeitsbedingungen zugestanden. Letzteres kann – wie im Fall KRE/GY (vgl. Ziebermayer & Altrichter 2010b) – zu Protesten von Lehrergruppen führen, die nicht in diese Profilschwerpunkte involviert sind. Kritik darf aber nicht überzogen werden, weil die Bedeutung konkurrenzfähiger Profile den meisten Protagonist/inn/en klar ist.

Besonders an den Gymnasien wird deutlich, dass *besonders attraktive Profilklassen zur Gewinnung von Schüler/inne/n für die ganze Schule dienen.* An einem Gymnasium wird pro Jahrgang das attraktivste Profil, die Kulturklasse, nur einmal angeboten, weil, so die Vorgabe der Schulleitung, die außerschulischen Aktivitäten zweier Kulturklassen pro Jahrgang das Kollegium überfordern würden (vgl. Heinrich 2009; S. 51; vgl. eine ähnliche Argumentation in Altrichter 2010c). Da es nun aber Kinder gibt, die keine Aufnahme in der einen Kulturklasse finden, weil sie in dem „Aufnahmeworkshop“ zu wenig Punkte erzielt haben, werden diese entsprechend ihrem Zweitwunsch zugeteilt, wie die Schulleiterin erläutert: *„Das heißt, sie schreiben schon bei der Anmeldung auf, und das sind meistens Sprachenkinder und die sind dann automatisch in der Sprachenklasse.“* (Zit. nach Heinrich 2009, S. 51)

So ist – vermittelt über das Auswahlverfahren zur Kulturklasse – ein Modus gefunden, die Sprachenklasse zu sichern. Gleiches berichtet der Schulleiter eines anderen Gymnasiums (KRE/GY): Schüler/innen, die nach dem Aufnahmeverfahren nicht im begehrten musisch-kreativen Zweig akzeptiert würden, blieben üblicherweise der Schule erhalten und besuchten den „normalen“ naturwissenschaftlichen Zug des Realgymnasiums: *„Und manche, ganz wenige, probieren dann an irgendeiner anderen Schule unterzukommen. Aber es sind nicht viele.“* (Zit. nach Ziebermayr & Altrichter 2010b, S. 163f.) Der Fall erscheint besonders aufschlussreich, als angenommen werden kann, dass die meisten Bewerber-/innen, die sich besonders für das „musisch-kreative Profil“ interessiert hatten, kein pointiertes Zweitinteresse an einer naturwissenschaftlichen Schwerpunktsetzung haben. Die dennoch geringe Anzahl der Wechsler/innen erklärt sich aus dem *Mix von kompetitiven und administrativen Prinzipien*, die das Aufnahmeverfahren charakterisieren: Der einfache Wechsel an eine andere Schule *nach* nicht-erfolgreichem Aufnahmeverfahren in das Wunschprofil wird durch die – in diesem Bundesland geltenden – administrativen Regelungen erschwert und erfordert einen gewissen Kraftaufwand der Eltern und Durchsetzungsvermögen gegenüber der Schulverwaltung. Gerade dies wird aber wahrscheinlich in vielen Fällen dadurch entmutigt, dass man sich zuvor einem kompetitiven Aufnahmeverfahren unterworfen hatte. Wer gegen die administrativen Beschränkungen des Schulwechsels, gegen deren Rationalität sich einiges vorbringen ließe, protestieren wollte, erwiese sich als schlechter Verlierer in einem Verfahren, das ursprünglich (bevor es die ungünstigen Resultate erbracht hatte) akzeptiert worden war. Insofern ist nicht nur an diesem Gymnasium die begehrteste Profilklasse eine Rekrutierungsressource für die gesamte Unterstufe.

Der eben beschriebene Mechanismus ist in den von uns untersuchten Hauptschulen in dieser Form nicht so deutlich zu erkennen. Im Fall SOL/HS trägt die Kreativ-Klasse wohl zu einem verbessertem Image des ganzen Standortes bei, ohne dass in direkter Weise „überzählige“ Anmeldungen in andere Profilklassen umgeleitet würden (vgl. Prammer-Semmler 2007, S. 34). Die attraktivsten Profilklassen der leistungsfähigsten Landhauptschulen scheinen dagegen direkter mit dem regionalen Gymnasium zu konkurrieren: Manche jener Schüler/innen, die z.B. in die „Sportklasse“ der Schule INT/HS 2 aufgrund von Platzbeschränkungen nicht aufgenommen werden, entscheiden sich dann doch für das örtliche Gymnasium.

Die Hierarchie der Attraktivität der Profilklassen *korreliert meist mit einer Hierarchie der Leistung und der sozialen Herkunft ihrer Schüler/innen.* Die in Abschnitt 3.3 beschriebenen Auswahlprozeduren führen dazu, dass in den attraktivsten Profilen die leistungsfähigsten Schüler/innen sitzen, die auch für die spezifischen Anforderungen des Profils „belastbarer“ sind (vgl. Ziebermayr & Altrichter 2010b, S. 163). Die Auswahl führt auch dazu, dass die attraktivsten Klassen in der Regel auch von Schüler/inne/n aus sozio-ökonomisch besser gestellten Elternhäusern besucht werden. Dies muss nicht einmal allein mit den oft erhöhten Kosten für spezifische Profilklassen (z.B. PC, Sprachaufenthalte im Ausland, Kostüme für Musicalaufführungen etc.) zusammenhängen. Dem Eindruck, dass finanzielle Beschränkungen ein Segregationsmerkmal sein könnten, versuchen die meisten Schulen mit Sonderregelungen oder Sonderfinanzierungen entgegenzutreten (vgl. Feyerer & Leidlmayer 2005, S. 85; Altrichter u.a. 2005b,

S. 104). Vielmehr sind die Auswahlergebnisse in den Profilklassen wohl zuallererst damit zu erklären, dass engagierte Eltern mit spezifischen Bildungsaspirationen eher passende und attraktive Profilklassen suchen und entdecken. Für die Bewährung in den Aufnahmeprozeduren sind dann oft neben allgemeiner Leistungsfähigkeit spezifische Kompetenzen (wie z.B. PC-Skills, Musik, Kunst, Sprachen, soziale Umgangsformen) nützlich, die eher in relativ saturierten und bildungsinteressierten Elternhäusern gepflegt werden (vgl. die Lehreraussage in Ziebermayr & Altrichter 2010c, S. 163).

Trotz der vielfachen organisatorischen Spielarten von Klassenzusammensetzungen und Steuerungsversuchen zur Kanalisierung von Schülerströmen verfestigt sich insgesamt der Eindruck, dass das Strukturangebot der schulinternen Differenzierung qua Klassenaufteilung vornehmlich zu einer leistungsorientierten Differenzierung genutzt wird: Diese Aussage trifft auf die von uns untersuchten Fälle von „Klassenprofilierungen" zu – allerdings mit zwei bzw. drei Ausnahmen: In der „Integrationsklasse" der Schule INT/HS2 wird – solange dies möglich ist – auf Leistungsheterogenität, die als Bedingung der Möglichkeit anspruchsvollen pädagogischen Arbeitens angesehen wird, achtgegeben (vgl. Soukup-Altrichter 2007, S. 157). Im Gymnasium SOL/GY finden für die „Projektklasse Neue Lernkultur" keine leistungsorientierten Auswahlverfahren statt; vielmehr werden offenbar bewusst auch Kinder, die besonderer sozialer Förderung bedürfen, akzeptiert: Die Klasse nimmt ein „schwieriges Mädchen" (mit sehr engagierten Eltern) auf und führt sie bis zur Matura (vgl. Altrichter 2010c). Für die Hauptschule mit Sprachenschwerpunkt (SPR/HS) war die effektive Leistungsdifferenzierung zwischen Profil- und Normalklassen ein Grund, sich vom Konzept der „Klassenprofilierung" wieder zu verabschieden und zu einer „Schulprofilierung" mit gleichen Konzeptmerkmalen für alle Parallelklassen überzugehen.

Sind die beschriebenen Hierarchisierungsformen bei der Klassenprofilierung als pädagogisches Problem einzuschätzen? Sie wären es wohl, wenn durch Klassenprofilierung Lernchancen ungleicher als bisher auf bestimmte Schülergruppen verteilt würden. Besonders in Hauptschulen steht am unteren Ende der Profilhierarchie eine „Normalform" ohne spezifische Schwerpunktsetzung, die im internen Sprachgebrauch nicht selten als „Restklasse" bezeichnet wird, deren prekärer Status aber oft durch spezifische Sprachregelungen abgemildert nach außen kommuniziert werden soll. So erscheint der Versuch, alle drei Profiltypen der Schule (Integrationsklassen, Sportschwerpunkt und Regelklassen) gleichwertig nebeneinander zu stellen und die „normalen Hauptschulklassen" durch die Bezeichnung „HS-Classic" aufzuwerten, nicht einmal dem Schulleiter dieser Schule sehr überzeugend: *„Wir vermeiden auch den Begriff normale Hauptschule. Wir sprechen von Regelklasse oder HS Classic. Die üblichen Etiketten-*

schummeleien muss man halt machen." (Zit. nach Soukup-Altrichter 2007, S. 158)

Verschiedene Interviewäußerungen lassen vermuten, dass in den „hierarchisch-niedrigen" Profilklassen, in nicht-profilierten Klassen, besonders aber in jenen, die als „Restklassen" etikettiert sind, häufiger Probleme mit ökologischer und pädagogischer Qualität auftreten. Wir gehen diesen Hinweisen an dieser Stelle nicht nach, weil die Beiträge von Specht und Eder (in diesem Band) dazu umfangreicheres Material auch aus Schülersicht enthalten.

Gelingt die Kanalisierung der Schülerströme in die eigenen Profilklassen nur „suboptimal", entstehen „Mischklassen", wie am Beispiel des Gymnasiums SPR/GY deutlich wird, an dem neben der Trias von Lingua-, Kultur- und Realklassen die M-Klassen, d.h. die Mischklassen, als vierte Form einen Sonderstatus haben. In diesen Mischklassen finden sich Kinder aus dem Realzweig und dem Linguazweig. Auf Grund der nicht prognostizierbaren Anmeldezahlen bzw. der an der Schule gewählten organisatorischen Rahmenbedingungen entstehen in den Anmeldeverfahren als *„so genannte Überzählige"* (zit. nach Heinrich 2009, S. 51) bezeichnete Schüler/innen. Ihre Zahl ist zu niedrig, um sie in einer eigenen Klasse des Wunschprofils zusammenzufassen; sie ist aber zu hoch und für die Absicherung der Standortgröße zu notwendig, als dass sie abgewiesen werden könnten. Die Schüler/innen solcher Mischklassen werden in den schwerpunktbildenden Fächern jeweils aus dem Klassenverband genommen und gemeinsam mit den Kindern aus den Schwerpunktklassen unterrichtet. Auf die Frage, ob die Mischklasse als „Restklasse" wahrgenommen werde, wehrt die Schulleiterin ab (vgl. Heinrich 2009, S. 51), während eine Lehrerin der Schule dies skeptischer beurteilt. Sie sieht für die Kinder der Mischklassen ein Integrationsproblem. Wenn von der „Lingua-Klasse" gesprochen werde, dann seien die „Linguakinder" der Mischklasse nicht automatisch mitgemeint, obgleich sie – qua Schwerpunktunterricht – als Linguaschüler/innen gelten müssten.

Damit verweist die Lehrerin auf zwei – in diesem Fall: konkurrierende – *Orientierungsprinzipien* für Lehrer/innen und Schüler/innen in einer derart profilierten Schule: *Stammklasse vs. Profilschwerpunkt.* Nach ihrer Einschätzung ist die über den Klassenverband gestiftete Identität innerorganisatorisch wirksamer als die Orientierung an der Schwerpunktbildung: Die Schüler/innen der Mischklasse finden ihre „soziale Heimat" eher in der Stammklasse; die lebensweltliche Verankerung des Sprachenschwerpunktes ist schwächer. Die Lehrerin generalisiert diesen Tatbestand an anderer Stelle in einer Weise, die deutlich macht, dass aus der Profilierungsdynamik ein Negativeffekt für die Mischklassen entstehen kann. Während an Schulen ohne Schwerpunktbildung wie selbstverständlich angenommen und wahrgenommen wird, dass jede Klasse irgendwie ihr eigenes Profil entwickelt, scheint die Mischklasse innerhalb einer profilierten Schule demgegenüber benachteiligt, da ihr das gemeinsame Profilierungsmerkmal, das an einer „profilierten Schule" identitätsstiftend sein soll, fehlt: *„Und eine Klasse mit so einer Mischung kann sich ja nie so profilieren, die wächst ja nie so zusammen, wie eine Klasse, wo ich zum Beispiel nur L-Leute oder nur R-Leute drinnen habe."* (Zit. nach Heinrich 2009, S. 61)

Wir fassen die Überlegungen der Abschnitte 2.3 und 2.4 zusammen: Selektion beim Schulübergang ist kein neues Phänomen. Die Entscheidung über die selektive Schulstruktur der Sekundarschule war jedoch traditionell außerhalb des Handlungsraumes einzelner Lehrpersonen und Schulleitungen, deren Aufgabe eben darin bestand, sie durch Differenzierungsentscheidungen innerhalb der vorgegebenen Schulorganisation und Leistungsbeurteilung zu administrieren und umzusetzen. Auch selektive Schulprofile in den Städten hatten sich langfristig als „historisch bedingte Schultraditionen" entwickelt, ohne dass die Mehrzahl der einzelnen Lehrkräfte für deren Entwicklung (vielleicht aber für deren Aufrechterhaltung) Verantwortung übernehmen musste. Demgegenüber sind nun Lehrer/innen aufgefordert, als aktive Akteure in den kürzeren Zeiträumen der „Schulentwicklung" kompetitive Profile zu erzeugen und so selbst zu einer forcierten Differenzierung im Schulsystem beizutragen, die die Schülerströme auf z.T. neue Weise in Lernoptionen und Bildungschancen kanalisiert.

Bei dem früher zitierten Schulleiter existiert offenbar ein „schlechtes pädagogisches Gewissen" aufgrund forcierter Selektivität, das sich aber vor dem Richterstuhl einer ökonomischen Vernunft so weit beruhigen lässt, dass *„Etikettenschummeleien"* zu *„üblichen Etikettenschummeleien"* (zit. nach Soukup-Altrichter 2007, S. 158), d.h. zu einem Kavaliersdelikt, werden. Insgesamt scheint die durch die Autonomie-Politik stimulierte Entwicklung zu einem Sinken der Sensibilität gegenüber den Problemen von schulischer Selektion und ihren soziokulturellen *biases* beizutragen. Sie tut dies, indem sie „Selektion" primär als Erfolgskriterium von Schulen in den Blick nimmt und dadurch die Aufmerksamkeit von ihrer Wirkung auf die selegierten Schüler/innen weglenkt. Im Einzelnen tragen folgende Mechanismen zu der beschrieben Entwicklung bei:

- Schulen werden zu differenzieller Entwicklung stimuliert.
- Diese sieht ihren Erfolg in einer – verglichen mit anderen Schulen – hohen Zahl von Bewerber/inne/n. Darüber hinaus gilt als „besonderer Erfolg", wenn viele besonders „qualifizierte" Schüler/innen gewonnen werden können, mit denen Lehrkräfte lieber arbeiten (vgl. Heinrich 2009, S. 55).
- Die in dieser Situation meist gewählte Strategie der Profilierung, die sich als „responsiv" gegenüber unterschiedlichen Schülerinteressen versteht, mas-

kiert Auswahlprozesse als fachlich-interessenspezifisch, obwohl sie auch – wie einem Teil der Lehrpersonen durchaus bewusst ist – mit allgemeiner Schulleistung und sozialer Herkunft korrelieren und unterschiedliche Lernangebote und Entwicklungschancen eröffnen.

- Die Strategie der interessenspezifischen Profilierung ordnet verschiedene Profile als gleichwertig nebeneinander an, obwohl häufig – und den Lehrpersonen meist voll bewusst – eine „Hierarchie der Wertschätzung" zwischen verschiedenen Profilen besteht. Diese Hierarchie der Wertschätzung ist sowohl zwischen Schulen als auch innerhalb von Schulen in Hinblick auf unterschiedlich profilierte Klassen zu beobachten.

3.5 Lehrerautonomie und Schulprofilierung

Nach Lortie (vgl. 1975/2002) liegt in einer individualistisch interpretierten Handlungsautonomie eine der zentralen Ingredienzien des traditionellen Berufsbewusstseins von Lehrer/inne/n. Der Lehrberuf ist mit starker Ungewissheit über beruflichen Erfolg befrachtet. Eine Möglichkeit, mit dieser beruflichen Unsicherheit produktiv umzugehen, bestünde darin, sich mit Kolleg/inn/en sowie mit den Klient/inn/en (Eltern, Schüler/inne/n, Kommune) über berufliche Normen zu verständigen und Selbstevaluationen einzuholen. Historisch wurde jedoch eine andere Strategie dominant, die diese Unsicherheit berufskulturell bannen sollte, das so genannte *Autonomie-Paritäts-Muster* (vgl. Lortie 1972), das durch zwei informelle Normen charakterisiert ist: „1. Kein Erwachsener soll in den Unterricht des Lehrers eingreifen [i.e. Autonomie; d. Verf.]. 2. Lehrer sollen als gleichberechtigt betrachtet und behandelt werden [i.e. Parität; d. Verf.]." (Sertl u.a. 2001, S. 66) Unterschiedliche Qualifikationen und unterschiedlicher Einsatz können demnach vielleicht auf informeller Ebene thematisiert werden, dürfen aber auf der formellen Ebene keine Rolle spielen. Schulprofilierung torpediert diesen Mechanismus, indem sie Differenz zwischen den Lehrkräften herstellt, da durch die Profilierungsprozesse einige Kolleg/inn/en – sei es qua besonders nachgefragter Qualifikation oder sei es durch besonderes Engagement – eine besondere Stellung innerhalb der Schule gewinnen, sodass das Paritätsgebot verletzt wird. Ebenso stellt die „Autonomiepolitik" das Autonomie-Paritäts-Musters in Frage, wenn Schulprofilierungsprozesse als organisational gerahmte Aktivitäten der – eben freiwilligen oder auch unfreiwilligen – Mitwirkung aller Lehrpersonen bedürfen. Aus Profilierungsprozessen entstehen für die Einzelschule nicht selten „Sachzwänge" (etwa durch die Notwendigkeit, bestimmte Lehrkräfte in Profilklassen einzusetzen), die sich wiederum in Beschränkungen der Handlungsautonomie für einzelne Lehrkräfte niederschlagen können. Das Koordinationsprinzip „Schulprofilierung" untergräbt damit tendenziell das andere „traditionelle Koordinationsprinzip" innerschulischer Transaktionen – nämlich das Autonomie-Paritäts-Muster. Insofern erwarten wir Konflikte zwischen diesen beiden Regelungsmustern und suchen nach Strategien, wie dieser (potenzielle oder aktuelle) Konflikt zwischen unterschiedlichen innerschulischen Koordinationsvorstellungen bearbeitet wird.

Ein einziger Schulleiter spricht diesen Konflikt direkt an: Er versteht sich als offensiver Schulentwickler und bricht in seiner Steuerungsvorstellung mit dem Autonomie-Paritäts-Muster: *„Ich bin ganz radikal gegen den Mythos der Gleichheit – das ist von mir bekannt. Ich möchte wirklich, dass Lehrerinnen und Lehrer, Direktorinnen und Direktoren usw. für unterschiedliche Arbeit unterschiedlich bezahlt werden."* (Zit. nach Huber & Pichler 2005, S. 56) An den anderen Schulen wird der Widerspruch zwischen den konfligierenden Steuerungsprinzipien an den Konflikten im Laufe der Profilierungsprozesse deutlich sowie an den Versuchen, sie zu lösen oder gar nicht aufkommen zu lassen.

Ein an allen untersuchten Schulen – wenngleich auch in unterschiedlicher Deutlichkeit – zu beobachtendes Phänomen besteht darin, dass zur Implementierung von schulprofilierungsbezogenen Maßnahmen auf die latent darin angelegte Verletzung individualistischer Lehrerautonomie mit dem *Prinzip der Freiwilligkeit der Teilnahme an den schwerpunktbezogenen Aktivitäten* geantwortet wird, das wir schon in früheren Studien über Schulentwicklungsprozesse als Strategie zur Befriedung innerschulischer Konflikte kennengelernt haben (vgl. Altrichter & Posch 1999). Das Prinzip „Lehrerfreiwilligkeit" kann sehr absolut interpretiert werden, so etwa, wenn Lehrkräften die Mitarbeit in Integrationsklassen freigestellt wird, obgleich sie gesetzlich dazu verpflichtet wären (vgl. Soukup-Altrichter 2007, S. 148). Schulleitungen und Kolleg/inn/en wissen aber, dass hier Druck auszuüben nur bedeuten würde, Spannungen und Überforderungen zu erzeugen, und vermittelt darüber Unmut in den Schwerpunkt diffundieren würde. Die Schulleitungen gehen hier vielfach sehr behutsam vor und werben eher für die Schwerpunkte, als dass sie die Beteiligung in hierarchischem Gestus einforderten. Selbst Schulleitungen, die persönliche Vorteile von einer aktiven Schwerpunktarbeit erwarten können (die in österreichischen Hauptschulen mit einer gewissen Schulgröße zusammenhängen; vgl. Feyerer 2007a, S. 105) setzen auf Freiwilligkeit und „Verhandlungsstrategien" im Wissen darum, dass Strategien der hierarchischen Handlungskoordination leicht ins Leere laufen können (vgl. Heinrich 2007a). Schulprofilierungsprozesse sind damit durch verschiedene Spielarten des Lavierens zwischen Zumutung von Aufgaben und Bewahrung von Freiräumen (vgl. Feyerer 2007a, S. 124) bzw. durch die Suche nach einer in der Schule akzeptierten „Balance zwischen Freiwilligkeit und Bindung" (Altrichter u.a. 2005b, S. 121) charakterisierbar, wie auch das nachfolgende Zitat zeigt, in dem eine Lehrerin von einer Abstimmung über die Weiterführung ihrer Profilarbeit in einer Konferenz berichtet:

> *„Ja, und das war beinhart* […]. *Wir haben* [durch die Abstimmung] *das Pouvoir gehabt, wir dürfen das machen, solange die anderen das nicht müssen. Gut, haben wir gesagt: ‚Das* [Projekt] *geht sich aus mit unseren Teams* [mit den Mitgliedern der Planungsgruppe]. *‘ Das war das erste* [Ergebnis der Abstimmung] *und das zweite, dass wir dann wirklich Rahmenbedingungen haben durften.“* (Zit. nach Altrichter 2010c, S. 28)

Im Gegensatz zur internen Stimmigkeit der kleinen Entwicklungsgruppe, die das Profil „Neue Lernkultur“ im Gymnasium SOL/GY ersonnen und entwickelt hatte, wurde die Vorbereitungsphase der Schwerpunktbildung im Forum des gesamten Kollegiums als „Kampf“ erlebt. Durch die genannte Abstimmung in der Lehrerkonferenz, deren Ergebnis die „Balancierung zwischen Freiwilligkeit und Bindung“ formal festschreibt, konnte der Schwerpunkt weiterarbeiten und in eine „Institutionalisierungsphase“ überführt werden. Diese Regelung ist allerdings nur auf das Gesamtsystem bezogen eine „Balance“, da sie das Strukturproblem gleichsam arbeitsteilig löst: Die Projektbetreiber/innen erhalten die Freiheit, ihr Konzept der Projektklassen zu realisieren, solange die Autonomie der anderen Lehrer/innen nicht verletzt wird, d.h. sie nicht zum Unterricht in diesen Klassen gezwungen werden. Der Mechanismus der „Lehrerfreiwilligkeit“ wird durch diese Form der Bearbeitung des Regelungskonflikts zwischen Profilierung und Lehrerautonomie eng mit einem zweiten verbunden, den man *„protection and containment“* nennen könnte. Die Zusicherung von „Freiwilligkeit“ sichert der Neuerung zunächst einmal einen relativ geschützten Entwicklungsraum, in dem sie sich eine Zeit lang entfalten kann. Geschützte Entwicklungsbedingungen und ein Zeitraum der „Proliferation“ sind für soziale Neuerungen (genauso wie für neue wissenschaftlichen Theorien, wie Lakatos [1974] argumentiert hat) wichtig, weil diese – eben als Zeichen ihrer Neuheit – noch eine Reihe interner Schwierigkeiten aufweisen, die erst nach und nach behoben werden können. Zudem passen sie oft mit den bestehenden Rahmenbedingungen der Arbeit schlechter zusammen als die traditionellen Arbeitsmuster, die sie ersetzen wollen. Insofern wäre es unfair, sie von Anfang an mit existierenden Praktiken zu vergleichen. Andererseits *begrenzt* das, was zunächst sinnvoller Schutz ist, die weiteren Entwicklungsmöglichkeiten einer Innovation, wenn sie sich nach und nach entfaltet und Potenzial für Anwendungsgebiete zeigt, die über die zuvor ausgemachten „Schutz-Grenzen“ hinausweisen. Hier sind dann in der Folge Transformationskonflikte zu erwarten.

Das Argument der „Lehrerfreiwilligkeit“ wird in der eben zitierten Studie interessanterweise sowohl von Projektskeptiker/inne/n als auch von Befürworter-

/inne/n verwendet. Während es die ersteren davor schützt, sich auf ungeliebte Unterrichtsformen einstellen zu müssen, gewährt es den letzteren nicht nur einen gewissen Spielraum in der Entwicklungsphase, sondern *schützt auch den Qualitätsanspruch des Projekts:* Unwillige und unqualifizierte Kolleg/inn/en können nicht – z.B. von der Schulleitung – zur Mitarbeit in einem erfolgreichen Schwerpunkt verpflichtet werden, die diese dann vielleicht in einer Art und Weise erledigen würden, die den Qualitätskriterien und Ansprüchen der Projektproponent/inn/en nicht mehr entspräche. In letzter Konsequenz *verhindert* der Grundsatz der „Lehrerfreiwilligkeit" aber auch die *Ausdehnung* der Projektklasse auf alle vier Klassen der Unterstufe, obwohl diese ursprünglich geplant war, offenbar auch häufiger von Eltern und Schüler/inne/n gewünscht wurde und angesichts der Probleme der Schule, eine genügend große Schülerzahl für den Übergang in die Oberstufe zu halten, eine nicht gerade abwegige Lösung wäre (vgl. Altrichter 2010c, S. 82f.).

Wir haben in den elf Fallstudien unterschiedliche Formen von Transformationskonflikten gefunden, die hier nicht alle dargestellt werden können. Exemplarisch werden daher einige Situationen herausgegriffen, in denen deutlich die beiden Regelungsprinzipien „Schulprofilierung" einerseits und „Lehrerautonomie im Sinne des Autonomie-Paritäts-Musters" andererseits aufeinander treffen.

Naheliegend sind Konflikte dann, wenn eine Schwerpunktbildung „top-down" verordnet wird. So wurde – in der Wahrnehmung eines Lehrers – in Schule INT/HS2 auf einer Konferenz das Integrationskonzept von der Behörde „hochgelobt" und große Unterstützung bei seiner Umsetzung als Schulprofil versprochen, dabei wurden aber Fragen und Bedenken von Lehrer/inne/n missachtet: *„Integration muss [...] sein! Alle Lehrer müssen freiwillig mitmachen."* (Zit. nach Soukup-Altrichter 2007, S. 148) Wenn trotz massiver Proteste Integrationsklassen eingeführt werden, dann sind aufwändige Befriedungsstrategien notwendig (hier bspw. Übernahme von Lehrer/inne/n an die Schule, die die „Integrations-Kinder" schon in der Volksschule unterrichtet hatten). Die Durchsetzung des Integrationsprofils, das an dieser Schule durchaus erfolgreich in der Attrahierung von Anmeldungen war, ist mit der Gewinnung neuer, dem Profil in ihren Kompetenzen und Einstellungen verbundenen Lehrkräften und einer gewissen Separierung des Kollegiums in unterschiedliche Gruppen verbunden.

Bemerkenswerterweise gibt es aber nicht nur Situationen der traditionellen „top-down"-Dynamik, die Konfliktpotenzial bergen, sondern auch Differenzen in der „Schwerpunkteuphorie" innerhalb des Kollegiums, wie eine Gymnasiallehrerin berichtet:

> *„[…] da haben wir uns zusammengesetzt und da hat es geheißen: ‚So und wir entwickeln ein neues Schulprofil.' Und innerhalb einer Stunde waren drei Ideen da und innerhalb von einer Stunde haben wir gesagt: ‚Ja, und die drei Ideen verfolgen wir.' Wobei schon in der ersten Stunde Kritiker da waren, die über die Umsetzbarkeit dieses Projektes gesprochen haben, diese Kritiker aber überhaupt nicht gehört wurden. Überhaupt nicht."* (Zit. nach Heinrich 2009, S. 79)

Paradoxerweise scheint es im Nachhinein auch gerade die Motiviertheit vieler Kolleg/inn/en gewesen zu sein, die retrospektiv als eine unproduktive Euphorie erscheint, da sie die kritischen Stimmen verstummen ließ: *„Und es war nicht nur die Administration dagegen, es waren auch noch drei, vier andere Lehrer auch dagegen, aber die sind eigentlich nicht gehört worden. Oder man durfte eigentlich auch seine Kritik nicht äußern, das war auch typisch für diese Zeit."* (Zit. nach ebda., S. 79) Eine – selbst wiederum tabuisierte – Gruppendynamik führte so zu einer unproduktiven, da sich selbst gegenüber kritischen Einwänden immunisierenden Kommunikationskultur:

> *„Es sind sehr viele Lehrer sehr euphorisch gewesen, es war natürlich auch die Leitung der Schule sehr euphorisch und da war es wirklich fast, unter Anführungszeichen, ‚Selbstmord', wenn man da etwas dagegen gesagt hat. Es war eigentlich eine gute Zeit, so eine Aufbruchsstimmung, aber in dieser Aufbruchsstimmung wurde zu viel aufgebrochen. Man hätte nicht so viel aufbrechen dürfen, die Schule ist gut gelaufen vorher."* (Zit. nach ebda., S. 79)

Rhetorisch überzeugend spielt die Lehrerin hier mit der Doppeldeutigkeit des Topos vom „Aufbrechen". Während sich Schulentwickler/innen zumeist über eine Aufbruchsstimmung innerhalb eines Kollegiums sehr freuen, da sie das große Potenzial für eine nachhaltige Entwicklung sehen, verweisen die Erfahrungen an dieser Schule darauf, dass gerade in solchen Konstellationen sehr genau zu überlegen ist, welche weiteren Entwicklungen sich gleichsam „spieltheoretisch" denken lassen. Innerhalb solcher Stimmungslagen können sich neue Formen der Handlungskoordination und der Akteurskonstellationen einspielen, die dann à la longue unproduktiv werden. Im genannten Fall wurden die Kritiker/innen als bremsende Bedenkenträger/innen etikettiert, auch wenn sie – wie sich später zeigen sollte – durchaus gute Argumente und die Expertise der Administrator/inn/en auf ihrer Seite hatten. Angesichts dieses Labeling der Bedenkenträger/innen und der damit verbundenen geradezu automatisierten Abwehr der administrativen Einwände, musste erst ein Einschnitt von außen, der in der Logik der „Schulprofilierung" als aussagekräftig gilt, als Impuls wirksam werden, um die Stimmung im Kollegium kippen zu lassen: massiv sinkende Anmeldezahlen! Als sich die erwünschten „Wettbewerbseffekte nach außen" nicht einstellten, erodierte die Anhängerschaft jener, die Profilierung als Problemlösung ansahen. Das Kollegium war gleichsam auf die nahe liegenden Sorgen zurückgeworfen – mit der Folge einer vermehrten innerschulischen Konkurrenz zwischen den existierenden Schwerpunkten um die dann noch verbleibende Schülerklientel.

Eine spezifische „Bearbeitungsform" des Strukturkonflikts zwischen Schulprofilierung und Autonomie-Paritäts-Muster wird auch in der „Personalführung" einer Schulleiterin deutlich: *„Das Engagement wirkt sich natürlich aus, das ist ganz klar, [...] weil es natürlich immer noch so ist, dass die Kinder wegen der und für die Lehrer lernen und wenn es engagierte Lehrer gibt, dann ist es egal, in welche Klasse ich gehe, dann kann ich immer faszinieren."* (Zit. nach ebda., S. 78) Der ansonsten stark durch organisationstheoretische Erwägungen geschulte Blick der Direktorin richtet sich damit in einer Situation, in der die durch strukturell-organisatorische Veränderungen operierende Schulprofilierung in Kritik gerät, in der Funktion eines Entlastungsarguments wieder auf ein eher diffus umschriebenes Professionsethos. Während ansonsten von ihr die durch schulentwicklerische Aktivität evozierte Schwerpunktbildung und Differenzierung als positive Merkmale hervorgehoben werden, muss hier ein allgemeines Professionsethos (*„dann ist es egal, in welche Klasse ich gehe, dann kann ich immer faszinieren"*, s.o.) den schultheoretisch von Lortie (1972) beschriebenen symbolischen Zustand der prinzipiellen Gleichwertigkeit der pädagogischen Arbeit in der Schule herstellen. Die faktische Differenz kann dann nicht mehr der Organisationsform zugerechnet werden, sondern wird zurückdelegiert an die einzelne Lehrkraft: Wenn sie nur engagierter wäre, könnte sie auch wieder „faszinierenden" Unterricht halten. Bemerkenswert ist dieses argumentationslogische quid pro quo in dem Sinne, dass darin eine Selbstimmunisierungsstrategie von Schulentwicklungsinitiativen ihren Ausdruck findet: Schulentwicklungsinstrumente werden oftmals mit dem Argument eingeführt, dass veränderte innerorganisatorische Strukturen die Qualität der Schule erheblich verbessern würden. Der Umkehrschluss, dass – wenn ein solcher Interdependenzzusammenhang besteht – auch veränderte innerorganisatorische Strukturen die Qualität der Schule erheblich verschlechtern können, darf nicht gezogen werden. Als nivellierendes Moment muss dann ein abstraktes und eher diffuses Professionsethos herangezogen werden, das die Verantwortung für das Scheitern wieder von der organisationalen Ebene (und der „Führung") auf die einzelne Lehrkraft verlagert. Diese argumentationslogische Selbstimmunisierung führt letztlich dazu, dass Schulentwicklung eigentlich gar nicht scheitern kann bzw. dass ein Scheitern mit einer missbräuchlichen Nutzung des Prinzips der „Lehrerfreiwilligkeit" erklärt werden kann, das Führungskräfte und Mitglieder der Entwicklungsgruppen zugestehen mussten, um ihre Innovation abzusichern.

Innerhalb jener Strategie sind dann freilich wiederum Abstufungen denkbar – von der Delegation der Verantwortung an die einzelnen Lehrkräfte, bis hin zu Maßnahmen, die zum Teil auch wieder die Lehrer/innen schützen. So werden an einer Hauptschule die Lehrpersonen, die in den Integrationsklassen unterrichten, in Bezug auf die wichtigen Parameter (Gesamtschülerzahl, Geschlechterverhältnis, Anteil von Kindern mit nichtdeutscher Muttersprache, Leistungsvermögen und soziale Kompetenz) an der Klassenzusammensetzung beteiligt (vgl. Feyerer 2007a, S. 125; ähnlicher Schutz von Arbeitsbedingungen z.B. in Schule SOL/GY, vgl. Altrichter 2010c). So wird durch die organisationalen Rahmenbedingungen zumindest die Wahrscheinlichkeit erhöht, dass Lehrkräfte auch weiterhin im Unterricht „faszinieren" können. Zugleich manifestiert sich damit auch eine „Differenz". Mit der besonderen bzw. auch besonders schweren Arbeit gehen auch Vergünstigungen einher – worin wieder eine Verletzung des Paritäts-Musters liegt. So riefen etwa die anfänglich „höheren Investitionen" in den Kulturzweig am Gymnasium SPR/GY den Widerstand der anderen Kolleg/in-n/en ob deren „ungerechtfertigter Bevorzugung" hervor (vgl. Heinrich 2009, S. 77; ähnlich in SOL/GY, KRE/GY). Das organisationsentwicklerische Prinzip der höheren „Anfangsinvestition" und das schulische Prinzip der Gleichbehandlung stehen in Konkurrenz. Die Toleranz gegenüber höheren, für die Außenwirkung notwendigen „Anfangsinvestitionen" ist in verschiedenen Kollegien unterschiedlich belastbar. In allen Fällen von „Klassenprofilierung" scheint jedoch irgendwann der Punkt zu kommen, in denen Kolleg/inn/en Gleichbehandlung einfordern, indem sie argumentieren, dass ihre pädagogische Arbeit die gleiche Bedeutung habe und damit auch die gleiche Wertschätzung – ausgedrückt durch Mittelzuweisungen – genießen sollte.

Lehrpersonen, die sich bei der Entwicklungsarbeit engagieren, können sich indessen auch – wenn sie nicht in eine Missionarsrolle abdriften – ihren Kolleg/inn/en gegenüber „schuldig" fühlen, weil sie durch ihre Tätigkeit gleichsam eine alternative Berufsversion sichtbar machen. Sehr plastisch formuliert das eine engagierte Schwerpunktinitiatorin: *„Ich muss schon sagen, ich habe damals wirklich manchmal gedacht, ich muss mich für* [die Entwicklungsarbeit] *tausendmal entschuldigen, dass ich das mach und die anderen Kollegen, die haben* [gedacht:] […] *‚Wie können die so lästig sein?'* […] *Also, wir müssen uns dafür entschuldigen, dass wir arbeiten wollen."* (Zit. nach Altrichter 2010c, S. 38) Gleichsam aus der gegenüberliegenden Perspektive berichtet eine nicht im Schwerpunkt engagierte Lehrerin von Konstellationen, die das Autonomie-Paritäts-Muster gefährden, wenn einzelne Schwerpunktlehrer/innen von ihren Kolleg/inn/en großes Engagement für den Schwerpunkt erwarten:

> *„Ich kann Ihnen jetzt mal eines sagen, es ist so, dass von Seiten der* [Projektkoordinator/inn/en] *von jedem, der mitmacht, erwartet wird, dass er sich voll und ganz engagiert. Das heißt volles Engagement und voller Zeitrahmen und da gibt es keine persönlichen Ausreden oder solche Sachen, sondern das haben diese Leute einfach mitzumachen. Und es gibt bei uns im Lehrkörper auch schon Leute, die jetzt die Schule verlassen, weil sie nicht in einer M-Klasse unterrichten wollen und offenbar gezwungen wurden, entweder M-Klasse oder andere Schule. Und der Aufwand dieser Leute, und jetzt muss ich halt auch einmal für die sprechen, die jetzt nicht zum Interview kommen, es gibt sehr viele, die einfach sagen: Nein, dieser Aufwand, das ist es mir nicht wert. Den kann ich mir nicht leisten. Ich habe neben den MKK* [Musisch-Kreativ-Klassen] *noch andere Sachen. Ob das jetzt Freizeit, Familie und so weiter*[…] *Da wird wirklich radikal alles von den Leuten abverlangt.* […] [Beispielsweise wird] *von den Germanisten erwartet, dass sie Stücke umschreiben, oder Stücke selber schreiben, was ja wahnsinnig zeitaufwändig ist."* (Zit. nach Ziebermayr & Altrichter 2010b, S. 178f.)

Das Engagement für einen Schwerpunkt kann vermittelt über solche Akteurskonstellationen leicht als implizite Kritik an traditioneller Berufstätigkeit verstanden werden, deren Anstößigkeit noch dadurch erhöht wird, dass zusätzlich spezifische und günstigere Bedingungen für die „innovative Berufstätigkeit" eingefordert werden. Gegenüber „erfolgreichen Kolleg/inn/en" herrscht dann seitens der „weniger Engagierten" eine seltsame Ambivalenz, wie der Koordinator eines Kulturschwerpunktes in der Schilderung der von ihm wahrgenommenen Abwehrhaltungen deutlich macht:

> *„Ich zitiere: ‚Wir sind ja sowieso zu blöd, um im Kulturgymnasium zu unterrichten ...' oder ‚das tue ich mir nicht an', ‚ich bin doch nicht blöd'. Das waren jetzt also* […] *echte Zitate, die in dieser Form hundert Mal gekommen sind. Also, das erste: die da sind was Besseres, weil man hat doch schon 20, 30 Jahre oder 25 unterrichtet und hat brav seine Arbeit gemacht und jetzt kommen ein paar daher und glauben, sie haben die Kultur gepachtet, erstes Argument. Was machen's denn schon anderes? Dazu völlig widersprüchlich: Ich geh nicht ins Kulturgymnasium, denn da muss man ja was Besonderes machen und das kann ich sowieso nicht. Und das dritte, ja, was soll das Ganze eigentlich, was kommt denn schon raus und so was. Also ganz eigenartige Sachen." (*Zit. nach Heinrich 2009, S. 76)

Die Ambivalenz gegenüber dem Neuen zeigt sich damit in widersprüchlichen Phänomenen, wie hier in Argumentationen, die zugleich auf eine Überschätzung oder Unterschätzung hinauslaufen oder vielfach ironisch gebrochen sind. Wird die durch Schulprofilierung hergestellte „Differenz" allerdings zu groß, müssen auch schulorganisatorisch Konsequenzen gezogen werden, um die „Parität" (hier im Sinne gleicher Arbeitsbedingungen) wieder herzustellen, wie der Personalvertreter einer anderen Schule berichtet:

> *„Ich trauere der Sprachenklasse ja noch immer nach, wir haben das aber nicht weiter durchziehen können, weil wir Probleme gehabt haben. Die Sprachenklasse war halt einfach eine Klasse mit besseren Schülern. Da hat man sich von vornherein melden können und da haben sich wirklich die besseren Schüler gemeldet. Die zwei Klassen, die übrig geblieben sind, waren dann so eine Art Restklasse. Das war für die Lehrer der S-Klassen nicht so schön dort zu unterrichten."* (Zit. nach Prexl-Krausz & Gierlinger 2007, S. 72)

Eine andere Form der „Konfliktmilderung" schildert demgegenüber der IKT-Koordinator einer Schule mit einer Schwerpunktbildung in neuen Medientechnologien (IKT/GY): *„Dafür haben die Lehrer eine Zeit lang von ihrem Fach Stunden zur Verfügung stellen müssen. Und das führt, wie man weiß, in jeder Schule zu enormen Konflikten, weil kein Fach irgendetwas hergeben will. Und jetzt* [für IKT in der Unterstufe] *war meine Idee, nehmen wir den Gegenständen nicht Stunden weg, sondern übertragen wir den Gegenständen Aufgaben."* (Zit. nach Huber & Pichler 2005, S. 61) Neben dem konfliktmildernden Potenzial dieser Strategie ist die Tatsache hervorzuheben, dass hiermit zugleich subkutan auch eine Disseminationspraxis des „Schwerpunktinhalts IKT" in Gang gesetzt wird. Diese führt an dieser Schule nicht zu Widerstand, obgleich die Lehrkräfte in der Unterstufe neue Medien einsetzen müssen und damit streng genommen ein Eingriff in ihre Unterrichtsautonomie vorliegt (vgl. Altrichter u.a. 2005b, S. 124f.). Möglicherweise ist es aber gerade die besondere Gesamtkonstellation, die keinen Widerstand aufbrechen lässt. Im Moment der „neuen Aufteilung" wird zugleich etwas angeboten: Alle Lehrkräfte können sich nun sicher sein, dass die IKT-Profilierung nicht weiter auf Kosten „ihres Anteils", d.h. den Stundenanteil ihres Fachs, geht. Wenn die Bedrohung einer Stundenkürzung als massiv erlebt wurde, so erscheint die Verteilungsregelung womöglich als das kleinere Übel, das zudem für einige Lehrkräfte dadurch gemildert erscheinen könnte, dass es sich „nur um Unterricht in der Unterstufe" handelt. Wenngleich dies mediendidaktischen Erfahrungen widerspricht, dass gerade in den unteren Klassen die didaktischen Herausforderungen besonders hoch sind, so mag dies für die gegenüber dem IKT-Profil „ängstlich-zurückhaltenden" Lehrkräfte dennoch entlastend wirken: Während man wähnt, sich bei Oberstufenschüler/inne/n schnell mit den eigenen mangelnden EDV-Kenntnissen zu blamieren, erscheint es geradezu unverfänglich, in einem Unterstufenunterricht auch einmal ein leicht administrierbares Lernprogramm für Bruchrechnung einzusetzen, um damit eine Stunde zu füllen.

Das Beispiel macht allerdings deutlich, dass pointierte Schulprofilierung vielfach von besonderen Kenntnissen oder Fähigkeiten einiger Lehrkräfte lebt, die dadurch eine Sonderstellung bekommen, die das Paritätsprinzip verletzt. Dies geht bis dahin, dass an einer Schule mit „Englisch als Arbeitssprache" von

„Friktionen aufgrund der Spaltung der beteiligten Lehrer in eine Zweiklassengesellschaft“ (Prexl-Krausz & Gierlinger 2007, S. 90) berichtet wird. An einer anderen Schule wurde eine mögliche Profilierung durch das Angebot von Englisch als Arbeitssprache gerade aufgrund des Mangels an dafür ausgebildeten Lehrkräften und mit Verweis auf einen dann absehbaren „unterrichtlichen Qualitätsverlust durch Profilierung“ verworfen (vgl. Heinrich 2009, S. 95).

In einigen Fällen – wie bspw. den Integrationsklassen – sind es dann sogar die Elternvertretungen, die nicht nur qualifizierte, sondern auch für das Profil engagierte Lehrer/innen wollen (vgl. Soukup-Altrichter 2007, S. 163). Ein Elternvertreter spitzt dies zu der Aussage zu: *„Schwerpunkte sind die engagierten Lehrer“* (zit. nach Soukup-Altrichter 2007, S. 132). An einer anderen Schule schließt die Einschränkung, dass nur Lehrer/innen mit einer speziellen Ausbildung im Schwerpunkt „Soziales Lernen“ unterrichten sollten, einen großen Teil des Kollegiums, der sich nicht für Soziales Lernen qualifiziert fühlt und sich offenbar auch nicht dafür qualifizieren will, von einer Mitwirkung am Profilschwerpunkt aus. Die Projektproponent/inn/en, die selbst diesbezügliche Ausbildungen gemacht haben, können diese Reserven aufgrund eigener Erfahrungen mit schwierigen Situationen nachfühlen und empfinden sie darüber hinaus als Schutz der Qualitätsansprüche ihres Projekts (vgl. Altrichter 2010c, S. 33).

An weniger erfolgreichen Schulen müssen für diejenigen, die nicht mehr recht in die neue Profilkonstellation passen, alternative Strategien gefunden werden, wie eine Lehrerin darlegt: *„Ja, im Extremfall würden dann die Verträge angeschaut und dementsprechend gehandelt. Natürlich bei uns ist z.B. jetzt die Nachmittagsbetreuung eingeführt, dass man dorthin ausweichen kann, wenn es mit dem zweiten Fach nicht funktionieren sollte.“* (Zit. nach Heinrich 2009, S. 74) Die vermehrte Verlagerung der Arbeitszeit auf den Nachmittag stellt zwar ein Schutznetz bereit, durch das harte Schnitte bei sinkenden Schülerzahlen vermieden werden können. Dadurch entsteht aber ein sehr unattraktiver, über den ganzen Tag verteilter Stundenplan; auch die Betreuungsarbeit am Nachmittag kann insbesondere an einem Gymnasium, das so großen Wert auf die fachliche Bildung legt, als Deprofessionalisierung empfunden werden, werden doch viele Aufgaben in der Nachmittagsbetreuung auch Eltern oder Studierenden im Praktikum zugetraut. Noch prekärer scheint die Akteurkonstellation allerdings in der Hinsicht, dass für das neue Fach Spanisch in der Langform neue Lehrkräfte eingestellt werden mussten (vgl. die ähnliche Konstellation in INT/HS2), ohne dass die „alten“ allerdings diese Plätze zur Verfügung stellen würden, wie die Schulleiterin konstatiert: *„die Französischlehrer sind pragmatisiert*[21] *und ‚müssen‘ beschäftigt werden.“* (Zit. nach ebda., S. 27) Die Schule reagiert auf

21 „Pragmatisierung“ ist der österreichische Terminus für „Verbeamtung“.

antizipierte Beschäftigungsprobleme des Stammpersonals durch eine Einschränkung der Wahlfreiheit, die hilft, die Schülerströme zu kanalisieren. Im sehr begehrten Kulturschwerpunkt wird Französisch als verbindliche Fremdsprache ab der dritten Klasse festgelegt, womit dem Fach automatisch eine gewisse Klientel gesichert ist – allerdings von Schüler/inne/n, die dieses Fach in vielen Fällen nicht freiwillig gewählt hätten. Diese organisatorischen Maßnahmen sind jedoch Reflex auf strukturelle Probleme, die sich aus Rahmenbedingungen, wie der Personalstruktur und den rechtlich festgelegten Eröffnungszahlen von Klassen, ableiten.

In den ursprünglichen Studien über IKT-Profilierungen hatten wir kaum intensivierte Kooperation unter Lehrpersonen und keine neuen Institutionalisierungsformen der *Lehrerzusammenarbeit* gefunden. Dies war insofern überraschend, als Schulentwicklung meist mit Lehrerkooperation und Profilbildung sowie mit einer einheitlicher auftretenden, „verbetrieblichten" Schule assoziiert wird. Ein Schulleiter radikalisiert diesen möglichen Zusammenhang von Profilbildung und Teamarbeit, indem er – bezogen auf die spezifische Profilierung im Bereich „Integrationsklassen" – formuliert: *„Unterricht* [kann] *nur immer in Absprache mit dem Team zu dem gewünschten Erfolg führen* [...]. *Also ein Einzelkämpfertum* [...] *ist in einer Integrationsklasse auf keinen Fall möglich."* (Zit. nach Soukup-Altrichter 2007, S. 143)

In den neuen Fallstudien fanden wir jedenfalls sehr unterschiedliche Formen und Ausmaße von Lehrerkooperation: sehr intensiv über längere Zeit kooperierende Entwicklungsteams Seite an Seite mit einer „Ein-Frau-Profilbildung" beim zweiten Schwerpunkt der Schule SOL/GY (vgl. Altrichter 2010c). Selten haben die beobachteten Profilierungsprozesse jedoch zu einer grundlegenden Transformation der Zusammenarbeit im Kollegium geführt; selten wird auch von neuen Institutionalisierungsformen, wie Gremien oder Koordinatorpositionen, berichtet, die auf veränderte innerschulische Steuerung profilierter Schulen hinweisen würden. Die schulische Kultur „individualistischer Lehrerautonomie" wird nicht „auf ganzer Breite" in Frage gestellt, indem sich Lehrerkooperation dort, wo sie überhaupt als notwendig empfunden wird, auf Teilgruppen des Kollegiums beschränkt, die Verantwortung für das Profil übernehmen; sie ist in der Vorbereitungs- und Entwicklungsphase des Schwerpunkts intensiver als in der „Institutionalisierungsphase" und sie bedient sich häufig informeller Formen:

> *„Das ist nicht so, dass das regelmäßig nach Verabredung stattfindet, sondern es ergibt sich halt. Wir setzen uns zusammen, wenn es passt, und machen ein Konzept aus. Es geht auch sehr viel mit Projekten. Wobei das Soziale Lernen nicht dokumentiert wird. Das wird mir jetzt erst im Laufe des Interviews bewusst, dass wir sehr viele soziale Schwerpunkte haben, dass wir sagen, das machen wir, weil die und die nicht zusammenarbeiten können."* (Zit. nach Prammer-Semmler 2007, S. 38)

Schulen mit Integrationsschwerpunkt haben hier bezogen auf das Autonomie-Paritäts-Muster ohnehin eine Sonderstellung inne. Im Rahmen der Profilierung mittels Integrationsklassen kommt professionspolitisch als neue Dimension die Zusammenarbeit mit Sonderschulpädagog/inn/en hinzu, die – oftmals organisational bedingt oder gar rechtlich vorgegeben – ihre gesamte Lehrverpflichtung in den Integrationsklassen erbringen. Dies kann auch eher zu einem „Zweitlehrersystem" als zu einem „Zweilehrersystem" (vgl. Feyerer 2007a, S. 111f.) führen. Dabei wird die Option zur gleichberechtigten Zusammenarbeit, zur Nutzung von Synergien der unterschiedlichen Kompetenzen und zur intensiveren Auseinandersetzung mit einzelnen Kindern eher nicht genutzt, sondern die Aufgabe bleibt arbeitsteilig und eben nicht „im gleichberechtigten Team" organisiert. Der Direktor einer weiteren Schule mit Integrationsschwerpunkt schildert demgegenüber eine zwar auch nicht „paritätische", wohl aber doch ganz anders konstellierte Zusammenarbeit von Sonderpädagog/inn/en und Hauptschullehrkräften:

> *„Das ist praktisch [...] die Klassenmama. Das ist einfach die Lehrperson, die wirklich die ganze Lehrverpflichtung in der Klasse drinnen ist. Und wir betonen es immer wieder: pädagogisch ist sie verantwortlich für die Kinder mit SPF. Aber sie darf sich insgesamt verantwortlich fühlen für alle. Wir haben auch Teams, [...] da werden die Rollen einfach mal vertauscht. Also der Sonderschullehrer nimmt das Heft in die Hand und ist verantwortlich für einige Unterrichtssequenzen [...]. Wir sind jetzt mittlerweile so weit, dass zum Teil sogar die Sonderschullehrer die Rolle des Klassenvorstandes übernehmen und machen gute Erfahrungen damit. Er ist einfach der Knotenpunkt. [...] wie früher auf einem Dorfplatz. Da können alle hingehen und es deponieren, und der gibt es wieder weiter, weil der nächste kommt ja auch wieder zu ihm."* (Zit. nach Soukup-Altrichter 2007, S. 144)

Wenngleich an dieser Schule die Kooperation der beiden Lehrergruppen „harmonischer" wirkt und auch Sonderschullehrer/innen in zwei Klassen die Funktion des Klassenvorstandes übernommen haben, scheint diese vor dem Hintergrund des „Paritätsgedankens" nicht ganz friktionsfrei zu verlaufen, wenn eine Sonderschullehrerin berichtet: *„Da war es aber schon wieder so, dass manche Kollegen uns das nicht zutrauen, obwohl wir früher* [gemeint: in der Sonderschule] *ja auch immer Klassen geführt haben."* (Zit. nach Soukup-Altrichter 2007, S. 144)

Zusammenfassend sei Folgendes festgehalten: Die Idee einer autonomeren und profilierten Schule scheint dem traditionellem schulischen Koordinationsprinzip „individualistische Autonomie von Lehrpersonen" die Antithese einer einheitlicheren und verbetrieblichten Einzelschule gegenüberzustellen, die (hierarchisch) geführt wird und den einzelnen Lehrpersonen spezifischere Aufträge für die Entwicklung und Umsetzung wettbewerbsmächtiger Profile zuweist. Wir haben in den von uns untersuchten Fallstudien eine Reihe von Transformationskonflikten gefunden, die als Ergebnis und Äußerungsformen des Aufeinanderprallens dieser unterschiedlichen Regelungsprinzipien interpretiert werden können. Solche Konflikte werden häufig durch die Strategie der „Lehrerfreiwilligkeit" entschärft. Im Verein mit der Bevorzugung der Strategie der „Klassenprofilierung" (gegenüber einer einheitlichen „Schulprofilierung"), die ebenfalls mehr Spielraum für unterschiedliche Lehrerinteressen lässt, federt sie vereinheitlichende und verbetrieblichende Potenziale der „Schulprofilierungsstrategie" ab und erlaubt die Koexistenz der beiden Koordinierungsprinzipien.

4 Zusammenfassung: Was verändert sich durch Schulprofilierung?

Wir haben in diesem Kapitel das Material von 11 Fallstudien über Profilierungsprozesse österreichischer Sekundarschulen analysiert. Inmitten einer großen Variation im Einzelnen (vgl. Abschnitt 2) lassen sich einige übergreifende Ergebnisse formulieren. In unserer Interpretation wurde durch die österreichische Schulautonomie-Politik die traditionelle Form der Doppelsteuerung des Schulsystems entsprechend der Prinzipien „bürokratische Steuerung des Gesamtsystems" und „individualistische Lehrerautonomie bei der Umsetzung vor Ort, insbesondere im Unterricht" überformt, durch die Aufwertung alternativer Koordinationsprinzipen ergänzt, aber nicht gänzlich verändert.

Das Strukturangebot „Schulautonomie" wird von vielen Schulen relativ schnell und weitgehend aufgenommen und für *Prozesse der Profilbildung* verwendet, die sich von den traditionellen Profilierungen, wie wir sie etwa von den herausragenden Gymnasien einer Stadt kennen, durch ihre curriculare Differenzierung und den kurzen Zeitraum ihrer aktiv betriebenen Entwicklung unterscheiden. In diesen Prozessen nimmt – mitbedingt durch sinkende Schülerzahlen – *„Wettbewerb"* als Koordinationsprinzip zwischen Schulen einen gegenüber früheren Konstellationen deutlich erhöhten Stellenwert ein. Die Profilbildung führt häufiger zu einem „Bündel unterschiedlicher Klassenprofile" denn zu einheitlichen „Schulprofilen", wohl weil *„Klassenprofilierungen"* eher mit den unterschiedlichen Interessen großer Kollegien vereinbar sind und daher pointiertere und attraktivere Profilierungen erlauben.

Schulen verwenden diese Profile, um an den traditionellen Brüchen der Schulstruktur, am Übergang von der Primar- zur Sekundarstufe sowie am

Übergang von Sekundarstufe I auf Sekundarstufe II, möglichst viele und möglichst viele „gute“ (meist gemessen an Leistungs- und sozio-kulturellen Merkmalen) Schüler/innen zu gewinnen. Der besondere *Erfolg einer Profilierung* drückt sich in *Auswahlmöglichkeiten* der Schule unter den Bewerbe-r/inne/n aus. Attraktive Profile haben daher Auswahlprozeduren, in denen nicht nur eventuell profilspezifische Kompetenzen (z.B. Kunst, Sprache), sondern auch die allgemeine Leistungsfähigkeit eine Rolle spielen.

Die durch Profilierung erwartbaren Differenzierungsprozesse sind durch *Prozesse der Hierarchisierung* zwischen Schulen und zwischen Klassenprofilen begleitet, die der relativen Attraktivität eines Profils und der damit einhergehenden privilegierten Zusammensetzung in Hinblick auf Leistungs- und sozioökonomische Kriterien entsprechen.

Die durch Schulprofilierungsprozesse erwartbare Entwicklung in Richtung einer Schwächung von „Lehrerautonomie“ und Stärkung einer geleiteten und verbetrieblichten Schule ist am spezifischen Charakter einzelner Konflikte im Entwicklungsverlauf erkennbar. Sie führt aber an keiner Schule zu einer grundlegenden Veränderung der innerschulischen Steuerung: Entwicklungsansätze basieren in den von uns untersuchten Fällen selten auf einer von vornherein ausgehandelten Willensbildung der gesamten Schule, die den Großteil des Kollegiums auf die Beteiligung an der Entwicklungsarbeit verpflichten würde. Entwicklungen werden öfter durch einen Wechsel von Einzelinitiativen, das Zugeständnis von Ressourcen und Unterstützung durch die Schulleitung, den Verweis auf das Wettbewerbspotenzial der Entwicklung, die Abfederung eines eventuell vereinheitlichenden Potenzials der Entwicklung sowie durch das Zugeständnis von „Lehrerfreiwilligkeit“ vorangetrieben. Auf diese Weise können die Prinzipien einer „geleiteten, entwicklungsdynamischen Schule“ und der „individualistischen Lehrerautonomie“ koexistieren.

Ewald Feyerer

Kapitel 3: Profilierung vs. Normalisierung: Unterschiedliche Ausformungen des Schwerpunktes Integration

Im Projekt „Schulentwicklung durch Schulprofilierung" (vgl. den vorhergehenden Beitrag dieses Bandes) wurden unter anderem zwei Hauptschulen (= HS) untersucht, die sich schon längere Zeit die Integration behinderter Kinder als Schwerpunkt gesetzt hatten und von Expert/inn/en auch als Schwerpunktschulen für diesen Bereich genannt worden waren. Beide Schulen liegen in oberösterreichischen Bezirkshauptstädten und haben jeweils als erste Hauptschule in ihrer Region Integrationsklassen eingeführt. Überraschenderweise stellte sich heraus, dass die beiden Schulen vollkommen unterschiedlich mit diesem Schwerpunkt umgingen. Während die „Schubertschule" die Integration als ein besonderes pädagogisches Angebot offensiv nutzte, um sich damit in einer Konkurrenzsituation zu profilieren, behandelte die HS X[22] die Integration als etwas Alltägliches, vollkommen Normales. Dementsprechend wurde der Schwerpunkt Integration auch in der Außendarstellung, die für die HS X ebenso wie für die Schubertschule in einem konkurrenzgeprägten Umfeld stattfand, so gut wie nicht thematisiert.

Dieser Beitrag hat das Ziel, den Ursachen und Auswirkungen dieser unterschiedlichen Herangehensweisen nachzugehen. Auf der Basis der beiden Fallstudien (vgl. Feyerer 2007a; Soukup-Altrichter 2007) werden die unterschiedlichen Handlungsstrategien näher dargestellt (Abschnitt 2) und mögliche Ursachen aufgezeigt (Abschnitt 3). Zu Beginn werden die von Gesetzgeber und Schulbehörde vorgegebenen Steuerungselemente und somit die für beide Schulen gleichen Rahmenbedingungen vorgestellt (vgl. Feyerer 2007b).

---

22 HS X und Schubertschule sind erfundene Namen. Die Anonymisierung erfolgt hier in Anlehnung an die beiden Fallstudien (vgl. Feyerer 2007a; Soukup-Altrichter 2007).

1 Bildungspolitische und gesetzliche Rahmenbedingungen

Sowohl die Schubertschule als auch die HS X wählten den Schwerpunkt Integration nicht aus eigenem Antrieb, sondern wurden zuerst einmal mehr oder weniger dazu gezwungen, sich mit dem Thema Integration auseinanderzusetzen. Jeweils eine in ihrem Sprengel befindliche Volksschule (= VS) hatte sich dafür entschieden, eine Integrationsklasse zu führen. Die Eltern der betroffenen Schüler/innen erwarteten eine Weiterführung der Integration in der Sekundarstufe I (vgl. Feyerer 2007a, S. 104; Soukup-Altrichter 2007, S. 147). Da auch die Bildungspolitiker/innen des Bundeslandes, insbesondere der amtsführende Präsident des Landesschulrates für Oberösterreich (= LSR f. OÖ) ebenso wie viele Vertreter/innen der Schulbehörde für eine Weiterführung der Integration in der Sekundarstufe waren, gab es zu Beginn der 1990er-Jahre während des Schulversuchszeitraumes seitens des Staates viele Steuerungsimpulse, die den Hauptschulen die Errichtung von Integrationsklassen erleichtern sollten. Integrationsklassen an Gymnasien (= AHS)[23] standen in Oberösterreich nie zur Diskussion, obwohl es in Wien und in der Steiermark sehr wohl auch Integrationsklassen an AHS gab. Mit der gesetzlichen Überführung der Integration ins Regelschulwesen in der zweiten Hälfte der 1990er-Jahre verschlechterten sich allerdings die Rahmenbedingungen (vgl. Feyerer 2007b).

So steht im Schulversuchszeitraum die wissenschaftliche Begleitung des LSR f. OÖ unterstützend zur Verfügung. Ein vom LSR f. OÖ in Kooperation mit der wissenschaftlichen Begleitung und gemeinsam mit erfahrenen Bezirksschulinspektor/inn/en, Hauptschuldirektor/inn/en, Hauptschul- und Sonderschullehrer/inne/n 1993/94 erarbeitetes Rahmenkonzept für Integrationsklassen an Hauptschulen wird 1994/95 auf der Basis von Evaluationsergebnissen umgearbeitet und ermöglicht eine – bezogen auf die Ressourcen – optimale Umsetzung der Integration.

1996/97 wird die Integration in der Sekundarstufe I gesetzlich verankert. Das Landesausführungsgesetz verzichtet auf die Nennung konkreter Rahmenbedingungen; vom LSR f. OÖ werden immerhin „Durchführungsrichtlinien zur sozialen Integration in der Hauptschule" erlassen (vgl. LSR f. OÖ 1997). Dieser Erlass basiert auf dem Rahmenkonzept aus dem Jahre 1994/95. Da sowohl das Bundesgesetz als auch das Landesgesetz für die Hauptschulintegration geringere Mindeststandards setzen als dieses Rahmenkonzept, müssen entsprechende Adaptierungen durchgeführt werden. Während das 1995 überarbeitete Rahmenkonzept des LSR f. OÖ im Schulversuch z.B. noch von insgesamt 80 bis 82 Lehrerwochenstunden, also von 30 zusätzlichen Stunden pro Klasse, als

23 Die österreichische Bezeichnung für gymnasiale Schulen der Sekundarstufe I und II lautet Allgemeinbildende Höhere Schulen.

Richtwert für eine Hauptschulintegrationsklasse spricht und damit eine Doppelbesetzung in allen Stunden sichert, nennt es nach der Überführung in das Regelschulwesen keine konkrete Stundenzahl mehr, sondern verweist nur auf ein Stundenkontingent, das sich an der Klassenzusammensetzung und -größe sowie an Art und Ausmaß der Behinderung und der Anzahl der behinderten Kinder orientiert und in einer Konferenz im Wirkungsbereich des Sonderpädagogischen Zentrums festgelegt wird (vgl. ebda., S. 5f.).

2001/02 redigiert der LSR f. OÖ seine Durchführungsrichtlinien unwesentlich in eher formalen Aspekten (wie gendergerechte Formulierungen) und weist in einem zusätzlichen Erlass (vgl. LSR f. OÖ 2002b) darauf hin, dass die bisherige Umsetzung an den Schulen den oben beschriebenen Durchführungsrichtlinien nicht immer entspricht. Ab 2002 ist bundesweit eine Stagnation in der Entwicklung festzustellen. Die Stundenressourcen der Sonderpädagogik werden auf Grund der zwischen Bund und Ländern vereinbarten Deckelung von Jahr zu Jahr geringer (vgl. Specht u.a. 2006). Durch die Einsparungen auf Bundesebene bekommen die Schulaufsichtsbeamtinn/en immer weniger Spielraum zur gezielten Unterstützung integrativer Maßnahmen. Der Schulleiter der HS X, der bereits bei der ersten Integrationsklasse seiner Schule als Lehrer dabei war, meint daher im Jahr 2005: *„Was damals alles versprochen worden ist, das war gigantisch. Das ist heute alles weg."* (I1 SL, 3)[24]

Da sowohl Bundes- als auch Landesgesetzgeber sich entschlossen haben, weder der getrennten noch der gemeinsamen Förderung Priorität zuzuerkennen, werden beide Systeme bildungspolitisch als gleichwertig behandelt. Das Prinzip der gesetzlichen Steuerung der Integration kann am besten mit dem Satz „Alles ist möglich, aber nichts ist fix" ausgedrückt werden. Unter dem Schlagwort der „Flexibilisierung" wurde auf eine klare Festlegung von Standards verzichtet; die im Folgenden aufgezählten, im Schulversuch festgestellten förderlichen Rahmenbedingungen für Integrationsklassen wurden, wenn überhaupt, nur als *Kann*-Bestimmungen gesetzlich verankert:

- verminderte Klassenschülerzahl durch Doppelzählung der Kinder mit sonderpädagogischem Förderbedarf (= KmSPF), damit bereits bei 56 Schüler/inne/n statt bei 61 eine dritte Klasse eingerichtet werden kann, was für viele Hauptschulen in OÖ ein großer Anreiz war;
- max. 20-25 % bzw. 4 bis 6 KmSPF pro Klasse;
- Team-Teaching in allen Unterrichtsstunden;

24 Das vorangestellte Kürzel „I1" bezeichnet jeweils Daten aus der HS X (entnommen aus der Studie von Feyerer 2007a, ohne dass dies im Folgenden jeweils gesondert ausgewiesen wird), „I2" solche aus der Schubertschule (entnommen aus der Studie von Soukup-Altrichter 2007). Eine genauere Beschreibung der Datenquellen erfolgt am Ende des Beitrages.

- keine äußere Differenzierung nach Leistungsgruppen (= LG), sondern gemeinsame Stammklasse mit fächerübergreifendem, binnendifferenziertem Unterricht;
- kleines Lehrerteam pro Klasse, Sonderschullehrer/in als gleichwertiges Teammitglied und auch als klassenführende Lehrer/innen;
- alternative Formen der Leistungsbeurteilung.

Um der weiteren Umsetzung der Integration in der Sekundarstufe I zumindest eine gewisse pädagogische Orientierung zu geben, empfahl der Erlass des LSR f. OÖ (2002a) – über das Gesetz hinausgehend – auch einen gemeinsamen Unterricht mit Individualisierung und Innerer Differenzierung ohne Leistungsgruppen sowie mit alternativen Formen der Leistungsbeurteilung.

Ob sich Schulaufsicht, Schulleiter/innen und Lehrer/innen an all diese Kann-Bestimmungen halten oder nicht, lag und liegt im Ermessen der handelnden Personen. Für die konkrete Umsetzung der Integration werden damit vor allem die jeweiligen persönlichen Einstellungen, Meinungen und Erfahrungen der Akteure sowie die regionalen und lokalen Bedingungen handlungsleitend. Dementsprechend unterschiedlich ist die konkrete Umsetzung der Integration in verschiedenen Bezirken, an verschiedenen Schulen und in verschiedenen Klassen. Inwiefern sich die Schubertschule und die HS X bei der Umsetzung der Integration unterscheiden, wird im nächsten Kapitel näher beschrieben.

2 Unterschiede und Gemeinsamkeiten im Profilierungsprozess

2.1 Erstbegegnung mit dem Thema Integration

Wie bereits erwähnt, werden beide Schulen durch eine Integrationsvolksschulklasse in ihrem Sprengel als jeweils erste Hauptschule in ihrer Region mit der Idee der Integration konfrontiert. An der Schubertschule findet dieses Ereignis bereits im Schuljahr 1992/93 statt (vgl. Soukup-Altrichter 2007, S. 135), an der HS X erst 1996/97 (vgl. Feyerer 2007a, S. 104). In beiden Bezirken treten die Bezirksschulinspektor/inn/en (= BSI) genauso wie die Landesschulinspektorin (= LSI) und die wissenschaftliche Begleitung (= WiB) für die Weiterführung der Integration in der Sekundarschule ein, unterstützen die Konzeptentwicklung und treten auch an beiden Standorten bei öffentlichen Diskussionen auf.

An der HS X trifft der Wunsch der Eltern auf eine Schule mit stark schwankenden Schülerzahlen. Sie wurde 1990/91 durch die Schließung eines Schülerkonvikts auf vier Klassen reduziert, später mithilfe bosnischer Flüchtlingskinder wieder auf acht Klassen aufgestockt; dafür bekam sie allerdings den Ruf einer „Ausländerschule“ und bezeichnet sich seit 1993/94 laut Schulchronik selbst als „Restschule“. Um diesem negativen Ruf entgegenzusteuern, wurden die *Schwerpunkte Gesundheit und Beruf* entwickelt, die es noch an keiner anderen Hauptschule der Stadt gab (vgl. Feyerer 2007a, S. 101ff.). Der damalige Leiter der HS X trat sehr für die Errichtung der Integrationsklasse (= I-Klasse) ein, die als neunte Klasse der Schule u.a. seine Freistellung vom Unterricht ermöglichte (vgl. ebda., S. 105).

Die Schubertschule stand zwar auch in Konkurrenz zum städtischen Gymnasium, war aber weit davon entfernt, eine „Restschule“ zu sein. Eine Schwerpunktsetzung war daher dort noch nicht notwendig, als die Forderung nach Weiterführung der Integration auftauchte. Im Unterschied zur HS X war die Schubertschule mit einem sehr medienerfahrenen und machtbewussten Elternvertreter konfrontiert. So gab es in dieser Stadt nicht nur heftige Diskussionen wie am Standort der HS X, sondern einen regelrechten „Kampf“, als die Idee, eine I-Klasse zu eröffnen, auftauchte (vgl. Soukup-Altrichter 2007, S. 147).

Der Leiter der Schubertschule war zwar nicht unbedingt für Integration, aber doch offen. Da sich der Leiter der zweiten Hauptschule am Standort, die allerdings aufgrund der Sprengeleinteilung „Nicht-Zuständigkeit“ für den speziellen Anlassfall für Integration behaupten konnte, strikt gegen die Einführung integrativer Beschulung wehrte, wurde die Integrationsklasse trotz massiver Proteste der Lehrerschaft als zusätzliche Klasse an der Schubertschule errichtet (vgl. ebda., S. 147f.).

Als wichtigste Voraussetzung für das Zustandekommen der ersten Integrationsklasse stellte sich an beiden Standorten die Tatsache heraus, dass es den Leitern gelang, ein *Team von freiwilligen Lehrer/inne/n* für diese Klassen zu finden sowie den *entschiedenen Gegner/inne/n glaubhaft zu versichern, dass sie nicht in Integrationsklassen unterrichten müssten*. So konnten letztlich alle Lehrer/innen zumindest zu einem Zulassen des Schulversuches bewegt werden (vgl. ebda., S. 147f.; Feyerer 2007a, S. 105). In weiterer Folge kann an beiden Standorten durch die direkte Erfahrung mit den Klassen und die Gewinnung von auch sehr guten Schüler/inne/n der vorhandene Widerstand verringert und den Lehrkräften die Berührungsangst genommen werden. Zusätzlich werden neue Lehrer/innen an beiden Schulen nur eingestellt, wenn sie auch bereit sind, in Integrationsklassen zu arbeiten (vgl. Soukup-Altrichter 2007, S. 151; I1 PL, 3f.).

2.2 Ausgestaltung des Schwerpunktes Integration

Ein erfolgreicher Integrationsunterricht erfordert als wesentlichstes Element einen gemeinsamen Unterricht behinderter und nichtbehinderter Kinder mit innerer Differenzierung und Individualisierung. In den oberösterreichischen Volksschulklassen wurde dazu das Konzept des Offenen Unterrichts auf der Basis reformpädagogischer Ansätze und der Dreidimensionalen Didaktik Georg Feusers (1995) entwickelt und erprobt. Für die Hauptschule gab es anfangs der 1990er-Jahre noch kaum pädagogische Modelle. Es erschien aber durchaus sinnvoll, das grundlegende Prinzip des gemeinsamen Lernens von der Volksschule zu übernehmen und weiterzuentwickeln.

Die ersten Integrationsklassen an Hauptschulen waren dabei besonders gefordert, wurden von der WiB aber auch intensiv unterstützt. Neben einem regelmäßigen Erfahrungsaustausch aller oberösterreichischen Integrationsklassen wurde jeder Standort zumindest einmal pro Semester besucht; dabei wurde gemeinsam an der Lösung offener Probleme sowie am Austausch guter Lösungen gearbeitet. Fortbildungsangebote wurden an die erhobenen Bedürfnisse der Schulversuchslehrer/innen angepasst. Bei der Analyse der beiden Fallstudien fällt auf, dass sich die beiden Schulen gerade bei der Ausgestaltung des integrativen Unterrichts stark unterscheiden.

2.2.1 Integration als alternativpädagogisches Konzept an der Schubertschule

Soukup-Altrichter (vgl. 2007, S. 137-146) zeigt in ihrer Fallstudie auf, dass die Schubertschule die pädagogischen Intentionen des oberösterreichischen Rahmenkonzeptes äußerst ernst nimmt, engagiert umsetzt und weiterentwickelt: Die Klassen sind tatsächlich *heterogen zusammengesetzt*, die Schüler/innen arbeiten gleichzeitig an verschiedenen Aufgaben, entweder alleine, in Kleingruppen oder mit einer Lehrperson. *Freiarbeit, Wochenpläne und die Arbeit an Projekten* sind die gängigsten Methoden. Die Kinder arbeiten ruhig und selbständig und holen sich Hilfe, wenn sie welche benötigen. Ein bis zwei größere *Projekte* finden jährlich statt, bei denen der Fachunterricht gänzlich aufgelöst wird und Eltern verstärkt in den Unterricht einbezogen werden. Obwohl Offenes Lernen in allen Klassen möglich wäre, findet es nur in den Integrationsklassen statt, was sich dort auch in der *Gestaltung der Räume* niederschlägt, die mit Unterstützung der Eltern wohnlich eingerichtet wurden.

Alle Integrationsklassen arbeiten bis Ende der siebenten Schulstufe auch mit *alternativer Leistungsbeurteilung ohne Noten*. Die Entscheidung über die Art der Leistungsbeurteilung wird gemeinsam mit den Eltern getroffen, was der Schule auch im Werbefolder als ankündigenswert erscheint. Die Integrationsklassen bestehen aus vier bis sieben Schüler/inne/n mit sonderpädagogischem Förderbedarf (SPF), die restlichen ca. 20 Kinder werden zu je einem Drittel aus sehr begabten Kindern, mittelmäßigen und schwach begabten Kindern gebildet (vgl. I2 SL, 1). *Die Zuteilung erfolgt aufgrund der Volksschulzeugnisse*, wobei Schüler/innen mit schlechten Volksschulnoten eher nicht in die I-Klasse aufgenommen werden. Als weiteres Charakteristikum des Integrationsschwerpunkts ist das Prinzip der Binnendifferenzierung anzuführen. Je nach Entscheidung des Teams gibt es zunächst *keine Leistungsgruppen*, und wenn, dann nur innerhalb der Klasse.

Ein wichtiges Prinzip ist auch die *Teamarbeit*. Vier bis fünf Lehrer/innen sind im Wesentlichen für eine Klasse verantwortlich. Die Lehrerteams werden um die Sonderschullehrkraft herum gebildet und möglichst klein gehalten, um die Kooperation zu erleichtern. In allen Unterrichtsstunden arbeiten zwei Lehrer/innen in den Klassen, in den Hauptgegenständen manchmal auch drei aufgrund der inneren Differenzierung. *Regelmäßige Teambesprechungen* zur Koordination, Planung, Reflexion der Arbeit und zum Austausch über den Leistungsstand der verschiedenen Schüler/innen sind offenbar selbstverständlich. In jeder I-Klasse scheint der/die *Sonderschullehrer/in eine zentrale Figur* zu sein, was sich auch darin ausdrückt, dass diese die *Funktion des Klassenvorstandes* übernehmen. Ein *intensiver Kontakt zwischen Schüler/inne/n, Lehrer/inne/n und Eltern* mit regelmäßigen, auch informellen Treffen (wie z.B. bei Stammtischen) ist sowohl den Lehrer/inne/n als auch den Eltern ein wichtiges Merkmal der Integration. Neben Treffen in der Schule gibt es auch private Elternstammtische, gemeinsame Aktionen von Eltern und Kindern (wie eine Back-to-School-Party) oder gemeinsame Wanderungen.

Alle in diesem Kapitel angeführten Punkte weisen auf deutliche Veränderung des Unterrichts durch den Integrationsschwerpunkt hin. Die Vermutung des befragten Elternvertreters, dass die Lehrer/innen, die in Integrationsklassen unterrichten, in anderen Klassen genauso unterrichten, wird von den befragten Kolleg/inn/en und Schüler/inne/n nicht bestätigt. Das im Integrationsschwerpunkt praktizierte Unterrichtskonzept bewirkt kaum Veränderungen in den anderen Teilen der Schule, sondern existiert als eine offenbar *speziell für die Integration geschaffene Unterrichtsform* ausschließlich in der Integrationsklasse neben eher herkömmlichen Unterrichtsformen in den anderen Teilen der Schule.

2.2.2 Integration als normale und für alle gültige Pädagogik an der HS X

In der Fallstudie zur HS X (vgl. Feyerer 2007a, S. 114-120) wird das Streben nach „Normalisierung" sehr deutlich. So werden dort in den ersten beiden Jahren nach Einführung der I-Klassen ebenfalls *alternative Formen der Leistungs-*

beurteilung wie Pensenbuch und verbale Beurteilung angewandt; ab dem dritten Durchgang werden diese, angeblich auf Wunsch der Eltern eingeführten Formen ohne Noten aber wieder zurückgenommen. Zur Begründung dieser „Normalisierung" wird seitens der Lehrer/innen vor allem mit der Unzufriedenheit der Schüler/innen argumentiert.

Ein ähnlicher Prozess der Normalisierung ist bezüglich der *äußeren Differenzierung nach Leistungsgruppen* zu erkennen: zuerst radikale Änderung auf Wunsch der Eltern hin, dann Schritt für Schritt Rückkehr zur alten Form. Als das wesentliche Argument für die Wiedereinführung der Leistungsgruppen in den I-Klassen wird wiederum die Unzufriedenheit der Schüler/innen angeführt. In manchen Klassen wird sogar zwischen den KmSPF und den Schüler/inne/n der 3. Leistungsgruppe eine äußere Differenzierung eingeführt, da sich manche Lehrer/innen nicht imstande sehen, die mit Alter und Stoffangebot zunehmende Leistungsschere zu bewältigen.

In den beiden Unterrichtsstunden, in denen ich hospitierte,[25] war weder von Wochenplanarbeit noch Projektunterricht etwas zu sehen. Alle Schüler/innen bekamen das gleiche Arbeitsblatt und die gleichen Aufgaben gestellt. Keine Visualisierung unterstützte den Erwerb neuer Begriffe, *innere Differenzierung* erfolgte durch die spontanen Hilfestellungen seitens der Sonderschullehrerin. Der *Klassenraum* war sehr groß, die Ausrichtung der Tische wie in den meisten Schulklassen Österreichs frontal in Richtung Tafel, die beiden Katheder standen aber links parallel zur Fensterfront auf Höhe der Schülertische. Die Wände waren türkis gestrichen, an Kästen fanden sich Plakate aus dem letzten Biologie-Projekt zu den fünf Sinnen, mehrere Matratzen links hinten bildeten die Sitzecke.

Als *Auswahlkriterium* für die nichtbehinderten Schüler/innen der Integrationsklasse wird seitens der Lehrer/innen heute vor allem auf die *Herkunft der Schüler/innen* geachtet, da die Schüler/innen aus einer bestimmten ländlichen Umlandgemeinde erfahrungsgemäß *„brauchbare, praktische Kinder sind"* (I1 PL, 9). Für den Schulleiter ist es sehr wichtig, dass die Integrationsklassen kein *„Sammelsurium von schwachen Kindern und Hilfsbedürftigen"* (I1 SL, 13) werden. Insgesamt sind die Schüler/innen der I-Klasse und der jeweiligen Parallelklasse sowohl nach Geschlecht als auch nach Herkunft und kognitiver Leistungsfähigkeit recht ausgeglichen zusammengesetzt.

Team-Teaching war durch die Kooperation mit den muttersprachlichen Zusatzlehrer/inne/n bereits vor der Integration an der HS X eingeführt. Mit der Integration behinderter Kinder kommt allerdings ein neuer Faktor ins Spiel, die Zusammenarbeit mit einer Sonderschullehrkraft, die ihre gesamte Lehrverpflichtung in der Integrationsklasse verbringt. Eine solche Kooperation würde ein

25 Auf meine Bitte, *typischen* integrativen Unterricht beobachten zu können, wurde ich zu diesen Unterrichtsstunden eingeladen.

Zweilehrersystem mit all seinen Vorteilen, wie z.B. mehr Kompetenzen im Lehrerteam, mehr Zeit für einzelne Schüler/innen im Unterricht, gegenseitiges Unterstützen und Von-einander-Lernen, ermöglichen, verlangt aber auch eine regelmäßige und intensive Kooperation auf der Basis gegenseitigen Wertschätzens und Verstehens. Ich erlebte eine Englischstunde (3. Leistungsgruppe und KmSPF), in der die Sonderschullehrerin ausschließlich assistierte, abwechselnd einzelnen Schüler/inne/n bei der Bewältigung der Aufgabenstellungen durch die Hauptschullehrerin half, sowie eine Zeichenstunde, in der die Hauptschullehrerin assistierte, kurz am Schreibtisch Administratives erledigte und notwendige Organisationsfragen außerhalb der Klasse klärte. Es scheint sich an der HS X somit mehr um ein *Zweit*lehrer- als um ein *Zwei*lehrersystem zu handeln.[26] Ein Grund dafür kann sein, dass sich die notwendige, sehr zeitintensive Zusammenarbeit im Zweilehrersystem in Bezug auf Vor- und Nachbereitung des Unterrichts ebenfalls normalisierte und nur sehr selten Koordinationsstunden stattfinden.

Das Grundprinzip der Integration an der HS X, die Normalisierung, führt somit zwar insgesamt zu einer Öffnung des Unterrichtsgeschehens, aber zu radikale, bei Eltern sowie anderen Lehrer/inne/n möglicherweise schwer argumentierbare Änderungen – wie der Verzicht auf Noten oder die Auflösung der Leistungsgruppen – werden offenbar als nicht normal abgelehnt und wieder abgeschafft. Der beste Integrationsunterricht ist nämlich jener, der sich von der Normalklasse möglichst nicht unterscheidet:

> „Und so typische Merkmale an Integrationsklassen? Was wären das für sie?
> *Das habe ich eh schon gesagt! Dass es normal ist.“* (I1 SL, 20)

Dass dieses Ziel erreicht wurde, bestätigen sowohl die Elternvertreterin als auch der Schülervertreter:

> „Oder lernen sie anders?
> *Wie gesagt, nur die dritte Leistungsgruppe. Die haben einen zweiten Lehrer in der Klasse, aber sonst ist alles gleich.“* (I1 EV, 5)
> „Glaubst du, dass in deiner Klasse anders unterrichtet wird von den Lehrern her als in der 4b und wenn ja, was wird anders gemacht?
> *Ich glaube, dass da kein großer Unterschied ist, aber dadurch, dass wir Integrationsschüler dabei haben, wird vielleicht ein bisschen anders dargestellt, anders erklärt, ein bisserl leichter, dass es auch ein jeder versteht. Nicht so streng.“* (I1 SV, 4)

26 Im Zuge der Autorisierung der Studie meinte die Projektleiterin dazu folgendes: *„Du sprichst an, dass wir ein Zweitlehrer- und kein Zweilehrersystem haben. Das mag durchaus so sein, aber ich habe mich noch nie in irgendeiner Weise als ‚Zweite' gefühlt.“*

2.3 Präsentation nach außen

Die unterschiedliche Ausgestaltung des Schwerpunktes Integration zeigt sich auch in unterschiedlichen Vorgehensweisen bei der Öffentlichkeitsarbeit. So informiert die Schubertschule in einem dreiteiligen Faltprospekt über ihre drei *Zweige*: „Integrationshauptschule, Regelhauptschule und Sporthauptschule" (I2 IF1). „Jeder Zweig wirbt mit einem eigenen Logo, passenden Fotos und der Aufzählung der unterschiedlichen Besonderheiten. Die Verwendung des Begriffs ‚Schule' im Werbefolder vermittelt den Eindruck, hier handle es sich tatsächlich um drei verschiedene Schulen unter einem Dach. In den Aussagen der Lehrer/innen wird meist von Schwerpunkten gesprochen" (Soukup-Altrichter 2007, S. 132). Die Regelhauptschule wird auch als „HS Classic" bezeichnet, was aber nichts daran ändert, dass diese Klassen viele schwächere Schüler/innen haben, also so etwas wie die „Restklassen" der Schubertschule darstellen. Die „Sporthauptschule mit den Schwerpunkten Fußball, Leichtathletik, Gymnastik und Turnen" (I2 HP) wurde 1997, also fünf Jahre nach Einführung der Integration, als spezielles Angebot für sportlich begabte und interessierte Schüler/innen auch aus anderen Schulsprengeln eingerichtet. Im oben zitierten Werbefolder wird der Integrationsschwerpunkt mit Offenen Lernformen, Alternativer Beurteilung, ganzheitlichem Lernen und intensiven Kontakten zwischen Eltern und Schule beworben, dargestellt in einem eigenen Logo, das aus verschiedenfarbigen und verschieden geformten Puzzleteilen besteht und verschiedene Kinder bei unterschiedlichen Aktivitäten zeigt (vgl. I2 IF1). Der Spezialfolder für die Integrationsschule wirbt mit „Sozialem Lernen; Begabtenförderung und Lernen zur Selbstständigkeit" (I2 IF2) sowie „regelmäßigen Lehrerteamsitzungen zur Leistungsförderung jedes Kindes, Zusammenarbeit mit den Eltern z.B. Leistungsbeurteilung" (I2 IF2) und kündigt einen Elterninformationsabend für die Integrationsklassen an. Ganz bewusst wird Integration mit einem neuen pädagogischen Konzept verknüpft, das auch für leistungsstarke Schüler/innen interessant ist. Damit versucht die Schule Eltern bildungsnaher Schichten anzusprechen, die für ihre Kinder pädagogische Alternativen zum herkömmlichen Unterricht in der Sekundarstufe suchen (vgl. Soukup-Altrichter 2007, S. 136f.).

Ganz anders die Situation an der HS X. Um sich zu präsentieren setzt die Schule auf zwei Medien: die Schulhomepage und einen Folder. Beide Medien sind sowohl von der Farbgebung als auch der Strukturierung sehr ansprechend gestaltet und laden zur näheren Betrachtung ein, bei der man in knapper Form über die wesentlichen Besonderheiten und wichtigsten Eckdaten der HS X informiert wird. Auf der Innenseite des dreigeteilten Folders der HS X werden auf einer Seite „Angebote für alle" stichwortartig aufgelistet. Als siebtes von insgesamt elf Angeboten findet man „Integration, Soziales Lernen". Ansonsten wird Integration im gesamten Folder, auch im ausformulierten Informationstext des Schulleiters auf der Außenseite, nicht mehr thematisiert. Das gleiche Schicksal erleiden das besondere Bemühen der HS X um die Kinder mit nichtdeutscher Muttersprache (elftes Angebot für alle: „Förderung fremdsprachiger Schüler") und der Schwerpunkt „Gesundheitserziehung" (erstes Angebot für alle). Alle weiteren Informationen beziehen sich auf den Schwerpunkt Beruf und die besonderen Fördermaßnahmen vor allem der leistungsstarken Schüler/innen (vgl. I1 IF).

Dies entspricht der grundsätzlichen Linie der HS X, in der Öffentlichkeitsarbeit auf die als wettbewerbsmächtig eingeschätzten Schwerpunkte zu setzen, um auch gute Schüler/innen zu bekommen.

> *„Ich will es jetzt nicht reihen, aber an und für sich verkaufen wir uns unter dem Schwerpunkt Gesundheit und Beruf. Für die Integration machen wir nicht extra Werbung, das stimmt.*
> Aber in der Bevölkerung ist schon bewusst, dass die HS X Integration macht?
> *Das ist bekannt, ja. Aber wir möchten es nicht extra plakatieren. Weil eigentlich finden wir es als Selbstverständlichkeit."* (I1 L1, 15)

2.4 Abgrenzung nach innen

Bezüglich der Abgrenzung und Konkurrenz nach innen, kann an der HS X von einem *Prinzip der Harmonisierung*, geprägt von einem Klima der Freiwilligkeit und Gesprächsbereitschaft, gesprochen werden. Für jeden Schwerpunkt gibt es ein eigenes Team, eine Konkurrenz unter diesen Teams besteht nicht. Jedes Team konzentriert sich auf seinen Schwerpunkt und weiß über die anderen eher wenig Bescheid. Der Idee der Normalisierung entsprechend werden die Schwerpunkte Gesundheit und Beruf in den Integrationsklassen genauso wie in den Parallelklassen umgesetzt. Befragt nach dem Verhältnis der drei Schwerpunkte zueinander erklären die Interviewpartner/innen einhellig, dass es zwischen Gesundheit, Beruf und Integration keine Konkurrenz gebe, sondern dass sich diese Aspekte gut ergänzten (vgl. Feyerer 2007a, S. 100f.).

Besonders in den Integrationsklassen können die Klassenvorstände ihr Team mitbestimmen. Dabei greifen sie auf jene Kolleg/inn/en zurück, die sie schon länger kennen und mit denen sie sich gut verstehen. Bei der Schulentwicklung wird immer das Gesamte im Auge behalten, wettbewerbsmächtige und -schwache Aspekte werden ausbalanciert. Die Freiwilligkeit, gute persönliche, teilweise private Beziehungen sowie die grundsätzliche Bereitschaft zur Flexibilität und Anpassung verhindern anscheinend Konflikte an der HS X (vgl. Feyerer 2007a, S. 126f.). Als sehr positive Auswirkung der Normalisierung kann festgehalten werden, dass sich an der HS X mehr Akzeptanz und Toleranz gegenüber Schwächeren und ein „normaler“ Umgang mit Kindern, die anders sind, eingestellt haben, und zwar sowohl bei Lehrer/inne/n als auch bei Schüler/inne/n (vgl. ebda., S. 120f.).

Auch an der Schubertschule gibt es zwischen den Schwerpunkten keine Konkurrenz. Alle Lehrer/innen scheinen zufrieden zu sein, da jeder Schwerpunkt das Seine zum Weiterbestand der großen Schule mit relativ hohen Schülerzahlen beiträgt. An der Schule herrscht auch ein gutes Arbeitsklima mit gegenseitiger Wertschätzung und einem fairen Umgang zwischen den Kolleg/inn/en. Allerdings gibt es manchmal Rivalitäten zwischen den Schüler/inne/n. Jungen aus den Sportklassen fühlen sich oft allen anderen überlegen, die I-Klasse wird von ihnen manchmal als „Idioten-Klasse“ bezeichnet (vgl. Soukup-Altrichter 2007, S. 158f.).

3 Mögliche Ursachen für die unterschiedlichen Strategien

Abschnitt 2 zeigt, dass trotz gleicher gesetzlicher Rahmenbedingungen, gleicher Unterstützung seitens der Landes- und Bezirksschulbehörde sowie der wissenschaftlichen Begleitung der Schwerpunkt Integration an den beiden Schulen sehr unterschiedlich ausgestaltet wurde. Dieses Kapitel geht der Frage nach, welche Faktoren dafür verantwortlich sein könnten.

3.1 Einstellungen und leitende Werte

Von den meisten Interviewten wird die Vielfältigkeit – repräsentiert durch ausländische Kinder und eben auch I-Kinder – als das Typische und Charakteristische der HS X erwähnt sowie dass die damit verbundenen *Aufgaben als Herausforderungen* gesehen werden, denen man sich so gut wie möglich stellt. Neben der ausgeprägt positiven Haltung gegenüber Schwächeren, die immer wieder in den Interviews durchkommt, scheint an der HS X noch ein zweiter Aspekt besonders handlungsleitend zu sein: eine *starke Skepsis gegenüber allem Besonderen*, also auch gegenüber einer besonderen Integrationspädagogik und einer Besonderung der Integrationsklassen. Dabei dürften persönliche Erfahrungen des gegenwärtigen Schulleiters zu Beginn der Einführung von Integrationsklassen eine wichtige Rolle spielen. So spricht er z.B. im Zusammenhang mit der Ausbildung zum Integrationslehrer von „Ideologisierung“:

„Also, ich habe das damals so nebenbei gemacht. Wobei ich ja einfach der Überzeugung bin, dass das eine Ideologisierung war. Und nichts ist blöder als Ideologie. Einfach normal umgehen. Ich hab so einen Kurs gemacht und bin bald wieder ausgestiegen. Ich wollte mich nicht ideologisieren lassen. Dann sehe ich alles nur noch in Integration. Das ist genauso falsch." (I1 SL, 22)

„Ich selber habe ja begonnen mit den Integrationsklassen in der Hauptschule. Da haben wir so angefangen, wie es im Lehrbuch steht. Die Klasse separiert. Die Klasse von einem Lehrer unterrichtet und das, was die Kinder am meisten gestört hat und was sie sogar belastet hat, dass sie als Besonderheit in der Schule von anderen sekkiert worden sind. Sie haben sich nicht integriert im Schulganzen gefühlt, sodass wir einen neuen Weg gesucht haben. Und heute führen wir die Klassen so normal wie möglich und schauen, wo wir behinderte Schüler im Besonderen fördern können. Die gehen überall mit. Die sitzen nicht nur in den dritten Leistungsgruppen. Sondern überall, sodass das also aufgeteilt ist. Das war eine bewusste Entscheidung." (I1 SL, 2f.)

Auch die Hauptvertreterin des Schwerpunktes Integration an der HS X macht sehr deutlich, dass die Integration „nicht so eine künstlich gemachte Geschichte" (I1 PL, 1) sein soll und glücklicherweise einstweilen normal geworden ist. Auf die Frage nach der Bedeutung des Schwerpunktes Integration innerhalb der Schule und extern in der Öffentlichkeit antwortet sie:

„In der Schule ist er, glaub ich, schon ganz normal geworden. Es hat nicht mehr so die Bedeutung. Das finde ich auch gut. Ich finde, es muss man nicht raus heben. Es soll alltäglich sein und das ist in der Schule ganz sicher so. Ich glaube, außen ist es auch schon." (I1 PL, 7)

Die Normalisierung als bestimmende Grundidee der Integration an der HS X könnte somit wesentlich von den leitenden Einstellungen des Schulleiters sowie der Hauptvertreterin bestimmt sein. Lern- oder körperlich beeinträchtigten bzw. sozial benachteiligten Kindern soll durch Eingliederung ein gleichberechtigtes Teilhaben an der gesellschaftlichen Normalität ermöglicht werden. Durch dieses Zusammenleben soll selbstverständliche Akzeptanz und Toleranz für die Minderheit bei der Mehrheit geweckt werden. Alles Besondere würde für dieses Ziel eher kontraproduktiv sein. Es wird daher möglichst alles vermieden, was die Integration hervorhebt. Das geht beim Schulleiter sogar so weit, dass er „Integration" nicht als Profilschwerpunkt ansieht:

„Die Integrationsklassen sind ja nicht ein Schwerpunkt, sondern die haben sich einfach ergeben. Als Notwendigkeit. Wir waren die erste Hauptschule in [der Stadt], *die den Versuch gewagt hat."* (I1 SL, 3)

Im Gegensatz dazu sind an der Schubertschule kein Beleg für eine besonders positive Einstellung gegenüber sozial Schwächeren oder Skepsis gegenüber einer besonderen Integrationspädagogik zu finden. Hier scheint es insgesamt eher um ein allgemein gutes Schulklima und immer wieder um die guten Schüler/innen zu gehen. Die Schwerpunkte Sport und Integration werden von der Schulsprecherin als wichtig für den guten Ruf der Schule und somit für die Attraktivität für gute Schüler/innen bezeichnet (vgl. Soukup-Altrichter 2007, S. 132). Im Schwerpunkt „Integrationshauptschule" ist zwar das erste Ziel die soziale Integration, daneben sind pädagogische Ziele relevant, wie die permanente Arbeit an der Verbesserung des Unterrichts, um Kinder zu selbständigem Lernen und Wissenserwerb anzuregen. Dafür braucht man ein pädagogisches Konzept, das gewährleistet, dass jedes Kind seinen Bedürfnissen entsprechend gefordert und gefördert werden kann. Dieses pädagogische Konzept wird stolz an die Öffentlichkeit getragen, wobei weniger an die sozial schwachen als vielmehr an die sozial starken und bildungsnahen Eltern gedacht wird (vgl. ebda., S. 136).

An beiden Standorten wird Integration als ein von der Gesellschaft im Allgemeinen eher negativ besetztes Thema gesehen:

> *„Also, die Integration ist auch so eine zweischneidige Geschichte. Das muss man den Eltern erst erklären. Ich hör das immer so, am Land ist das so, dass die Eltern wollen, dass ihr nichtbehindertes Kind in eine I-Klasse geht. Das ist hier nicht so. Sondern da herrscht eher Ablehnung. Ich bin zwar für die Behinderten, ich spende für Licht ins Dunkel, aber mein Kind soll nicht in so einer Klasse sitzen. Das heißt, man muss ihnen erst erklären, dass das soziale Lernen ein ganz wichtiger Faktor im Leben ist. Und wie gesagt, die Widerstände werden immer geringer von Jahr zu Jahr. Wobei die Widerstände auch vereinzelt sind."* (I1 SL, 5)

Während die HS X aber den Eltern den Wert des sozialen Miteinanders deutlich machen will, versucht die Schubertschule sowohl mit der Integrationshauptschule als auch der Sporthauptschule möglichst viele gute Schüler/innen vom Gang ins Gymnasium abzuhalten. Dadurch soll die Größe der Schule ausgebaut und eine leistungsheterogene Zusammensetzung der Schülerpopulation aufrecht erhalten werden. Können für dieses unterschiedliche Vorgehen alleine die unterschiedlichen Einstellungen und Leitideen verantwortlich sein oder spielen auch unterschiedliche Strukturen und Rahmenbedingungen eine wichtige Rolle?

3.2 Schulstrukturen

Betrachtet man den schulischen Kontext an den beiden Standorten, zeigen sich große Unterschiede. So gibt es am Standort der HS X insgesamt neun Hauptschulen und zwei Gymnasien, an jenem der Schubertschule hingegen nur drei Hauptschulen und ein Gymnasium (vgl. Feyerer 2007a, S. 95; Soukup-Altrichter 2007, S. 153). An beiden Standorten herrscht zwar eine vergleichbare Konkurrenzsituation zwischen Hauptschulen und Gymnasien. Die Positionen der beiden Hauptschulen unterscheiden sich aber stark. Während die HS X durch die große Zahl an Hauptschulen in der Stadt nur eine sehr geringe Schülerzahl aufweist (im Jahr 2005/06 waren es genau 179 Schüler/innen in acht Klassen) und nur jedes zweite Jahr eine Integrationsklasse eröffnet (vgl. Feyerer 2007a, S. 95), ist die Schubertschule mit zirka 550 Schüler/inne/n und 60 Lehrer/inne/n „eine der größten Hauptschulen Österreichs. [...] Die Schule führt auf jeder Schulstufe fünf Parallelklassen, davon eine Sportklasse, zwei Integrationsklassen und zwei normale Hauptschulklassen“ (Soukup-Altrichter 2007, S. 131).

Damit die Integrationsklassen nicht zu einem Sammelbecken schwieriger Schüler/innen verkommen, werden an der HS X die Parallel- und Integrationsklassen in Bezug auf die wichtigen Parameter Gesamtschülerzahl, Verhältnis Mädchen/Jungen, Anteil von Kindern mit nichtdeutscher Muttersprache, Leistungsvermögen und soziale Kompetenz ähnlich zusammengesetzt (vgl. Feyerer 2007a, 125). Ganz anders in der Schubertschule: „Das Phänomen der Selektion zeigt sich innerhalb der untersuchten Schule durch die Tatsache, dass Kinder von Migrant/inn/en kaum in den besonderen Schwerpunkten zu finden sind, in der Integration Akademikereltern im Vergleich zu anderen Hauptschulen stark vertreten sind, leistungsstärkere Schüler/innen fast durchgängig Sport oder Integration wählen und die Schüler/innen der 2. und 3. Leistungsgruppen vor allem in den Regelklassen zu finden sind.“ (Soukup-Altrichter 2007, S. 159)

Während die Schubertschule also mit dem Problem von Rest*klassen* zu kämpfen hat, hat die HS X die Probleme einer Rest*schule*, begründet durch die Konkurrenz zwischen vielen Hauptschulen und Gymnasien in der Stadt und verstärkt durch den bereits vor der Eröffnung von Integrationsklassen erworbenen Ruf einer „Ausländerschule“.

3.3 „Logik der Adaption“ als Grundlage der Normalisierung an der HS X

Die oben beschriebenen unterschiedlichen Ausgangspositionen scheinen sehr bestimmend für die unterschiedlichen Handlungsweisen zu sein. Mit einem Lehrkörper von nur 25 Lehrer/inne/n und einem Raumangebot für maximal zwei Parallelklassen lässt sich keine Strategie der Profilierung nach der „Logik der Diversifikation“ umsetzen. Für die HS X scheint nur eine Strategie nach der *„Logik der Adaption“* (Maroy & van Zanten 2009, S. e73 und in diesem Band) viabel gewesen zu sein.

Dementsprechend hat man sich mit den Schwerpunkten Gesundheit und Beruf eine Nische gesucht, um das bereits vorhandene negative Image wenigstens soweit zu verbessern, dass *„der Ruf der Schule auch unter Sprengelschülern, die schwierig sind, nicht leidet“* (I1 SL, 4) und jedes Jahr zwei 1. Klassen (i.e. 5. Schulstufe) eröffnet werden können, *„die allerdings nicht zu voll sein sollen, damit auch unter den schwierigen Bedingungen noch pädagogisch sinnvoll gearbeitet werden kann“* (I1 SL, 8). So wie die ausländischen Schüler/innen hat man sich in der Folge auch die behinderten Schüler/innen nicht selbst gewählt, sich aber engagiert der Herausforderung der Integration der beiden Gruppen gestellt. Die Pädagogik wurde gerade soweit adaptiert, dass man pädagogisch sinnvoll arbeiten konnte. Die im Erlass des LSR f. OÖ (1997) vorgegebenen Rahmenbedingungen brachten durch das Team-Teaching insgesamt eine nicht unwesentliche und geschätzte Erleichterung der Unterrichtsarbeit (vgl. I1 SPZ, 11). Für das Ziel, gerade ausreichend viele Schüler/innen für die sichere Führung von zwei, nicht „zu vollen“ Parallelklassen zu bekommen, hat sich die Integration insofern als hilfreich erwiesen, als der gute Ruf der ersten Integrationsklasse noch heute für Mundpropaganda sorgt und vor allem gute Schüler/innen aus den Umlandgemeinden bringt (vgl. I1 SPZ, 4 und 10).

Aufgrund der vielfältigen Profilierungsbemühungen innerhalb der letzten zwölf Jahre kann zum Zeitpunkt der Studie davon ausgegangen werden, dass die HS X, ebenso wie alle anderen Hauptschulen der Stadt, ihren festen Platz in der Schullandschaft der Kleinstadt gefunden hat, und die Schwerpunkte Gesundheit, Beruf und Integration als „Gesamtpaket“ interessierten Eltern bekannt sind:

> *„Alle, die in* [der Stadt] *mit Schule was zu tun haben, wissen, was an den einzelnen Standorten passiert. Das ist jetzt nicht speziell auf die* [HS X] *gemünzt. Man weiß, dass es* […] *eine Sporthauptschule gibt. Man weiß, dass es* […] *eine andere Hauptschule gibt, wo viele Ausländer sind. Man weiß, dass es* […] *eine Hauptschule gibt, die nur innere Differenzierung und Zwei-Lehrersystem propagiert. Man weiß, dass* […] *eine Ganztagsschule ist. Man weiß, dass die zweite Schule sich mehr im Bereich EDV etabliert. Man weiß, dass die HS X da groß geworden ist, in dem Bereich, den wir diskutieren. Das ist so bei uns, und da sind auch die Schwerpunkte ein wenig verteilt über das ganze Stadtgebiet, und das weiß man.“* (I1 BSI, 15)

Hilfreich für diese Positionierung war sicherlich, dass sich die Direktor/inn/en der verschiedenen Hauptschulen in ihren Autonomiebestrebungen koordinierten und absprachen, so dass der Konkurrenzkampf untereinander nicht zu stark war und jede Schule ausreichend viele Schüler/innen bekam und bekommt. So hat man z.B. vereinbart, dass an den Sprengelvolksschulen anderer Hauptschulen bewusst keine Informationsabende durchgeführt werden. Motor eines Arbeitskreises aller Hauptschulleiter/innen der Stadt und für deren „Nichtkonkurrenz-Vereinbarung“ war der

Schulleiter der HS X. Als neusten Schachzug hat diese Gruppe eine Wettbewerbsidee aller Hauptschulen der Stadt gegen die beiden Gymnasien entwickelt, die der Inspektor so beschreibt:

> *„Wir denken daran, flächendeckend, für alle Hauptschulen gültig, die Umstufung zu lockern, das heißt in Richtung Schülerwunsch zu lockern, dass man so quasi sagen kann, wer die Berechtigung hat für die AHS, hat auch automatisch die Berechtigung für die erste Leistungsgruppe. Das ist ja eh Gesetz, aber wir geben ihm das als Garantie für die vier Jahre in der Unterstufe, wenn er oder sie das will."* (I1 BSI, 20)

3.4 „Logik der Diversifikation" als Grundlage der Profilierung an der Schubertschule

Während die regionalen Bedingungen der HS X nur ein eher stilles Einpassen des Integrationsschwerpunktes in die Gesamtsituation einer mit den als wettbewerbsmächtig eingeschätzten Schwerpunkten Gesundheit und Beruf ums Überleben kämpfenden Restschule ermöglichten, kann die Schubertschule mit ihrer Größe einen offensiven Wettbewerb mit Hilfe des Schwerpunktes Integration gemäß einer *„Logik der Diversifikation"* (Maroy & van Zanten 2009, S. e73 und in diesem Band) führen.

Auch wenn die Integration zuerst gegen den Willen der Lehrerschaft eingerichtet wird, wird bald die Chance erkannt, bildungsnahen Schichten ein besonders attraktives Angebot zu machen und so Eltern zu gewinnen, die ihr Kind sonst wahrscheinlich ins Gymnasium geben würden. Voraussetzung dafür ist im Gegensatz zur HS X eine wirklich gute, sich von der traditionellen Pädagogik deutlich abhebende Integrationspädagogik, die sich sowohl vom Gymnasium als auch von der gewohnten Hauptschule unterscheidet und damit dementsprechend offensiv beworben werden kann. Der Weg, speziellen Zielgruppen ein spezielles Angebot zu liefern, wird später mit der Errichtung der Sporthauptschule fortgesetzt.

Zum Zeitpunkt der Studie zeichnet sich ab, dass das Ziel, viele gute Schüler/innen an die Schule zu bekommen, mit dem Schwerpunkt Integration auf Dauer nicht in ausreichendem Maß erreicht werden kann, da mittlerweile auch die zweite HS der Stadt die Chancen der Integration erkannt hat (vgl. I2 SL, 1), und damit die Integration als Alleinstellungsmerkmal verloren geht. Gleichzeitig zieht der Schwerpunkt Integration aufgrund seiner pädagogischen Qualität verstärkt Schüler/innen an, die mit schulischen Problemen kämpfen. Dadurch aber zweifeln gerade Eltern leistungsstarker Schüler/innen an der Angemessenheit des Angebots der Schubertschule für ihre Kinder, und der Trend von der HS zur AHS setzt wieder ein. Aus diesen Gründen wird es für die Schubertschule langfristig schwierig mit dem Integrationsschwerpunkt leistungsstarke Schüler/innen anzuziehen. Dementsprechend hat die Schule jüngst beschlossen, ihre Marketingstrategie wieder zu ändern.

> *„Egal, was wir an Öffentlichkeitsarbeit machen,* [wir bekommen] *immer weniger leistungsstarke Schüler. Wir* [brauchen] *ein anderes Konzept* [...], *denn so kann es nicht weitergehen* [...], *wir haben nur leistungsschwache Schüler, wir können auch nicht mehr integrieren. Ich kann nicht mit der dritten Leistungsgruppe integrieren, das geht nicht, das ist nicht möglich."* (I2 PVb, 6)

Anstatt mit Integration soll daher in Zukunft mit dem neuen Konzept „Values and Knowledge Education (= VAKE)", das Werteerziehung und Wissenserwerb zu kombinieren versucht, um leistungsstarke Schüler/innen geworben werden. Den theoretischen Hintergrund dafür liefern Werteerziehung und Dilemmadiskussion nach den Theorien Kohlbergs und Piagets bzw. Glaserfelds Theorien des konstruktivistischen Wissenserwerbs. VAKE kombiniert diese insofern, als Dilemmadiskussionen als Ausgangspunkt für den Erwerb von Fachwissen zur Lösung der Dilemmasituationen dienen. Auf die Vorstellung einer Dilemmasituation folgt eine Phase selbständigen Wissenserwerbs. Schüler/innen sollen selbständig an der Beantwortung der aufgeworfenen Fragen arbeiten, ähnlich wie bisher im interdisziplinären projektorientierten Unterricht. Neben fachspezifischen Dilemmasituationen, deren Bearbeitung sehr zeitintensiv ist, werden regelmäßig Dilemmata bearbeitet, die alleine der Werteerziehung dienen. Für den Erfolg des Konzeptes sei sowohl die Aneignung von verwertbarem Wissen als auch erfolgreiche Werteerziehung maßgeblich. Bisher war das VAKE-Konzept vor allem bei Kursen für Hochbegabte erprobt worden; seit dem Schuljahr 2007/08 haben die so genannten VAKE-Klassen die Integrationsklassen an der Schubertschule abgelöst.

> *„Es ist eine Klasse für Kinder mit* [verschiedenen] *Bedürfnissen, sei es jetzt ein hochbegabtes Kind oder ein Kind, das einen SPF hat. Es ist eine Klasse für alle."* (I2 PVb, 7)

Bisher für den Integrationsschwerpunkt charakteristische Merkmale – wie innere Differenzierung statt Leistungsgruppen, alternative Leistungsbeurteilung, Betreuung der Klasse durch ein kleines Lehrerteam und Team-Teaching – werden beibehalten. Neu soll eine wissenschaftliche Begleitung der Umsetzung des theoretisch fundierten neuen Konzepts durch einen Lehrer mit akademischer Ausbildung aus dem eigenen Kollegium sein. Die neue Idee wurde von vielen Kolleg/inn/en aus den Integrationsklassen äußerst positiv aufgenommen, andere belächelten zunächst das neue Konzept. Die positive Resonanz unter den Eltern auf das neue Angebot war größer als erwartet. Die Anmeldungen überstiegen die Aufnahmekapazität für zwei Klassen erheblich. Diese Abstimmung mit den Füßen bewirkte wiederum einen Meinungsumschwung im Kollegium (vgl. Soukup-Altrichter 2007, S. 152f.).

3.5 Schlussbetrachtung

Welche Faktoren letztlich für die Wahl der Entwicklungsstrategie entscheidend sind, kann aus den vorhandenen Daten nicht schlüssig beantwortet werden. Ich vermute, dass an jedem Standort ein ganzes Bündel von Faktoren komplex zusammenspielt, dass die lokalen Schulstrukturen und Machtverhältnisse dabei sehr wirkungsmächtig sind und Ziele und Motive der Akteure an den Schulen beeinflussen, vorhandene Einstellungen und Werte verstärken oder abschwächen.

Neben lokalen Schulstrukturen und persönlichen Einstellungen werden sicherlich noch andere Aspekte eine Rolle für die unterschiedlichen Entwicklungsverläufe gespielt haben, wie z.B. der Zeitpunkt der Einführung des Schwerpunktes oder der unterschiedliche Erfahrungshintergrund wichtiger Akteure: Die Hauptvertreterin der Integration an der Schubertschule war eine Sonderschullehrerin, die bereits in der Volksschule an der Entwicklung des integrationspädagogischen Konzeptes mitgearbeitet hatte (vgl. ebda., S. 149). An der HS X spielte hingegen eine Hauptschullehrerin eine entscheidende Rolle, die das Sonderschullehramt zusätzlich erworben hatte, aber über keine Erfahrung in der Volksschulintegration verfügte, dafür aber an der HS X schon längere Zeit als Hauptschullehrerin etabliert war (vgl. Feyerer 2007a, S. 110).

Bei der Auswahl der jeweiligen Handlungsstrategie scheint auch wichtig zu sein, ob damit die gesetzten Ziele den Akteuren erreichbar scheinen. Sowohl an der HS X als auch an der Schubertschule wurden jene Schritte gesetzt und jene Strukturen genutzt bzw. aufgebaut, die im Rahmen der jeweiligen Bedingungen als zielführend erschienen. An einem Standort war es dafür notwendig und möglich, die Integration als wettbewerbsstarken Schwerpunkt zu gestalten, am anderen Standort war es anscheinend wichtiger und auch für die handelnden Akteure passender, die Integration als Selbstverständlichkeit zu behandeln und sich mehr auf die Beschränkung des Wettbewerbs unter den vielen Hauptschulen zu konzentrieren. Da an beiden Schulen die jeweiligen Ziele lange Zeit zufriedenstellend erreicht wurden, gab es auch keine Notwendigkeit, die Strategie grundsätzlich zu verändern. Eine Evaluation des Schwerpunktes Integration wurde übrigens an keinem der beiden Standorte durchgeführt, weder seitens der Schule noch seitens der Bezirksschulbehörde (vgl. Soukup-Altrichter 2007, S. 163f.; Feyerer 2007a, S. 122f.).

Abschließend ist noch anzumerken, dass die Integration einen besonderen Profilierungsschwerpunkt darstellt, der von seiner grundsätzlichen Idee her schon die *Problematik des normalen Umgangs mit dem Besonderen* mit sich bringt. Das Ziel der Integration, beeinträchtigte Kinder so normal wie möglich bei möglichst umfassender Berücksichtigung der individuellen Unterschiede zu beschulen, soll einerseits ja dazu führen, *„dass man es nicht mehr merkt, dass das eine Integrationsschule ist, dass Behinderung selbstverständlich wird, dass man behinderte und nicht behinderte Kinder nicht ‚speziell' in dem Sinne fördert, dass zum Beispiel Gruppen nur nach diesem Kriterium gebildet werden"* (I1 PI, 6). Andererseits bedingt dieses Ziel eine besondere Pädagogik, die sich sehr gut für eine Profilierung eignet und im Wettbewerb unterschiedlicher Schulen offensiv für die Werbung um gute Schüler/innen genutzt werden kann. Die Idee der integrativen Pädagogik muss dann aber auf eine besondere Klasse beschränkt bleiben, was auch eine klare Selektion verlangt. Dementsprechend verlangt eine Profilierung nach der Logik der Diversifikation wie an der Schubertschule eine deutlichere Umsetzung der integrativen Pädagogik in den Schwerpunktklassen, aber auch den bewussten Verzicht auf wichtige Merkmale, wie offene Unterrichtsformen, alternative Formen der Leistungsbeurteilung etc., in den anderen Klassen. Normalisierung nach der Logik der Adaption à la HS X erlaubt einen lockereren Umgang bei der Umsetzung integrativer Pädagogik, verzichtet dafür aber bewusst auf Selektion und Konkurrenz innerhalb der Schule.

Datenmaterial

HS X

	Interviews
I1 SL	Schulleiter, bei Beginn der Integration als Lehrer im I-Klassenteam
I1 PL	Projektleiterin (Hauptvertreterin des Schwerpunktes Integration, Sonderschullehrerin)
I1 EV	Elternvertreterin (Tochter in keiner Integrationsklasse)
I1 E	Mutter (Sohn mit Beeinträchtigung in einer Integrationsklasse, Tochter in keiner Integrationsklasse)
I1 SV	Schülersprecher (zugleich Schüler in einer Integrationsklasse)
I1 L1	Hauptschullehrerin (Leiterstellvertreterin, wenig Bezug zum Schwerpunkt Integration, Mitbegründerin des Schwerpunktes Gesundheit & Beruf)
I1 L2	Hauptschullehrerin (Vertreterin des Schwerpunktteams Beruf)
I1 BSI	Bezirksschulinspektor

I1 SPZ	Leiterin des Sonderpädagogischen Zentrums (= SPZ)
I1 PI	Pädagogischer Mitarbeiter am Pädagogischen Institut in OÖ, zuständig für die zentrale Lehrerfortbildung im Bereich Integration
	Weiteres schriftliches Datenmaterial
I1 SC	Schulchronik (auf der Homepage)
I1 AB	Abschlussbericht zweier Lehrerinnen im Rahmen eines Weiterbildungslehrganges
I1 UB	Handschriftliches Protokoll der Unterrichtsbeobachtung
I1 HP	Homepage
I1 IF	Info-Folder

Schubertschule

	Interviews
I2 SL	Schulleiter
I2 PV	Vertrauenslehrer, Lehrer in Integration (erstes Interview)
I2 PVb	Vertrauenslehrer, Lehrer in Integration (zweites Interview)
I2 PL	Hauptvertreterin des Schwerpunktes Integration, Sonderschullehrerin
I2 SV	Schulsprecherin, Schülerin einer Regelklasse, zugleich Soziales Lernen
I2 EV	Elternvertreter
I2 L1 S	Hauptschullehrer, Koordinator des Sportschwerpunkts
I2 L2 Soz	Hauptschullehrerin, Koordinatorin für Soziales Lernen
I2 L3 R	Hauptschullehrer in Regelklassen
I2 L4 B	Hauptschullehrer in Regelklassen, Betreuer der Schulbibliothek
I2 E	Mutter von drei Absolvent/inn/en von Integrationsklassen der Schule: 1 Sohn und 2 Töchter, eine davon mit Beeinträchtigung
I2 S1	Ehem. Schülerin einer Integrationsklasse
I2 S2	Ehem. Schülerin mit SPF einer Integrationsklasse
	Weiteres schriftliches Datenmaterial
I2 IF1	Info-Folder „alle Schwerpunkte“
I2 IF2	Info-Folder „Sporthauptschule“
I2 IF3	Infoblatt „Integrationsschule“
I2 HP	Homepage [01.01.2007]
I2 FN	Forschungsnotiz
I2 UB	Forschungsnotiz: Unterrichtsbeobachtung

Werner Specht

Kapitel 4: Restschulen und Restklassen. Ein vernachlässigtes Phänomen im Gefolge neuer Steuerungsformen

1 Restschulen

In Österreich wie auch in Deutschland zeichnet sich seit langer Zeit ein Trend ab, wonach sich die Zuwanderung der Schüler/innen nach der Grundschule an die gymnasialen Mittelstufen verstärkt und jene an die Hauptschulen sich abschwächt. War in früheren Zeiten die „Hauptschule" – ihrer Bezeichnung gemäß – die Schule für den Hauptteil der Bevölkerung, und damit eine in ihrer Schülerzusammensetzung besonders heterogene Schulform, laufen die verschiedenen Formen des Gymnasiums ihr – vor allem in Städten mit großer Dichte an entsprechenden Bildungseinrichtungen – diesen Rang zunehmend ab. In den Städten mit über 100 000 Einwohnern beträgt der Anteil der Schüler/innen an allgemein bildenden höheren Schulen bereits knapp 50 Prozent (vgl. Lassnigg & Vogtenhuber 2009). Während sich diese Quoten in den Städten in den letzten Jahren nur noch wenig veränderten, nimmt in den Flächenländern der Anteil der Gymnasiasten von ursprünglich niedrigerem Niveau weiter zu (vgl. Eder 2009, S. 36). Damit verringert sich gleichzeitig die Heterogenität der Hauptschule in Bezug auf die Lernvoraussetzungen der Schüler/innen, während jene der Allgemeinbildenden Höheren Schulen (AHS[27]) zunimmt. In vielen Bezirken der großen Städte haben die Hauptschulen sogar ausgesprochenen Restschulcharakter. In ihnen konzentrieren sich Schüler/innen mit ungünstigen Lernvoraussetzungen, Verhaltensproblemen oder extrem problematischen Sozialisationsbedingungen. Sie bewirken, dass den Lehrkräften immer mehr sozialpädagogische Funktionen zukommen, während die Bedingungen für einen leistungsorientierten Unterricht immer mehr schwinden (vgl. Specht 1996).

---

27 Im österreichischen zweigliedrigen Sekundarschulsystem steht die AHS als gymnasiale Schule neben der Hauptschule.

2 Konkurrenzverhältnisse in einem marktorientierten Schulwesen

Die Veränderungen der Schülerströme hin zu den AHS bedingen nicht nur eine Erschwerung der pädagogischen Aufgaben der gymnasialen Lehrerschaft, sie führen auch zu einer Verknappung der Arbeitsplätze für Lehrer/innen an Hauptschulen und zur Gefahr der Schließung einzelner Hauptschulstandorte. Das Bedürfnis nach Standortsicherung an den in ihrer Existenz bedrohten Hauptschulen wiederum führt dazu, dass aus der an sich wünschenswerten Tendenz zu höherer Bildungsbeteiligung der Schüler/innen sich zuspitzende Konkurrenzverhältnisse zwischen den Schulformen der Sekundarstufe I entstehen. Dies gilt insbesondere auch angesichts der Tatsache, dass die Schülerzahlen insgesamt in einem Rückgang begriffen sind, der nur durch die zunehmende Zahl an Migrantenkindern gemildert wird.

Dieser Konkurrenzsituation zwischen Hauptschulen und allgemeinbildenden höheren Schulen begegnen viele Schulen des ersteren Typs mit expliziten Strategien zur Erhöhung ihrer Attraktivität bei den Eltern mit gehobenen Bildungsaspirationen. Diesen Bemühungen kommt der Umstand entgegen, dass der Übergang von der Hauptschule auf eine zur Matura führende Schule nach der 8. Schulstufe bei entsprechenden Abschlusszeugnissen problemlos möglich ist, und dass die von Hauptschüler/inne/n häufig gewählten berufsbildenden höheren Schulen in den letzten Jahren deutlich an Attraktivität gewonnen haben.

3 Schulautonomie und Profilbildung

Die wichtigste Strategie der Hauptschulen zur Erhöhung ihrer Attraktivität wird durch die seit nunmehr 16 Jahren bestehende curriculare Autonomie der Schulen unterstützt. Sie gibt den Schulen die Möglichkeit, durch moderate Umschichtungen innerhalb der Stundentafel Schwerpunkte zu bilden, mit denen sie um Schüler/innen mit besonderen Begabungen oder Interessen werben. Besonders häufig gewählte Schwerpunkte sind beispielsweise Fremdsprachen, Informations- und Kommunikationstechnologie, aber auch Soziales Lernen (vgl. Schratz & Hartmann 2009, S. 331). Ein Beispiel für die Bewerbung eines solchen Sprachenschwerpunkts durch eine österreichische Hauptschule im Internet findet sich in Übersicht 4.1.

Übersicht 4.1 Bewerbung eines Sprachenschwerpunkts durch eine Hauptschule in der Steiermark im Internet

Die folgenden Informationen sollen einen Überblick über das Angebot, die Durchführung und Umsetzung des Sprachzweiges geben.

Voraussetzung für die Aufnahme in die Sprachklasse

Eine Empfehlung für den Besuch einer Sprachklasse ist die Note „Gut" in Deutsch der 4. Klasse Volksschule, da die sprachlichen Anforderungen höher sind als die in den Regelklassen.

Vermehrter Englischunterricht

In der 1.-4. Klasse gibt es je eine zusätzliche Englischstunde, jedoch keine Mehrbelastung der Schüler durch höhere Wochenstundenzahl (siehe Stundentafel).

Verstärkter Einsatz von Computern im Unterricht

Schüler arbeiten mit spezieller Sprach-Software, die auf die Schulbücher abgestimmt ist. Durch die Einbindung des Internets wird die Wichtigkeit von Sprachkenntnissen weiter unterstrichen. Die Geräte sind mit Headphone-Sets (Kopfhörer mit Mikrofon) ausgerüstet.

Englandwoche

In der 3. Klasse wird eine Englandwoche zur intensiven Sprachausbildung durchgeführt.

Frankreichwoche

Für die 4. Klassen ist eine Woche in Frankreich geplant.

Fächerübergreifender Unterricht

Englisch wird in die Gegenstände Geografie und Geschichte vorsichtig und behutsam eingebunden.

Umstiegsmöglichkeit

Umstiegsmöglichkeit in der 3. Klasse vom Sprachzweig auf einen Mathematik/Informatik Schwerpunkt.

Förderung

Bei Lernschwierigkeiten wird in Förderstunden Hilfe angeboten.

Mit solchen Schwerpunkten versuchen die Hauptschulen – insbesondere dort, wo sie in unmittelbarer Konkurrenz zur AHS stehen – Eltern, die für ihre Kinder eine qualitativ hochwertige Schulbildung anstreben, aber hinsichtlich deren AHS-Eignung vielleicht noch nicht ganz sicher sind, eine Alternative anzubieten. In vielen Fällen gelingt es ihnen so, Schüler/innen mit günstigen kognitiven Lernvoraussetzungen, einer positiven Lernmotivation und einem bildungsfreundlichen Elternhaus zu rekrutieren und sich so eine gewisse Heterogenität der Schülerschaft zu erhalten. Dies gilt vermutlich insbesondere in Regionen mit relativ geringer AHS-Dichte und einem begrenzten Anteil an Schüler/inne/n mit nichtdeutscher Muttersprache, also etwa in kleineren Bezirksstädten und größeren Landgemeinden. In den großen Städten ist diese Strategie weniger erfolgversprechend. Hier sind es vor allem die hohen Migrantenquoten an den Hauptschulen, die aus Sicht vieler Eltern eine qualitätsorientierte Strategie wenig aussichtsreich machen (vgl. Specht 2003, S. 19).

4 Restklassen

Die Kehrseite dieser Strategie, Kindern aus bildungsbewussten Elternhäusern eine qualitätsorientierte Alternative anzubieten, könnte jedoch mit der Tatsache zusammenhängen, dass die Hauptschulen *alle* Kinder ihres Sprengels aufnehmen *müssen* – also nicht nur diejenigen, die auf ihr spezifisches Profil ‚passen'. Daraus könnte folgen, dass die Schulen neben den Klassen, die ein spezifisches, qualitätsorientiertes Profil anbieten, auch solche Klassen führen müssen, in denen Kinder, deren Interessen oder Begabungen nicht auf dieses Profil passen, Aufnahme finden. Dies ist in der Tat der Fall: Die meisten Schwerpunktschulen führen neben ihren Profil bildenden Schwerpunktklassen auch mindestens eine „Regelklasse", in der diejenigen Schüler/innen Aufnahme finden, die die Begabungs- oder Interessenvoraussetzungen für die Spezialklassen nicht erbringen.

Wenn das so ist – und die Homepages der diversen Hauptschulen bieten viele (oft auch ein wenig verklausulierte) Beispiele dafür –, dann könnten daraus fatale pädagogische Implikationen folgen: In einer Schulform, die durch Abwanderung vieler der begabteren Schüler/innen an Heterogenität der Schülerschaft verliert, wird durch interne Spezialisierung und Schwerpunktbildung eine weitere Homogenisierung in den Klassen vorangetrieben. Dies könnte insbesondere für die Restklassen ohne spezifische Schwerpunkte zu äußerst problematischen Konsequenzen führen: Hier versammeln sich Schüler/innen, die in einer Schulform mit abnehmendem Prestige sozusagen die „letzte Kolonne" bilden – Schüler/innen aus problematischen, bildungsfernen Elternhäusern, Kinder mit

Begabungs- und Sozialisationsdefiziten, Kinder aus Migrantenfamilien ohne ausgeprägte Bildungsaspirationen, Kinder, für die die Schule allzu oft eher Aufbewahrungsstätte ist als ein Ort des Lernens für eine produktive Zukunftsbewältigung.

Ob und in welchem Maße sich solche Effekte empirisch beobachten lassen, ist Gegenstand dieses Beitrags. Er greift dazu auf Daten einer empirischen Untersuchung zurück, die bereits einige Jahre alt, in der Tendenz ihrer Aussagen aber vermutlich nicht veraltet ist.

5 Untersuchung und methodischer Ansatz

Im Herbst 2005 wurde vom damaligen Zentrum für Schulentwicklung in Kooperation mit dem steiermärkischen Landesschulrat eine Untersuchung zur Messung von Schul- und Unterrichtsqualität an Hauptschulen des Bundeslandes konzipiert und durchgeführt.

Das eigentliche Ziel dieser Untersuchung war, den Schulen und Klassenlehrer/inne/n Rückmeldung zu geben über die Ausprägung wesentlicher Dimensionen der Schul- und Unterrichtsqualität aus der Sicht von Schüler/inne/n. Die Untersuchung lief unter dem Titel „Schule BEWUSST" – ein Akronym für „*Bew*ertung des *U*nterrichts in *S*chulen der *St*eiermark".

Tabelle 4.1 Zusammensetzung des Datensatzes „Schule BEWUSST", nach Untersuchungseinheiten

Einheiten	**N=**
Schulbezirke	23
Schulen	69
Klassen	177
Klassenlehrer-FB	177
Untersuchungsprotokolle	177
Schüler-FB	3897

Untersucht wurden 69 Hauptschulen mit insgesamt 177 Klassen der 7. Schulstufe in allen 23 Schulbezirken der Steiermark. 3897 Schüler/innen wurden befragt. Die Untersuchung wurde von geschulten Untersuchungsleiter/inne/n im Zeitraum von zwei Wochen durchgeführt. Untersuchungsinstrument war ein Fragebogen, den die Schüler/innen in einer Schulstunde auszufüllen hatten. Parallel zur Untersuchung in den Klassen wurde auch von den Klassenlehrer/inne/n ein Kurzfragebogen über die sozialen und pädagogischen Verhältnisse in den Klassen bearbeitet. Die Untersuchungsleiter/innen selbst füllten einen Protokollbogen über den Ablauf der Untersuchung in den einzelnen Klassen aus. Die gesamte Datenbasis ist in Tabelle 4.1 dargestellt.

6 Dimensionen der Befragung

Der Schülerfragebogen enthielt die in Übersicht 4.2 dargestellten Dimensionen. Sie wurden im Rahmen der Rückmeldungen an die Schulen als Qualitätsdimensionen behandelt, obwohl es sich dabei nicht ausschließlich um Umweltwahrnehmungen handelt, sondern auch um Dimensionen der Befindlichkeit (Schulfreude, Schulangst, Entspanntheit und Belastung), der Motivation (Lernbereitschaft) und des Verhaltens (Normabweichendes Verhalten, Aggression und Gewalt sowie Vandalismus). Bei den letztgenannten Dimensionen war die Annahme, dass „gute Schulen" oder „gute Klassen" sich nicht nur durch schülerzentrierte Umweltmerkmale auszeichnen, sondern (hauptsächlich als Folge davon) auch dadurch, dass mehr Schüler/innen sich wohl fühlen, lieber lernen und weniger zu antisozialem Verhalten neigen.

Wie bereits erwähnt, bestand der Hauptzweck der Untersuchung darin, den Schulen und Lehrkräften Rückmeldung über Umweltwahrnehmungen, Befindlichkeit und Verhaltenstendenzen ihrer Schüler/innen zu geben. Jede/r Klassenlehrer/in erhielt das Ergebnisprofil seiner/ihrer Klasse im Vergleich zu den Mittelwerten der Gesamtpopulation. Im Sinne „fairer Vergleiche" wurden außerdem die Ergebnisse unterschiedlicher regionaler Bedingungen (Großstadt/ Kleinstadt/Land) und von Klassenkontexten mit unterschiedlichen Anteilen an Schüler/inne/n mit nichtdeutscher Muttersprache zur Verfügung gestellt (vgl. Specht 2006). Die Rückmeldungen waren als ein Ansatz für einen datenbezogenen Schulentwicklungsanreiz gedacht, in den die Landes- und Bezirksschulinspektor/inn/en für die Rückmeldemoderation miteinbezogen waren. Eine Evaluation des Projekts zeigte ermutigende Ergebnisse im Hinblick auf die Stimulierung von Qualitätsbewusstsein und die Initiierung von Maßnahmen der Schulentwicklung als Folge der Datenrückmeldungen (vgl. Specht & Grabensberger 2007).

Übersicht 4.2 Dimensionen der Schülerbefragung mit Beispielitems, Anzahl der Items und Reliabilität der Skalen

Skalenbezeichnung / Beispielitem	Items	α
Gebäudeästhetik / Schulökologie Unsere Schulräume sind gemütlich und einladend gestaltet.	3	.69
Qualität der Schule als Lebensraum Die meisten Lehrpersonen bemühen sich, uns auch persönlich kennenzulernen.	10	.77
Klassengemeinschaft Schüler-Schüler Wir haben hier eine richtig gute Klassengemeinschaft.	4	.67
Klassenführung Die Lehrer/innen machen den Unterricht oft interessant und spannend.	8	.80
Strukturiertheit des Schulbetriebs Alle Schüler/innen arbeiten (meist) konzentriert mit.	8	.68
Unterricht: Förderorientierung / Individualisierung Lehrer/innen erklären etwas so lange, bis ich es verstehe.	8	.86
Unterricht: Lehrerzentriertheit / Stofforientierung Lehrende gehen weiter in ihrem Unterrichtsplan vor, auch wenn keiner mehr mitkommt.	9	.78
Schulfreude Im Großen und Ganzen gehe ich gerne in die Schule.	2	.51
Schulangst Bei Lernzielkontrollen kann ich vor Aufregung nicht klar denken.	6	.74
Entspanntheit In den letzten 7 Tagen habe ich (oft) gelacht.	8	.81
Belastung In den letzten 7 Tagen war ich (oft) betrübt.	4	.73
Lernbereitschaft Ich kann mich einfach nicht hinsetzen und lange lernen.	11	.82
Normabweichendes Verhalten In den letzten beiden Wochen bin ich (oft) zu spät zur Schule gekommen.	11	.82
Gewalt, Aggression In den letzten beiden Wochen: Ich habe anderen (oft) absichtlich körperlich wehgetan.	6	.79
Vandalismus Viele Schüle/rinnen werfen in unserer Schule Papier und Abfall achtlos weg.	3	.56

An dieser Stelle soll jedoch einer anderen Fragestellung nachgegangen werden. Es wird untersucht, inwieweit die Tendenz von Hauptschulen, im Rahmen ihrer schulautonomen Freiräume Angebotsschwerpunkte zu bilden, dazu führen kann, dass Schüler/innen, die von ihren Lern- und Motivationsvoraussetzungen her für diese Schwerpunkte weniger geeignet erscheinen, in eigene, so genannte Regelklassen zusammengefasst werden, die weniger vorteilhafte Lernvoraussetzungen bieten und – in weniger euphemistischer Etikettierung – auch als „Restklassen" charakterisiert werden können.

7 Klasseneffekte an Hauptschulen

In einem ersten Schritt wurden jene 64 Schulen, die mehr als eine 3. Klasse[28] führten, einer einfaktoriellen Varianzanalyse mit dem Faktor „Klassenzugehörigkeit" unterzogen. Diese Varianzanalyse sollte zeigen, in wie vielen (und in welchen) Schulen der Klassenfaktor einen signifikanten Anteil der Varianz der Qualitätsdimensionen erklärt. Ermittelt wurde also, inwieweit sich die Klassen innerhalb der Schulen auf den genannten Qualitätsdimensionen unterscheiden. Eine zweite, sozusagen Nebenfragestellung ist dabei, welche der gemessenen Qualitätsdimensionen besonders sensibel für objektive Variationen der Klassenumwelten sind und welche eher durch Subjektvariationen (also Merkmale der Beurteiler) bestimmt sind.

8 Umweltsensibilität der Qualitätsdimensionen

Wir beginnen die Ergebnisdarstellung mit der letzteren Fragestellung. Tabelle 4.2 zeigt die 15 gemessenen Qualitätsdimensionen mit der jeweiligen Anzahl der signifikanten Klasseneffekte. Dabei zeigt sich, dass die Dimensionen hinsichtlich ihrer Sensibilität für objektive Umweltvariationen höchst unterschiedlich sind. Die explizit als Umweltmessungen konzipierten Dimensionen der Schul- und Unterrichtswahrnehmungen unterscheiden sich weit häufiger signifikant zwischen den Klassen als die Mittelwerte der subjektiven Befindlichkeiten der Schüler/innen. Bei ersteren zeigen sich in 26 (Schule als Lebensraum) bis 45 (Klassengemeinschaft) Schulen signifikante Klasseneffekte. Die Befindlichkeitsdimensionen erbringen nur in weniger als 20 Schulen signifikante Klasseneffek-

28 Die 3. Klasse einer österreichischen Hauptschule entspricht der 7. Schulstufe.

te, wobei lediglich die „Schulfreude“ eine Ausnahme darstellt (20). Besonders bemerkenswert ist dabei, dass die Schulangst die am wenigsten umweltsensible Befindlichkeitsdimension ist und nur an sechs Schulen signifikante Klassenunterschiede aufweist. Eine Mittelstellung nehmen die drei gemessenen Verhaltensdimensionen ein. Normabweichendes Verhalten, Gewalt und Aggression sowie die Dimension „Vandalismus“ weisen in 20 oder etwas mehr Fällen deutliche Klassenunterschiede auf.

Man könnte aus dieser Ergebnisstruktur schließen, dass Befindlichkeiten wie Schulangst oder Belastung sich weit weniger gut als Umweltindikatoren eignen als Wahrnehmungen der Umwelt selbst, und dass offenbar die direkten Effekte der Umwelt auf diese Befindlichkeiten weniger ausgeprägt sind als häufig angenommen wird. Nichtsdestoweniger erscheint es legitim, eine relativ belastungsfreie Schulumwelt als Qualitätskriterium anzusehen.

Tabelle 4.2 Anzahl der signifikanten ($p \leq .05$) Klasseneffekte bei den 15 Qualitätsdimensionen (N= 64 Schulen mit mehr als einer Klasse)

Dimension	**signifikante Klasseneffekte**
Gebäudeästhetik / Schulökologie	33
Qualität der Schule als Lebensraum	26
Klassengemeinschaft Schüler-Schüler	45
Klassenführung	31
Strukturiertheit des Schulbetriebs	37
Unterricht: Förderorientierung / Individualisierung	27
Unterricht: Lehrerzentriertheit / Stofforientierung	28
Schulfreude	20
Schulangst	6
Entspanntheit	13
Belastung	12
Lernbereitschaft	16
Normabweichendes Verhalten	20
Gewalt, Aggression	21
Vandalismus	22

9 Schulen mit starken und weniger starken Klasseneffekten

Die gleiche Varianzanalyse wird im Folgenden verwendet, um Schulen mit starken und mit weniger starken Klasseneffekten zu identifizieren. Es wird untersucht, wie viele der Qualitätsdimensionen in den einzelnen Schulen signifikante Klasseneffekte aufweisen. Schulen mit hohen, mittleren und geringen Effekthäufigkeiten werden gruppiert (vgl. Tabelle 4.3).

Tabelle 4.3 Gruppierung von Schulen mit unterschiedlich starken Klasseneffekten

8 und mehr Dimensionen mit signifikanten Klasseneffekten (> 50 %)	17 Schulen
4-7 Dimensionen mit signifikanten Klasseneffekten (> 25 %; < 50 %)	27 Schulen
0-3 Dimensionen mit signifikanten Klasseneffekten (< 25 %)	20 Schulen

Tabelle 4.3 zeigt, dass unter den 64 Schulen 17 markante Klassenunterschiede auf mehr als der Hälfte der untersuchten Dimensionen aufweisen. Bei 27 Schulen zeigen sich mittlere und bei 20 Schulen geringe Effekte.

Die Frage, die sich hier stellt ist, ob die drei Gruppen sich systematisch in Bezug auf Organisations- und Kontextvariablen unterscheiden, die die Unterschiede in der Stärke der Klasseneffekte erklären könnten. Der eingangs geführten Diskussion zufolge müssten die 17 Schulen mit den stärksten Klasseneffekten solche sein, die eher in Städten als auf dem Land situiert sind, die der Konkurrenzsituation mit den allgemein bildenden höheren Schule stärker ausgesetzt sind und die deswegen eine stärkere innere Differenzierung im Sinne der Anwendung von schulautonomen Lehrplanbestimmungen aufweisen.

Sowohl die Einwohnerzahl der Gemeinde als auch die Entfernung zur nächsten AHS wurden im Lehrerfragebogen als Ordinalskalen erhoben. Die Einwohnerzahl in der Abstufung [bis 1 000 (1)/bis 10 000 (2)/bis 50 000 (3)/über 50 000 (4)], die Entfernung zur nächsten AHS mit der Abstufung [bis 1 km (1)/bis 5 km (2)/bis 10 km (3)/bis 20 km (4)/mehr als 20 km (5)].

Tabelle 4.4 Zusammenhang zwischen der Stärke der Klasseneffekte (stark/gering) und dem regionalen Kontext der Schulen (ländlich < 10 000/städtisch > 10 000), berechnet auf Schulebene (N=64)

	Regionale Struktur		
Klasseneffekte	ländlich	städtisch	
stark (N=17)	11 64,7 %	6 35,3 %	X^2=5.5, df=1, p<.05
gering (N=20)	19 95,0 %	1 5,0 %	

Wie Tabelle 4.4 zeigt, bestätigt sich die erste Hypothese zumindest tendenziell. Schulen mit starken Klasseneffekten sind häufiger in städtischen Regionen als Schulen mit eher homogenen Klassenverhältnissen. Allerdings wird dieser Effekt dadurch maskiert, dass insgesamt 75 % aller untersuchten Schulen in Orten mit 1 000-10 000 Bewohner/inne/n angesiedelt sind.

Tabelle 4.5 Zusammenhang zwischen der Stärke der Klasseneffekte (stark/gering) und der Entfernung der Schule zur nächsten AHS-Langform (nahe < 5 km / weit > 5 km), berechnet auf Schulebene (N=64)

	Entfernung AHS	
Klasseneffekte	nahe	weit
stark (N=17)	11 64,7 %	6 35,3 %
gering (N=20)	5 25,0 %	15 75,0 %

X^2=5.9, df=1, p<.05

Ein deutlicheres Ergebnis zeitigt die Untersuchung des Einflusses der Entfernung von der nächsten AHS (vgl. Tabelle 4.5). Schulen mit starken Klasseneffekten haben häufiger eine AHS in ihrem unmittelbaren Einzugsgebiet. Bei eher homogenen Schulen dagegen liegt die nächste AHS häufiger mehr als 5 km entfernt.

Zusätzliche Indizien, dass es sich bei den starken Klasseneffekten um eine Folge der inneren Differenzierung der Schulen handelt, liefert eine Inspektion der Homepages der Schulen der ersten Gruppe.

Mit Ausnahme einer Schule sind alle Schulen der Gruppe mit starken Klasseneffekten einer oder mehreren der folgenden Kategorien zuzuordnen:

- Schulen mit schulautonomen Lehrplanbestimmungen zur Bildung von Schwerpunkten: Dies trifft mit der einen Ausnahme auf alle diese Schulen zu.
- Schulen mit Realschulklassen: Dies ist eine Spezifität der Steiermark: Seit dem Schuljahr 1991/92 führen 19 Hauptschulstandorte der Steiermark so genannte Realschulklassen – ein Reformmodell mit sechs Schulstufen (5-10) und besonderer Berufsorientierung, das beansprucht, die Schüler/innen zu einer besonderen berufsqualifizierenden Reife zu führen (vgl. www.realschule.at/index.htm). Bereits im Jahr 1998 hielt ein Evaluationsbericht über die steirische Realschule fest:

  „Bei völliger Wahlfreiheit würden die Hauptschüler an Realschulstandorten deutlich seltener ihre Schule noch einmal wählen als die Schüler aller anderen verglichenen Schultypen. Insgesamt betrachtet scheinen die Hauptschulklassen an Realschulstandorten […] für die Schüler deutlich weniger attraktiv zu sein. Die Auflage, an der Schule jeweils nur eine Realschulklasse zu führen, hat also offensichtlich zu einer deutlichen Unterscheidung zwischen den relativ zufriedenen Realschülern und ihren – relativ gesehen – weniger zufriedenen Parallelschülern geführt" (Svecnik 1998, S. 46)

- Sonderformen der Hauptschule, die ihr besonderes Profil bereits im Namen führen, also etwa Sporthauptschulen oder Musikhauptschulen.

Bis auf eine der Schulen handelt es sich bei allen anderen um Schulen mit besonderem Profil und schulautonomen Schwerpunkten, die sich im Internet auch entsprechend präsentieren. Wir müssen es hier bei diesen nur als Indizien zu behandelnden Ergebnissen belassen, weil (a) differenziertere Angaben über diese Schulen das Anonymitätsgebot verletzen könnten, weil (b) nicht in jedem Einzelfall mit Sicherheit gesagt werden kann, dass die untersuchten Klasseneffekte tatsächlich auf die Unterschiede zwischen „Reformklassen" und „Normalklassen" zurückzuführen sind, und weil (c) eine genauere Verfolgung dieser Hypothese auf der qualitativen Analyse *aller* untersuchten Schulen beruhen müsste, die hier nicht zu leisten ist. Eine weitere Inspektion der Schulstandorte der dritten Gruppe mit wenigen Klasseneffekten zeigt jedoch, dass es sich hier in immerhin 12 von 20 Fällen um Schulen in kleineren Landgemeinden handelt, wo wir es in der Regel noch mit weitgehend intakten schulischen Lebenswelten zu tun haben und die Konkurrenzsituation mit der AHS noch sehr begrenzt ist.

10 Das Phänomen der Restklassen im Detail

Die Auseinandersetzung mit den unbeabsichtigten Nebenwirkungen der Schulautonomie und der Schwerpunktbildungen an Hauptschulen wäre eine differenzierte Analyse indessen nur wert, wenn sich tatsächlich zeigen ließe, dass durch diese Profilierung für große Gruppen von Schüler/inne/n wirklich ungünstige Sozialisationsverhältnisse in Kauf genommen werden. Um dies zu überprüfen, soll in diesem Abschnitt detaillierter untersucht werden, was ein „starker Klasseneffekt" an den konkreten Schulen, wo dieses Phänomen auftritt, für die Schüler/innen bedeutet.

In den folgenden Abbildungen sind zunächst die Qualitätsprofile jeweils zweier Extremklassen an vier typischen Schwerpunktschulen einander gegenübergestellt. Sie stehen stellvertretend für viele andere, an denen ähnliche Phänomene auftreten.

Die vier Grafiken zeichnen jeweils ein ähnliches Bild, wie es teilweise auch schon in Tabelle 4.2 zum Ausdruck gekommen ist:

- Als Leitvariable mit den durchweg größten Unterschieden zwischen den beiden dargestellten Klassen erweist sich das Klassenklima mit den Verhältnissen der Schüler/innen untereinander. Diese sind für die Schüler/innen wahrscheinlich am sichtbarsten, weil auch am bedeutsamsten für ihr Erleben der Schule. In Abbildung 4.1 beträgt der Abstand zwischen den Klassen immerhin zwei Standardabweichungen.
- Fast durchweg größer als eine Standardabweichung sind auch die Abstände bei den Wahrnehmungen der Schulumwelt (Gebäudeästhetik; Schule als Lebensraum), der Klassenführung und des Unterrichts. Hier zeigt sich, wie sensibel diese Umweltwahrnehmungen gegenüber objektiven Unterschieden tatsächlich sind.
- Als weniger bedeutsam zeigen sich auch bei diesen Darstellungen die Unterschiede in der Befindlichkeit der Schüler/innen. Schulangst, Entspanntheit und Belastung sind im Allgemeinen am schwächsten mit realen Umweltunterschieden in der Schule assoziiert.

Abbildung 4.1 Qualitätsprofile zweier Extremklassen an der Hauptschule einer steirischen Kleinstadt mit schulautonomem Schwerpunkt. Abweichungen vom Mittelwert der Schule

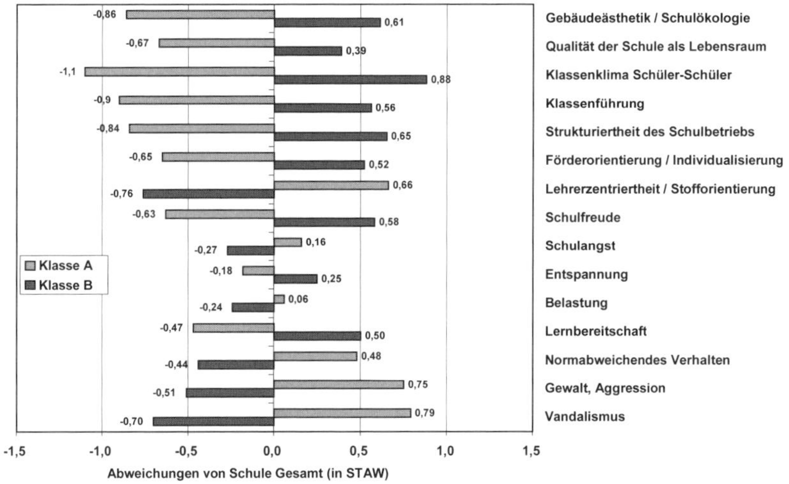

Abbildung 4.2 Qualitätsprofile zweier Extremklassen an einer HS-Sonderform (Sport-HS) in einer steirischen Kleinstadt. Abweichungen vom Mittelwert der Schule

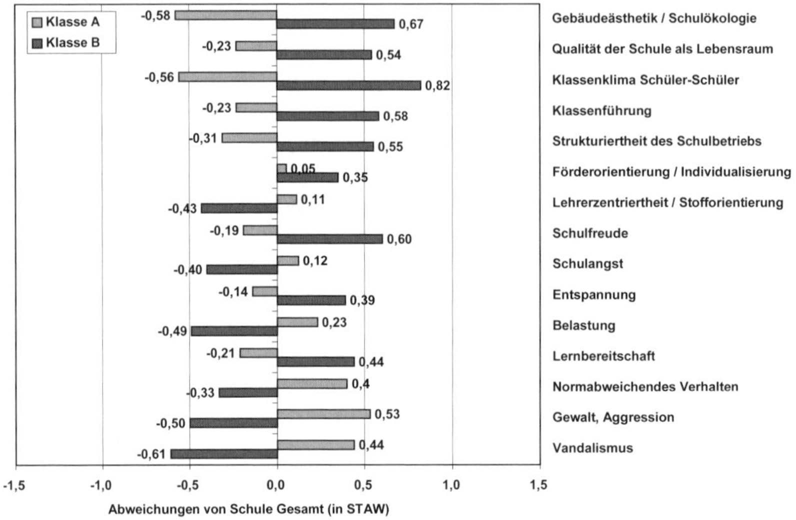

Abbildung 4.3 Qualitätsprofile zweier Extremklassen an einer Realschule einer steirischen Kleinstadt. Abweichungen vom Mittelwert der Schule

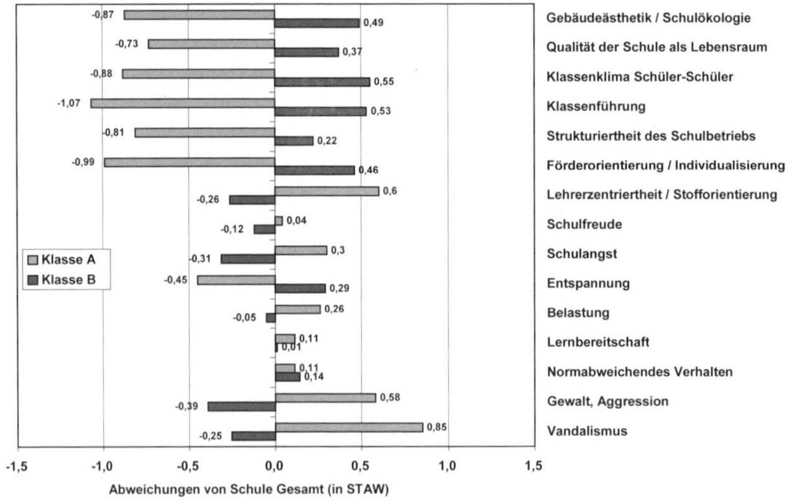

Abbildung 4.4 Qualitätsprofile zweier Extremklassen an der Hauptschule einer steirischen Kleinstadt mit schulautonomem Schwerpunkt. Abweichungen vom Mittelwert der Schule

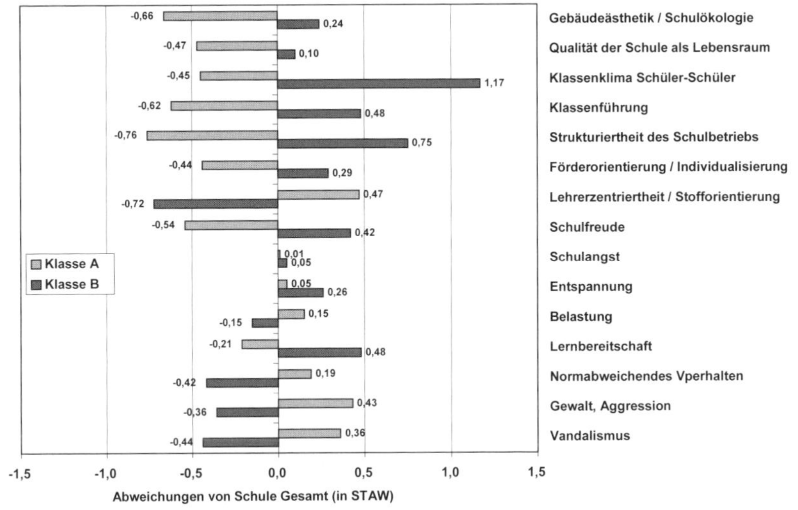

- Von mittlerer und eher uneinheitlicher Stärke sind die Unterschiede zwischen den Klassen hinsichtlich der Verhaltensmerkmale der Normabweichung, der Gewalt und des Vandalismus. Immerhin deuten die korrespondierenden Werte der schulischen Umwelt und des Verhaltens der Schüler/innen darauf hin, dass hier offenbar deutliche Zusammenhänge bestehen.

11 Detailergebnisse

Die Mittelwertunterschiede bei den Qualitätsdimensionen zwischen Klassen ein und derselben Schule sind, wie die Abbildungen 4.1-4.4 zeigen, von beträchtlichem Ausmaß. Dennoch geben die abstrakten Mittelwerte keinen plastischen Einblick in die Frage, wie ausgeprägt die Unterschiede in den Sozialisationsverhältnissen für die Schüler/innen tatsächlich sind. Hier können Antwortverteilungen zu einzelnen Items zu mehr Anschaulichkeit verhelfen.

Dazu wird im Folgenden die Perspektive noch einmal einen Schritt eingeengt. Dargestellt werden ausgewählte Antwortverteilungen der beiden in Abbildung 4.1 gezeigten Klassen.

Die beiden Klassen 3a und 3b gehören beide zur Hauptschule einer steirischen Kleinstadt mit ausgeprägtem schulautonomem Profil. Zunächst werden die Rahmendaten der beiden Klassen in Tabelle 4.6 einander gegenübergestellt.

Wie die Tabelle zeigt, sind die Ausgangsbedingungen der beiden Klassen sehr unterschiedlich:

- *Klasse b* ist mit 29 Schüler/inne/n eine sehr große Klasse, in der der Anteil der Mädchen überwiegt, in der kein Kind mit nichtdeutscher Muttersprache unterrichtet wird und die meisten Schüler/innen sehr leistungsfähig zu sein scheinen (jeweils ca. 80-90 % der Schüler/innen befinden sich in der ersten Leistungsgruppe). Der Klassenvorstand charakterisiert die Klasse als weitgehend problemlos und unterrichtet hier sehr gern. Die Untersuchung selbst lief sehr konzentriert ab.
- *Klasse a* ist zwar kleiner (24 Schüler/innen), enthält aber neun Kinder mit nichtdeutscher Muttersprache. 75 % der Schüler/innen sind Jungen. Die Leistungsfähigkeit ist deutlich geringer – nur etwa ein Viertel der Schüler-/innen besucht in D, E und M die erste Leistungsgruppe. Die pädagogische Situation der Klasse wird vom Klassenvorstand (KV) als sehr schwierig beschrieben und er/sie unterrichtet hier eher ungern. Auch die Herstellung einer konzentrierten Befragungssituation scheint den Untersuchungsleiter einige Mühe gekostet zu haben.

Tabelle 4.6 Zwei 3. Klassen einer Hauptschule in einer steirischen Kleinstadt: Rahmendaten

	Klasse a	**Klasse b**
Klassenschülerzahl	24	29
Anteil der Mädchen	25 %	59 %
Kinder mit nichtdeutscher Muttersprache	9	0
Deutsch LG 1	25 %	78 %
Mathematik LG1	29 %	89 %
Englisch LG 1	21 %	92 %
Einschätzung der Befragungssituation in der Klasse durch Untersuchungsleiter (1 = sehr konzentriert ... 5 = sehr unkonzentriert)	3	1
Pädagogische Charakterisierung der Klasse durch den Klassenvorstand (1 = problemlos ... 10 = sehr schwierig)	8	2
KV unterrichtet in der Klasse ... (1 = sehr gern ... 7 = sehr ungern)	5	1

Was steckt nun hinter den Balkendiagrammen der Abbildung 4.1, die dem Anspruch nach mehr oder weniger hohe „Schulqualität" indizieren? Um dies zu verdeutlichen, sind in der folgenden Tabelle für jede der 15 Dimensionen beispielhafte Einzelitems aus dem Fragebogen aufgeführt und Parameter der Antwortverteilung der Schüler/innen aus den beiden Klassen dargestellt. In einer dritten Spalte finden sich die entsprechenden Werte der Gesamtstichprobe.

Tabelle 4.7 Beantwortungsquoten zu einzelnen Items der 15 Hauptdimensionen in den beiden Klassen und in der Gesamtpopulation. Die Antwortkategorien, auf die sich die Prozentsätze beziehen, stehen bei den Items in Klammern.

Dimensionen / Items	**Kl. a N= 24**	**Kl. b N= 29**	**ges. N= 3 897**
Schulökologie			
Unsere Schulräume sind gemütlich und einladend gestaltet (Zustimmung).	25 %	83 %	48 %
Vieles an unserer Schule ist seit langem schmutzig oder kaputt (stimmt genau).	44 %	0 %	8 %
Schule als Lern- und Lebensraum			
Bei uns gibt es oft Projekte, in denen wir mit mehreren Lehrpersonen gemeinsam über eine bestimmte Zeit ein Thema ausführlich bearbeiten (Zustimmung).	35 %	62 %	47 %
Ich habe das Gefühl, dass ich mit vielen Lehrer/inne/n auch über persönliche Dinge reden könnte (Zustimmung).	25 %	79 %	39 %
Klassengemeinschaft			
Wir haben hier eine richtig gute Klassengemeinschaft (stimmt genau).	29 %	83 %	27 %
Raufereien unter den Schüler/inne/n kommen in unserer Klasse häufig vor (stimmt genau).	79 %	0 %	17 %
Klassenführung			
Lehrende nehmen uns Schüler/innen ernst (mehr als 50 % der L)	23 %	93 %	60 %
Lehrende können auch mit uns lachen (mehr als die 50 % der L)	38 %	93 %	56 %
Strukturiertheit			
Alle Schüler/innen arbeiten konzentriert mit (oft / sehr oft)	4 %	83 %	39 %
Niemand weiß so recht, was eigentlich zu tun ist (oft / sehr oft)	42 %	0 %	22 %

Förderorientierung			
Lehrende bemühen sich sehr, dass alle im Unterricht mitkommen (mehr als die Hälfte der L)	48 %	93 %	70 %
Lehrende erklären etwas so lange, bis ich es verstehe (mehr als die Hälfte der L)	35 %	86 %	52 %
Stofforientierung			
Lehrpersonen gehen so schnell vor, dass ich nicht mitkomme (mehr als die Hälfte)	39 %	0 %	23 %
Auf die Schüler/innen, die im Unterricht nicht mitkommen, wird bei uns wenig Rücksicht genommen (Zustimmung)	54 %	14 %	27 %
Schulfreude			
In die Schule zu gehen kostet mich jeden Morgen Überwindung (stimmt genau)	38 %	3 %	13 %
Im Großen und Ganzen gehe ich gern in die Schule (stimmt genau)	21 %	69 %	26 %
Schulangst			
Bei Lernzielkontrollen kann ich vor Aufregung nicht klar denken (Zustimmung)	29 %	11 %	28 %
Wenn ich von einer Lehrperson etwas gefragt werde, fällt mir vor Aufregung oft nichts ein (Zustimmung)	33 %	17 %	26 %
Wohlbefinden			
In den letzten 7 Tagen war ich glücklich (sehr oft)	33 %	55 %	47 %
In den letzten 7 Tagen hatte ich gute Laune (sehr oft)	50 %	66 %	55 %
Beanspruchung			
In den letzten Tagen war ich betrübt (nie / selten)	67 %	62 %	65 %
In den letzten 7 Tagen fühlte ich mich niedergeschlagen (nie / selten)	71 %	78 %	68 %
Lernbereitschaft			
Wenn mir etwas anderes Spaß macht, kommen die Hausaufgaben oft zu kurz (Zustimmung)	50 %	14 %	40 %
Im Unterricht sind meine Gedanken oft ganz woanders (Zustimmung)	68 %	17 %	38 %

Normverstöße			
Ich bin den letzten 2 Wochen zu spät zur Schule gekommen (nie).	71 %	97 %	86 %
Ich bin in den letzten 2 Wochen eine Lehrperson absichtlich geärgert (häufig).	21 %	0 %	6 %
Gewalt, Aggression			
Ich habe in den letzten 2 Wochen anderen absichtlich körperlich weh getan (mehr als 5x).	21 %	0 %	3 %
In den letzten 2 Wochen haben mir andere absichtlich körperlich weh getan (mehr als 5x).	21 %	0 %	5 %
Vandalismus			
Ich kenne Schüler/innen, die in unserer Schule Wände beschmieren oder Sachen absichtlich kaputt machen (Zustimmung).	46 %	10 %	27 %
Viele Schüler/innen werfen in unserer Schule Papier und Abfall achtlos weg (Zustimmung).	62 %	20 %	43 %

Der Vergleich der beiden Klassen aufgrund ihrer Antwortverteilungen zu zentralen Items macht die Unterschiede beeindruckend deutlich:

Klasse a beschreibt ihre schulische Umwelt als unfreundlich, die Klassenführung als wenig schülerorientiert und den Unterricht als wenig fördernd. Die Klassengemeinschaft der Schüler/innen untereinander stellt sich aus deren Sicht als extrem problematisch und konflikthaft dar.

Entsprechend gering sind die Schulfreude der Schüler/innen und auch ihre Lernbereitschaft. Das Verhalten der Schüler/innen erweist sich als hoch problematisch: Verstöße gegen die Verhaltensregeln der Schule sind häufig, der Aggressionspegel ist hoch und ein rücksichtsloser Umgang mit der Einrichtung der Schule (Vandalismus) scheint ebenfalls sehr häufig vorzukommen.

Insgesamt handelt es sich ganz offensichtlich um eine Klasse, in der Vieles im Argen liegt und in der problematische Verhaltenstendenzen der Schüler/innen und der Unwillen oder die Unfähigkeit der Lehrer/innen, mit dieser Situation angemessen umzugehen, sich gegenseitig „aufschaukeln". Jedenfalls ist nur schwer vorstellbar, dass in dieser Klasse ein Unterricht stattfindet, im Rahmen dessen die Schüler/innen intellektuell, sozial und in ihrer Persönlichkeitsentwicklung angemessen gefördert werden.

Das Profil der Klasse b ist von jenem der Klasse a grundlegend verschieden. Die Schüler/innen beschreiben die Schule als freundlich und schülerorientiert, die Klassenführung als stark und effizient, die Strukturiertheit des Unterrichtsbetriebs als sehr hoch und den Unterricht selbst als stark individualisierend und wenig an bloßer Stoffbewältigung orientiert. Auch die Klassengemeinschaft der Schüler/innen erscheint harmonisch – entsprechend positiv sind im Allgemeinen die Befindlichkeitswerte der Schüler/innen (v.a. Schulfreude und Schulangst).

Weit überdurchschnittlich ist auch die Lernbereitschaft der Schüler/innen. Normverstöße gegen schulische Verhaltensregeln, Aggression und vandalistische Tendenzen sind äußerst selten.

Es soll jedoch abschließend noch einmal betont werden, dass die differenzierte Gegenüberstellung der beiden Extremklassen nicht als „Beweis" für die Restklassenhypothese dienen kann und soll. Sie sollte nur zeigen, wie unterschiedlich die erzieherischen Verhältnisse in verschiedenen Klassen ein und derselben Schule sein können, wobei solche Unterschiede, wie zuvor gezeigt wurde, an Schulen mit Autonomieschwerpunkten, die in der Nähe konkurrierender AHS angesiedelt sind, häufiger auftreten.

12 Diskussion

Seit den 80er-Jahren des letzten Jahrhunderts ist die Erweiterung der Entscheidungsautonomie der Schulen gegenüber zentralstaatlichen Regelungen eine der wichtigsten bildungspolitischen Optionen in vielen europäischen Ländern. Dieser Trend ist bis in die 2000er-Jahre ungebrochen (vgl. Eurydice 2007). Die weit verbreitete Annahme dabei ist, dass die Eigenständigkeit von Schulen, verbunden mit einer verschärften Pflicht zur Rechenschaftslegung, eine zentrale Maßnahme zur Erhöhung der pädagogischen Qualität der Schulen darstellt:

> "In most countries, school autonomy is now seen largely as a tool to be used to improve the quality of education. […] Greater attention is paid to pedagogic autonomy which seems more closely linked to raising achievement at school." (Eurydice 2007, S. 12)

Während in vielen Ländern gleichermaßen curriculare, personelle und budgetäre Autonomie der Schulen vorangetrieben wurden (vgl. Eurydice 2007, S. 11ff.), stand in Österreich seit der 14. SchOG-Novelle immer die begrenzte Lehrplanautonomie im Mittelpunkt. Auch sie war von Beginn an als Maßnahme gedacht, Schulen die Möglichkeit zu geben, auf regional spezifische Bildungsbedürfnisse zu reagieren und Angebotsprofile zu entwickeln, die solche Bildungsbedürfnisse befriedigen konnten. Schulautonomie war als „zentrales Movens" qualitätsorientierter Schulentwicklung gedacht (vgl. Heinrich 2007b, S. 25).

Gleichzeitig fiel die Autonomieentwicklung mit einer anderen Tendenz im Schulwesen zusammen, nämlich mit einem sich verschärfenden Wettbewerb der beiden Schulformen der Sekundarstufe I (Hauptschule, AHS). Im Rahmen dieser Wettbewerbsorientierung nutzten insbesondere die Hauptschulen schon sehr früh (vgl. Bachmann u.a. 1996) die schulautonomen Möglichkeiten zur Selbstprofilierung. Durch curriculare Schwerpunktbildungen wollten Hauptschulen insbesondere jene Schüler/innen halten, deren Eltern im Hinblick auf die Schulwahl ihrer Kinder noch unsicher waren. Der vorliegende Beitrag beschreibt die fatalen Konsequenzen, die diese Schwerpunktbildungen insbesondere für jene Schüler/innen nach sich ziehen können, auf die das Schulprofil anscheinend nicht passt, die aber dennoch von den Hauptschulen aufgenommen werden müssen (Sprengelprinzip).

In den angelsächsischen Ländern wird seit vielen Jahren eine intensive Diskussion über die Folgen marktorientierten Wettbewerbs im Schulbereich, insbesondere für Kinder aus bildungsferneren Schichten und Migrantenfamilien, geführt (vgl. Steiner-Khamsi 2000; Tomlinson 2000). Diese Diskussion ist in Großbritannien mit der Kritik an den Schulreformen der Thatcher-Ära verbunden. Damals (in den 1980er-Jahren) wurden in England die Schulsprengel aufgehoben und die freie Schulwahl für die Eltern eingeführt. Dies führte zu einer systematischen Bevorzugung „guter Schulen“ durch die Eltern bildungsnaher Schichten, und gleichzeitig zu einer Tendenz der Bildung von „Restschulen“ für Schüler/innen aus sozial benachteiligten Familien, die sich die Kosten der Umsiedelung in das Umfeld guter Schulen oder für die weiteren Schulwege nicht leisten konnten.

In Deutschland setzte die Diskussion über die Fragen der ungünstigen Nebenfolgen marktorientierter Schulsysteme Ende der 90er-Jahre im Zusammenhang mit der Diskussion über die Autonomisierung der Schulen ein (vgl. Radtke & Weiß 2000). Meist ging es auch dabei um die Frage der Entstehung von Elite- und Restschulen unter den Bedingungen freier Schulwahl und der Gestaltungsautonomie der Einzelschulen.

Die im vorliegenden Beitrag diskutierte Problematik der Entstehung von Problemklassen an Schulen, die in Konkurrenzsituationen zu anderen Schulen mit strukturell günstigeren Bedingungen stehen, wurde bisher noch wenig erkannt und findet sich in der Literatur erst neuerdings erwähnt (vgl. Altrichter & Rürup 2010; Altrichter u.a. 2008; Eder 2006).

In Österreich wird erweiterte Schulautonomie nach wie vor als ein universelles Maßnahmenbündel zur Lösung bildungspolitischer Probleme gesehen (vgl. z.B. Expertenkommission 2008, S. 52; Schratz & Hartmann 2009, S. 323). Dabei wird oft zu wenig zwischen unterschiedlichen Autonomiefeldern unterschieden (Lehrplan-, Budget- und Personalautonomie). Die vorliegenden Ergebnisse legen nahe, bei der weiteren Öffnung der Lehrplanautonomie Vorsicht walten zu lassen, da hier am ehesten mit unerwünschten Nebenwirkungen zu rechnen ist. Dagegen ist die weitere Autonomisierung im budgetären und personellen Bereich eher als sinnvoll anzusehen, weil dadurch die Rahmenbedingungen von Schulentwicklungsaktivitäten organisatorisch besser abgesichert werden können (vgl. Schratz & Hartmann 2009, S. 329).

Das bedeutet nicht, dass schulautonome Profilbildungen zwangsläufig mit unerwünschten Nebenwirkungen in dem Sinne verbunden sein müssen, wie sie hier aufgezeigt wurden. Dies zeigt sich auch darin, dass nur in einem knappen Drittel der Schulen starke Klasseneffekte zu den Qualitätsdimensionen gefunden wurden. Viele Schulen sind offenbar erfolgreich darin, curriculare Schwerpunkte zu bilden, ohne dass die Regelklassen zu ausgeprägten Problemkontexten werden.

Dass diese Probleme vermieden werden, ist aber vermutlich von drei Bedingungen abhängig (vgl. auch Haider u.a. 2003, S. 21ff.):

1. Die erste und entscheidende ist, dass an den betreffenden Schulen ein Bewusstsein darüber entsteht oder existiert, dass Schulqualität etwas ist, was *allen* Kindern zugutekommen muss. Schulleiter/inne/n muss klar sein, dass Qualität von Bildung und Erziehung nicht einseitig für bestimmte Schülergruppen angestrebt werden darf und dann auf Kosten anderer Schüler/innen geht. Stets ist das Schulganze im Auge zu behalten, und dabei sind in besonderer Weise die potenziellen und realen Problemfelder zu fokussieren. Dies bedeutet beispielsweise, dass die Verteilung der positiven Ressourcen einer Schule (etwa Lehrerkompetenzen) auf die verschiedenen Klassen reflektiert erfolgen muss, und dass gerade Klassen mit vielen Problemschüler/inne/n einer besonders guten Betreuung durch kompetente Lehrpersonen bedürfen.
2. Zum Zweiten ist es erforderlich, eine Instanz zu haben, die im Spannungsfeld zwischen Freiheit und Verantwortung das Ganze im Auge behält und gegebenenfalls regulierend tätig wird. Letzteres ist eine Funktion, die in jüngerer Zeit mit dem Begriff des Regionalen Bildungsmanagements verbunden wird. Es ist Aufgabe der regionalen Schulaufsicht, innerhalb einer Bildungsregion für einen optimalen Chancenausgleich zu sorgen und gegebenenfalls die verfügbaren Ressourcen so zu verteilen, dass gerade auch schwächere Schüler/innen aus sozial benachteiligten Elternhäusern optimale Bedingungen der Förderung und Unterstützung vorfinden.
3. Die dritte Bedingung für die Vermeidung von Einseitigkeiten der Förderung ist ein Monitoring-System, das die Konsequenzen ungünstiger Klassenbildungen aufzeigt und an die Verantwortlichen rückmeldet. Dies war der eigentliche Sinn und Zweck der hier berichteten Untersuchung: Allen

Schulen wurden die Ergebnisse der eigenen Schule (aggregiert) und den einzelnen Klassen rückgemeldet, so dass die Schulleiter/innen selbst einen Eindruck über die Disparitäten zwischen ihren Klassen erhielten. Die Evaluation des Rückmeldeprozesses ergab, dass viele Schulen auf ungünstige Ergebnisse mit verstärkten Qualitätsbemühungen reagierten (vgl. Specht & Grabensberger 2007). Allerdings gibt es keine differenzierten Ergebnisse über Reaktionen und Maßnahmen zu den spezifischen Problemen ungünstiger Klassenzusammensetzungen. Im Zusammenhang mit den vorgesehenen Erhebungen und Rückmeldungen zu den Bildungsstandards sollte die hier aufgerissene Problematik eine der Hauptfragestellungen darstellen.

Ferdinand Eder

Kapitel 5: Wie gut sind Musikhauptschulen?

1 Musik als Schwerpunkt in der Schule

Musik in der Schule wird von ihren Anhänger/inne/n eine ganz erhebliche pädagogische Wirksamkeit zugeschrieben:

> „Mehr Musik sollte beeinflussen
> - die Intelligenz
> - die schulischen Leistungen
> - das Sozialverhalten
> - den Gemeinschaftssinn
> - die kreativen Fähigkeiten
> - die psychomotorischen Fähigkeiten
> - die Konzentration
> - das musikalische Interesse allgemein
> - das Freizeitverhalten.
>
> Es wäre interessant, diese Behauptungen an österreichischen Musikhauptschulen fest zu stellen".[29]

Die Einrichtung eines musikalischen Schwerpunktes an einer Schule entspricht, jenseits solcher pädagogischen Hoffnungen auch der Qualitätsstrategie einer standortbezogenen Schulentwicklung. Ausgehend von Forschungsergebnissen aus den 1970er-Jahren, denen zufolge vor allem von einer Verbesserung der Qualität am einzelnen Standort (und weniger von Strukturreformen) eine Steigerung der Leistung des Schulsystems zu erwarten sei (vgl. z.B. Fend u.a. 1976), wurde auch in Österreich in der Einführung von Elementen des Wettbewerbs die Chance zu einer Weiterentwicklung der einzelnen Schule und damit eo ipso auch des Schulsystems gesehen. Schulen wurden daher ermuntert, sich durch Schwerpunktbildung im Rahmen der erweiterten Lehrplanautonomie ein eigenes Profil zu schaffen und dadurch über den Schulsprengel hinaus für Schüler/innen attraktiv zu werden (vgl. Eder & Altrichter 2009).

---

29 Aus der Mail eines ehemaligen Leiters einer Musikhauptschule in Österreich, der sich sehr für eine Untersuchung der pädagogischen Qualität von Musikhauptschulen einsetzte.

Für die eingangs angeführten Auswirkungen von Musik in der Schule gibt es wenig substanzielle Belege. Weber, Spychiger & Patry (1993) fanden in den Musikklassen eines Schulversuchs mit erweitertem Musikunterricht ein wesentlich besseres Sozialklima als in den Parallelklassen. Herber, Astleitner & Faulhammer (1999, S. 40) kommen zu dem Ergebnis, dass

> „Musikunterricht die positive Ausprägung der Leistungsmotivation fördert, indem er die Hoffnung auf Erfolg in kognitiver, emotionaler und sozialer Hinsicht stärkt und Versagensängste reduziert."

Die Hamburger Längsschnittuntersuchung zur Wirkung von Musik auf die Intelligenzentwicklung (vgl. Bastian 2002) liefert nicht wirklich aussagekräftige Ergebnisse. Bastian findet an einer Stichprobe von Grundschulkindern positive Ergebnisse für das soziale Zusammenleben in der Klasse sowie Zuwächse in der Intelligenz in den Randbereichen der Intelligenzverteilung, also bei den hochintelligenten und den niedrigintelligenten Schüler/inne/n, bei sonst gleichen schulischen Leistungen wie in der Kontrollgruppe. Diese ist allerdings nicht wirklich vergleichbar, weil die Kinder dort nur den Regelunterricht erhielten, sich jedoch nicht zusätzlich zum Unterricht in einem ähnlichen zeitlichen Ausmaß mit einer vergleichbaren Tätigkeit (z.B. Sport, Sprachen) befasst hatten. Daher ist nicht klar, ob die angesprochenen Zuwächse tatsächlich auf den erweiterten Musikunterricht oder einfach darauf zurückzuführen waren, dass diese Kinder über Jahre hinweg viel mehr Zeit in Lernen und Üben investiert hatten.

Aber auch die angesprochene Qualitätsstrategie einer standortbezogenen Schulentwicklung durch Profilbildung stützt sich lediglich auf plausible Erwartungen, und es gibt keine tragfähigen Analysen, die einen Gesamtnutzen für das System belegen würden. Die wenigen für Österreich vorliegenden Untersuchungen legen eher die Vermutung nahe, dass diese Strategie zwar zu einer Umverteilung der Schüler/innen, insgesamt jedoch eher zu einer Polarisierung im Sinne einer gleichzeitig stattfindenden „Homogenisierung nach oben" und „Homogenisierung nach unten" führt und auf diese Weise die Entstehung von „Restschulen" und „Restklassen" nach sich zieht (vgl. Eder & Altrichter 2009).

Die von den Vertreter/inne/n der Musikhauptschulen angeregte und vom zuständigen Bildungsministerium unterstützte Untersuchung zum „Mehrwert" dieser Schulen (vgl. Eder 2006) scheint daher geeignet, beiden Fragestellungen nachzugehen: Welchen Nutzen bringen Musikhauptschulen den Schüler/inne/n, die sie besuchen, und lassen sich Belege für den erwarteten Gesamtnutzen einer standortbezogenen Profilierungsstrategie finden?

Im Schuljahr 2006/07 gab es in Österreich 92 Hauptschulen mit musikalischer Schwerpunktsetzung, 91 davon sind gleichzeitig auch Hauptschulen im „klassischen" Sinn, das heißt, dass es sowohl Regelklassen (ohne Schwerpunktsetzung) als auch Musikklassen gibt, die zusätzlich zu den regulär vorgesehenen Unterrichtsstunden Musikunterricht erhalten. Schüler/innen mit besonderer Begabung im musikalischen Bereich können nach einem Eignungstest in die Musikklasse einer Musikhauptschule aufgenommen werden. Der Lehrplan sieht bis zu sechs Wochenstunden zusätzlich Musik- und Instrumentalunterricht vor. Schüler/innen einer Musikklasse kommen somit, im Gegensatz zu den Regelklassen, auf eine wesentlich höhere Unterrichtsstundenanzahl pro Woche und wenden auch in ihrer Freizeit vermehrt Zeit für das Üben eines Instruments auf. Die Musikhauptschulen sind nach Bundesländern sehr ungleich verteilt: Während Oberösterreich mit 25 mehr als ein Viertel aller Musikhauptschulen aufweist, sind sie in Kärnten, Wien, Vorarlberg und im Burgenland vergleichsweise selten.

2 Das Untersuchungsdesign

Die vorliegende Analyse bietet eine vertiefende Auswertung der Daten, die im Rahmen der oben erwähnten Untersuchung zu den Musikhauptschulen erhoben wurden. Diese zielte von der Beauftragung her darauf ab, zu zeigen, dass sich die Schüler/innen aus Musikklassen in den relevanten Prozess- und Output-Merkmalen von Schule positiv von den übrigen Hauptschüler/inne/n abheben, und dass dieser Schultyp daher ein ausbaufähiges Modell für die Schulentwicklung darstellt.

Im Hinblick auf die dahinter liegende Frage nach der Wirkung der Musik wäre eine Längsschnittuntersuchung das angemessene Design. Eine solche wurde jedoch aus Ressourcengründen von vorneherein ausgeschlossen. Als Grundstruktur für die Untersuchung wurde daher ein einfaches Zwei-Gruppen-Design gewählt, in dem jeweils die Musikklassen die „Versuchsgruppe" und die „Regelklassen" aus der gleichen Schule die „Kontrollgruppe" bildeten. Als Kriterien wurden in Anlehnung an Forschungsergebnisse zu „guten Schulen" (vgl. Thonhauser 1996) neben dem Klima in der Schule vor allem Leistung, Befinden, schulbezogenes Verhalten und Persönlichkeitsentwicklung der Schüler/innen herangezogen.

Für die Interpretation und Bewertung der Ergebnisse erschien es allerdings notwendig, zwei Aspekte zu berücksichtigen:

(1) Kompositionseffekte. Es sollte geklärt werden, inwieweit allenfalls auftretende Unterschiede nicht bloß Folgen einer selegierten und homogeneren Schülerschaft sind, sondern tatsächlich dem Schwerpunkt Musik zugeschrieben werden können.
(2) Kollateralwirkungen. Es sollte mit analysiert werden, inwieweit das Auftreten positiver Effekte im untersuchten Bereich gleichzeitig zu gegenläufigen Effekten innerhalb des übergeordneten Systems führt. Wenn es beispielsweise innerhalb einer Schule zu einer Auseinanderentwicklung der pädagogischen Qualität zwischen Schwerpunktklassen (Musikklassen) und Regelklassen käme, so wäre der auf das Schulsystem bezogene Netto-Effekt gering, insofern das, was die Musikklassen an pädagogischer Qualität gewinnen, in den Parallelklassen verloren würde.

Für die vorliegende Analyse wurden folgenden Prozess- und Effektmerkmale herangezogen:

- das soziale Klima in der Schule bzw. in den Klassen,
- Leistungen in Lesen und Mathematik,
- das Befinden der Schüler/innen in der Schule,
- das schulbezogene Verhalten und Handeln der Schüler/innen,
- die Ausprägung bestimmter Persönlichkeitsmerkmale, insbesondere das Selbstkonzept.

In Verbindung mit den oben angeführten Überlegungen ergibt sich das in Abbildung 5.1 dargestellte globale Design.

Abbildung 5.1 Untersuchungsdesign

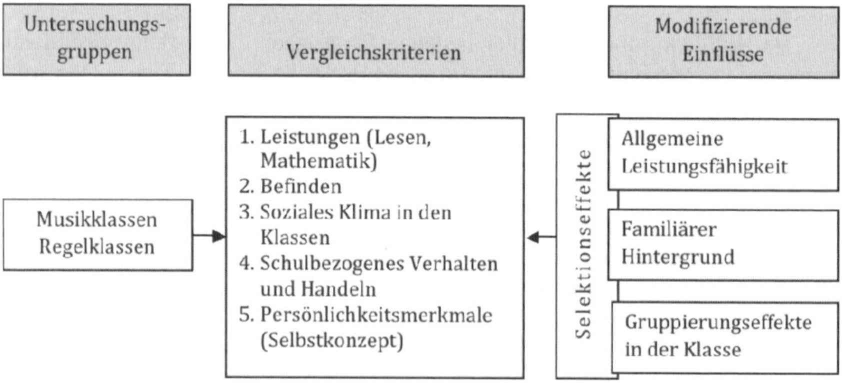

Die Annahme einer positiven Wirkung der Musikklassen kann dann zumindest beibehalten werden, wenn in den angeführten Kriterien auch dann noch Unterschiede zu deren Gunsten bestehen, wenn allfällige Selektionseffekte statistisch berücksichtigt sind. Aber auch in diesem Fall wäre es noch nicht zulässig, vorhandene Effekte tatsächlich der „Musik" zuzuschreiben, sondern dem Gesamtbündel von Maßnahmen, die mit einer Musikklasse verbunden sind.

3 Erhebungsinstrumente und Stichprobe

Als Erhebungsinstrumente wurden aus der bisherigen Forschung bewährte Verfahren verwendet:

- Zur Erfassung der Mathematikleistungen wurde MATKOMP I (Mathematische Kompetenzen am Ende der Sekundarstufe I) von Eder, Gaisbauer & Eder (2002) verwendet. Dieses Verfahren ist für die 7. und die 8. Schulstufe anwendbar und erfasst am Lehrplan orientierte mathematische Kompetenzen. Eine differenzierte Beschreibung findet sich in Eder (2008).
- Die Leseleistungen wurden mit dem Salzburger Lesescreening 5-8 (SLS 5-8; Auer u.a. 2004) erfasst. Es misst die basale Lesefertigkeit auf Basis der Lesegeschwindigkeit.
- Das Klima wurde mit dem Linzer Fragebogen zum Schul- und Klassenklima (LFSK 4-8) von Eder & Mayr (2000) erfasst.
- Merkmale zu den Bereichen Befinden, Verhalten in der Schule sowie Persönlichkeitsentwicklung wurden dem Instrumentarium der österreichischen Befindensuntersuchung 2005 entnommen (vgl. Eder 2007).
- Zur Erfassung der kognitiven Leistungsfähigkeit wurde der Zahlenverbindungstest (ZVT) von Oswald & Roth (1987) herangezogen.
- Merkmale des familiären Hintergrunds wurden von den Schüler/inne/n direkt erfragt.

Weitere Hinweise zu den Instrumenten finden sich bei der Darstellung der Ergebnisse.

Die Datenerhebung erfolgte im Schuljahr 2005/06. Bei der Ziehung der Stichprobe kam es darauf an, Schulen zu finden, an denen bereits eine für Musikhauptschulen typische Qualität der pädagogischen Arbeit gegeben sein sollte, ohne deswegen Gesichtspunkte der Repräsentativität zu vernachlässigen. Die Auswahl der Schulen erfolgte daher auf Basis der folgenden Überlegungen:

1. Die Schulen sollten ausreichend Erfahrung mit der Führung von Musikklassen aufweisen. Daher wurden ausschließlich Musikhauptschulen in die Untersuchung aufgenommen, deren Gründung vor 1995 erfolgte.
2. Auch die Schüler/innen sollten bereits ausreichend Erfahrung mit dem Unterricht an der Musikschule haben. Dies führte zu einer Beschränkung auf Klassen der 7. und 8. Schulstufe.
3. Da eine Totalerhebung aus Gründen der Finanzierung, Erreichbarkeit der Schulen und des zeitlichen Aufwandes nicht möglich war, wurde eine geschichtete Zufallsauswahl gezogen, wobei Bundesländer mit einem relativ geringen Anteil an Musikhauptschulen (Burgenland, Kärnten, Wien und Vorarlberg) nicht berücksichtigt wurden.

Aus den verbleibenden Bundesländern wurden in proportionaler Schichtung elf ländliche, sechs kleinstädtische und drei städtische Musikhauptschulen für die Testungen ausgewählt. Tabelle 5.1 zeigt die Verteilung der Schüler/innen.

Tabelle 5.1 Stichprobe, differenziert nach Geschlecht

	Männlich	Weiblich	keine Angabe	N	%
Gesamt	292	521	44	857	
%	34,1	60,8	5,1		100,0
Musikklassen	98	323	17	438	51,1
Regelklassen	194	198	27	419	48,9
7. Stufe	162	266	27	455	53,1
8. Stufe	130	255	17	402	46,9

Anmerkung: Die relativ große Anzahl fehlender Angaben beim Geschlecht der Schüler/innen ist darauf zurückzuführen, dass in einigen Klassen die Instruktion bei der Vorgabe der Fragebögen zu wenig intensiv erfolgte.

In den ausgewählten Klassen wurden jeweils zwei Unterrichtseinheiten für die Erhebung verwendet. Zunächst wurden die Leistungstests durchgeführt, daran anschließend erfolgte die Befragung zu den persönlichen Merkmalen sowie zu Klima, Befinden, Verhalten und Selbstkonzept. Die Erhebungsinstrumente zu diesen Bereichen wurden jeweils nur einem zufällig ausgewählten Drittel der Schüler/innen in der Klasse vorgegeben.

4 Kompositionsmerkmale der Klassen

Die Attraktivität eines musikalischen Schwerpunkts in Verbindung mit Zugangsbeschränkung und Aufnahmeprüfung lässt erhebliche Selektionseffekte erwarten. Aus den Angaben in Tabelle 5.2 lässt sich ablesen, in welchen Merkmalen sich Musik- und Regelklassen aus denselben Schulen unterscheiden.

Tabelle 5.2 Kompositionsmerkmale der Klassen

	Musik-klassen	**Regel-klassen**	**Durch-schnitt Haupt-schule** [b)]
Klassenschülerzahl [a)]	22,8	23,0	–
Anteil Mädchen	63 %	37 %	46,7 %
Schüler/innen, die in allen drei Fächern in Leistungsgruppe 1 eingestuft sind	45 %	16 %	24,9 %
Schüler/innen, die in allen drei Fächern in Leistungsgruppe 3 eingestuft sind[30]	3 %	12 %	9,6 %
Kinder, deren Eltern beide in Österreich geboren sind	94 %	80 %	87 %
Anteil der Kinder aus vollständigen Kernfamilien	79 %	72 %	79 %
Mütter mit Matura oder Studium	31,7 %	22,8 %	23,5 %
Durchschnittliche Intelligenz der Schüler/innen (ZVT T-Wert)	53,8	50,7	– [c)]

Anmerkungen:
a) Anzahl der bei der Untersuchung anwesenden Schüler/innen. Die tatsächlichen Klassenstärken liegen vermutlich etwas höher.
b) Durchschnittswerte aus jenen Bundesländern, aus denen Musikklassen in der Stichprobe sind, entnommen aus dem Datensatz von Eder (2007).
c) Keine Daten vorhanden.

Keine Unterschiede zeigen sich in der Klassengröße; alle anderen Merkmale weisen deutliche und statistisch signifikante Unterschiede auf: Musikklassen haben einen deutlich höheren Mädchenanteil und mehr Kinder aus vollständigen Kernfamilien. Ebenso unterscheiden sich die Familien deutlich im Bildungsstatus der Eltern; diese Angaben sind allerdings relativ unverlässlich, weil

30 In der Hauptschule werden die Schüler/innen in den Fächern Deutsch, Englisch und Mathematik jeweils einer von drei Leistungsgruppen zugeordnet.

zahlreiche Hauptschüler/innen den Bildungsstatus ihrer Eltern nicht angeben können.[31] Der Anteil von Schüler/inne/n mit Migrationshintergrund ist erheblich geringer. Die Schüler/innen in den Musikklassen erreichen im Schnitt um etwa drei Intelligenz-Punkte mehr, und die Musikklassen weisen erheblich mehr Schüler/innen auf, die in allen drei Leistungsgruppen am höchsten, und fast keine Kinder, die in allen drei Leistungsgruppen am niedrigsten eingestuft sind. Musikklassen haben also einen – mit Ausnahme der Klassengröße – von der Regelzusammensetzung massiv abweichenden Überhang an leistungsstärkeren inländischen Kindern, überwiegend Mädchen, mit überwiegend stützenden Elternhäusern, und unterscheiden sich damit weit vom Durchschnitt der Hauptschulen. Für die Regelklassen gilt, dass sie in den meisten Kriterien nicht nur unter den Musikklassen, sondern auch deutlich unter dem Durchschnitt für Hauptschulen insgesamt liegen und damit eine ungünstigere Zusammensetzung aufweisen, als es Hauptschulklassen eigentlich entsprechen würde. Die durch die Profilbildung bedingten Selektionsprozesse innerhalb der Schule führen also in den Regelklassen zu Konstellationen, die dem Etikett „Restklassen“ entsprechen.

5 Unterschiede in den pädagogischen Prozessen

In diesem Abschnitt wird geprüft, inwieweit sich die pädagogischen Prozesse zwischen Musikklassen und Regelklassen unterscheiden. Als Kriterium wird hier das Klima in den Klassen herangezogen. Dieses wurde mit dem Linzer Fragebogen zum Schul- und Klassenklima (LFSK) für die 4.-8. Schulstufe (vgl. Eder & Mayr 2000) erhoben. Das Verfahren erfasst auf Ebene der Schulklasse 14 Aspekte des Klimas, die sich zu vier Dimensionen zusammenfassen lassen.

Für die folgende Gegenüberstellung werden die vier übergeordneten Dimensionen (vgl. Abbildung 5.2) und der aus allen 14 Teilaspekten berechnete Klima-Gesamtwert herangezogen. Wie Abbildung 5.3 zeigt, wird das Klima in den Musikklassen erheblich günstiger beschrieben. Das betrifft vor allem das Vorhandensein einer guten Lerngemeinschaft in der Klasse – hier betragen die Unterschiede mehr als eine Standardabweichung – und die deutlich niedrigere Ausprägung von Rivalität und Störung. Die Unterschiede in der Schülerzentriertheit deuten darauf hin, dass die Art des Unterrichtens in den Musikklassen etwas besser auf die Bedürfnisse der Schüler/innen abgestimmt ist.

31 Es ist allerdings anzunehmen, dass dieser Wissensmangel bei Schüler/inne/n, deren Eltern Matura oder Studium absolviert haben, etwas seltener auftritt.

Abbildung 5.2 Überblick über die Struktur des LFSK (Eder & Mayr, 2000)

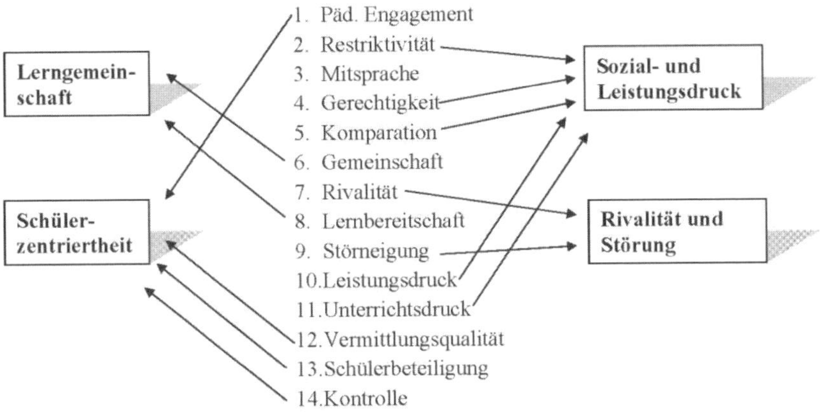

Nach den Normen des Testverfahrens liegen die Regelklassen in allen Bereichen ein wenig über dem Durchschnitt der Hauptschulen (repräsentiert durch den Standardwert von 100), die Musikklassen deutlich darüber. Allerdings ist zu vermuten, dass die auf einer Eichstichprobe aus 1995 erstellten Normen nicht mehr ganz angemessen sind.[32] Generell ist festzuhalten, dass auch das Klima in den Regelklassen – trotz der oben beschriebenen Nachteile in der Zusammensetzung – zumindest im Durchschnitt der Hauptschulen liegt.

32 Wie aus den Ergebnissen der Befindensuntersuchung 2005 sichtbar wird, würden Hauptschulen im Jahre 2005 nach den im Jahre 1995 entwickelten Normen einen Wert von ca. 105 erreichen. Bei einer entsprechenden Aktualisierung der Normen würden die Regelklassen ziemlich genau im Durchschnitt des Schultyps liegen.

Abbildung 5.3 Unterschiede im Klima der Klassen

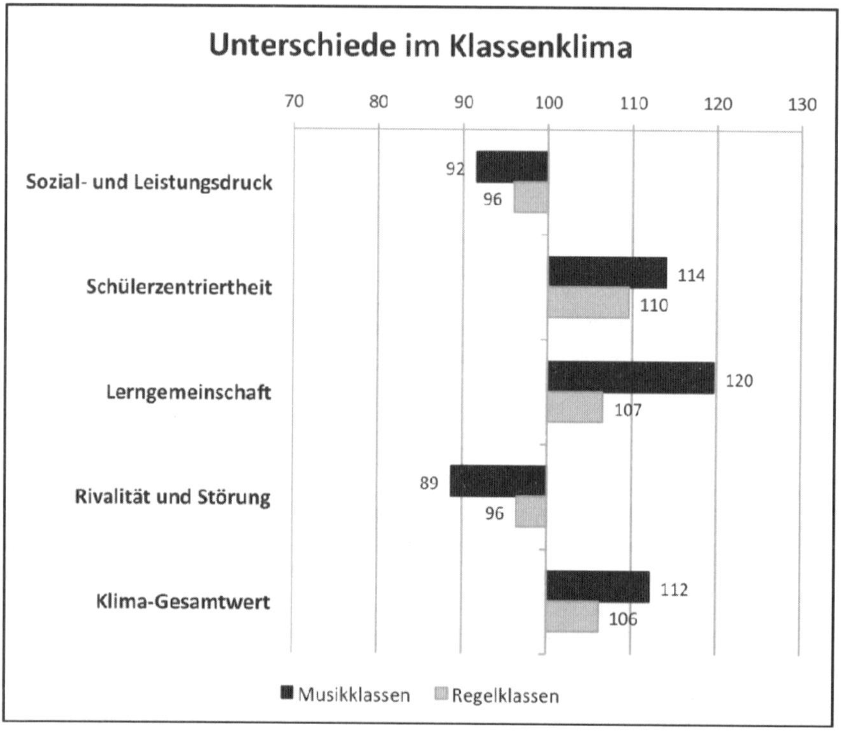

Anmerkung: Der LFSK ist auf Standardwerte mit MW=100 und SD=10 für Schulsparten normiert. Ein Wert von 100 bedeutet, dass eine Klasse genau im Mittelbereich des betreffenden Schultyps (hier: der Hauptschule) liegt.

6 Unterschiede in den schulischen Effektmerkmalen

6.1 Unterschiede in den Leseleistungen

Als Instrument zur Erfassung der Leseleistungen wurde das Salzburger Lesescreening 5-8 (SLS 5-8; vgl. Auer u.a. 2004) herangezogen. Es misst die basale Lesefertigkeit auf Basis der Lesegeschwindigkeit. Diese ist nach Ansicht der Testautoren der beste Indikator der basalen Lesefertigkeit. Die Testung geht folgendermaßen vor sich:

> „Die Schüler/innen lesen leise eine Liste inhaltlich sehr einfacher Sätze. Am Ende jedes Satzes muss markiert werden, ob die Aussage des Satzes wahr oder falsch ist. Als Rohwert der Leistungsbeurteilung wird die Anzahl der in 3 min korrekt bearbeiteten Sätze herangezogen.“ (Aus der Handanweisung)

Das SLS 5-8 kann mit allen Schüler/inne/n einer Klasse gleichzeitig durchgeführt werden, die Testung dauert einschließlich Austeilen und Einsammeln der Testbögen sowie der Instruktion rund zehn Minuten. Für die ermittelte Anzahl korrekt bearbeiteter Sätze kann aus der Normtabelle der Lesequotient (LQ) direkt abgelesen werden (IQ-Skalierung mit Mittelwert = 100 und Standardabweichung = 15). Eine Normierung liegt jeweils für das Schuljahresende der 5., 6., 7. und 8. Schulstufe vor.

Tabelle 5.3 zeigt die Ergebnisse für die Gesamtstichprobe sowie getrennt für Musik- und Regelklassen. Der Gesamtwert liegt mit 96 Punkten etwas unter dem erwarteten Wert von 100. Da die Testungen jedoch in der ersten Hälfte des Schuljahres erfolgten, sind Abstriche von den Normen, die für das Ende des Schuljahres berechnet sind, zu erwarten.

Tabelle 5.3 Ergebnisse des Lesetests

	MW	SD	N
Musikklassen	99,8	16,8	453
Regelklassen	92,6	18,2	419
Gesamt	96,3	17,8	872

Musikklassen und Regelklassen unterscheiden sich um sieben Standardpunkte, was etwa einer halben Standardabweichung entspricht. Der Unterschied ist statistisch gut abgesichert ($F = 36{,}5$; $df = 1/870$; $p < 0{,}000$) und liegt auch in einer praktisch bedeutsamen Höhe. Auffällig ist, dass die Standardabweichung etwas über dem erwarteten Wert von 15 liegt, wobei die Abweichung in den Regelklassen noch größer ist. Dies bedeutet, dass die Leistungen in den Klassen – vor allem in den Regelklassen – eher heterogen sind.

6.2 Unterschiede in den mathematischen Kompetenzen

Die mathematischen Kompetenzen wurden mit MATKOMP I gemessen. Es handelt sich dabei um ein Testverfahren zur Erfassung mathematischer Kompetenzen am Ende der Sekundarstufe I, das aus dem Aufgabenpool der TIMS-Untersuchung 1994 konstruiert wurde. Es erfasst vier inhaltliche und drei allgemeine mathematische Kompetenzen, die als Kompetenzprofil sowie als Gesamtwert dargestellt werden können (vgl. Tabelle 5.4).

Das Verfahren versucht, mathematische Grundkompetenzen zu messen. Damit ist jenes nachhaltige Können gemeint, das als „Ertrag" nach dem Besuch der Schule übrig bleiben sollte. Die verwendeten Testaufgaben repräsentieren prototypische Problemstellungen, zu deren Lösung wenig Rechenarbeit, wenig spezifische Fachsprache, jedoch Einiges an Denken erforderlich ist. Sie sind insofern lehrplanbezogen, als bei ihrer Zusammenstellung die Übereinstimmung mit dem Lehrplan 2000 ein ausdrückliches Kriterium für die Auswahl bildete. Sie sind überwiegend als „multiple-choice-Aufgaben" konstruiert, bei denen die richtige Antwort aus vorgegebenen Möglichkeiten herausgefunden werden muss.

Tabelle 5.4 Kompetenzbereiche (Subskalen) in MATKOMP I

Zahlenverständnis, Rechnen und Grundlagen der Statistik (ZRS).	Kopfrechnen und sowohl algorithmisches als auch näherungsweises Rechnen
Größen, Maße und Verhältnisse (GMV)	sicherer Umgang mit Größen und Maßen und dem Verhältnis zwischen ihnen, bezogen auf Situationen des täglichen Lebens
Algebra und Funktionen (ALF)	Konkretisieren und Verallgemeinern von Sachverhalten; Rechnen mit Variablen
Raumvorstellung und Grundtatsachen der Geometrie (RGE)	sicheres Erkennen, Beschreiben und Berechnen von grundlegenden Figuren und Körpern; Raumvorstellung
Modellbilden (RGE)	Kompetenz, eine Situation zu erfassen und in die Sprache der Mathematik zu übertragen
Operieren (OPR)	Kompetenz, Verfahren, Rechenmethoden oder Techniken, die für das mathematische Modell eine mathematische Lösung ergeben, anzuwenden
Interpretieren (INT)	umfasst die verschiedenen Ebenen des Interpretierens und Dokumentierens
Gesamtwert (GES)	Ausdruck der allgemeinen mathematischen Kompetenz einer Person

Zwischen Musik- und Regelklassen zeigen sich klare, konsistente und statistisch signifikante Unterschiede in den erreichten mathematischen Kompetenzen. Die Ergebnisse entsprechen in ihrer Struktur weitgehend den Ergebnissen, die mit diesem Verfahren gesamtösterreichisch erzielt wurden. Auch dort zeigen sich die niedrigsten Werte in den Teilbereichen „Algebra und Funktionen" bzw. „Raumvorstellung", die relativ höchsten im Bereich „Zahlenverständnis". Ein direkter Vergleich ist jedoch nur schwer möglich, weil die Testungen in der ersten Hälfte des Schuljahres stattfanden, das Verfahren aber für das Ende des Schuljahres gedacht (und genormt) ist. Es fällt auf, dass die in der 7. Stufe fast durchgehend bestehenden höheren Streuungen in den Regelklassen in der 8. Stufe nicht mehr in dieser Konsistenz beobachtbar sind.

Tabelle 5.5 Unterschiede in der Mathematik-Kompetenz

	7. Stufe				8. Stufe			
	Mittelwert		Streuung		Mittelwert		Streuung	
	Musik-klasse	Regel-klasse	Musik-klasse	Regel-klasse	Musik-klasse	Regel-klasse	Musik-klasse	Regel-klasse
ZRS	63,1	52,9	22,7	23,6	65,3	58,4	24,0	21,5
GMV	54,9	48,0	17,7	19,0	55,5	51,1	19,3	19,3
ALF	40,2	31,4	18,4	20,0	47,8	41,1	19,9	20,0
RGE	43,5	34,9	21,5	22,5	47,5	38,0	23,7	23,7
MOD	45,0	33,7	22,3	25,2	45,3	40,3	25,0	24,0
OPR	47,7	41,5	19,5	20,5	55,8	48,0	20,2	18,9
INT	60,0	53,9	19,3	18,7	62,9	56,3	17,8	18,1
GES	50,4	41,9	16,1	17,6	54,1	47,2	16,9	16,9

Anmerkung: Die eingetragenen Mittelwerte (MW) können als Prozentwert der Aufgabenlösung interpretiert werden. Für die Kurzbezeichnungen der Skalen siehe Tabelle 5.4. Alle Mittelwertsunterschiede sind statistisch abgesichert ($p < .05$).

6.3 Unterschiede im Befinden der Schüler/innen

Für die Erfassung des Befindens werden Indikatoren für das *Wohlbefinden in der Schule* und für *Schulangst* herangezogen. Der Indikator für Wohlbefinden wird aus den folgenden drei Fragen gebildet (vgl. Tabelle 5.6):

Tabelle 5.6 Wohlbefinden in der Schule – Kennwerte der Items und des Indikators

	Reich-weite	MW	SD
Gehst du gerne zur Schule? (1 = sehr ungern ... 4 = sehr gern)	1 - 4	2,67	,81
Wie gut gefällt es dir in der Schule insgesamt? (1 = überhaupt nicht ... 4 = sehr gut)	1 - 4	2,99	,75
Wie zufrieden bist du mit der Schule? (1 = sehr unzufrieden ... 7 = sehr zufrieden)	1 - 7	5,00	1,36
Indikator Wohlbefinden	3 - 15	10,67	2,48

Cronbachs Alpha = 0,74

Die Schulangst wurde mit dem Schulangstfragebogen von Jacobs & Strittmatter (1979) erhoben. Er misst „die Bereitschaft, in schulischen Situationen Angst zu erleben“ und wird von den Autoren als ein „Test der bereichsspezifischen Angstneigung“ verstanden (vgl. Jacobs & Strittmatter 1979, S. 27f.). In den 14 Items des Fragebogens (vgl. Eder 2007, S. 35) geht es insbesondere um die Situationstypen „Erbringen einer Leistung“, „Situation, einen Fehler gemacht zu haben“ und „Prüfungssituationen“. Die Skala hat eine Reliabilität von a=.910 (vgl. Eder 1995, S. 40).

Die Gegenüberstellung in Tabelle 5.7 weist für die Musikklassen ein erheblich günstigeres Befinden und ein geringeres Ausmaß an Schulangst aus. Die Unterschiede sind statistisch signifikant und liegen auch in einer praktisch bedeutsamen Größenordnung.

Tabelle 5.7 Unterschiede im Befinden

	Musikklassen		Regelklassen				
	MW	SD	MW	SD	t-Wert	df	p <
Wohlbefinden	11,36	2,17	9,91	2,59	8,70	772,2	,000
Schulangst	2,28	,71	2,46	,61	-2,29	271	,023

Anmerkung: Signifikanzprüfung mittels T-Test; bei „Wohlbefinden“ unter Berücksichtigung heterogener Varianzen.

6.4 Unterschiede im unterrichtsbezogenen Verhalten

Für den individuellen Lernerfolg, aber auch für die effektive Gestaltung des Unterrichts ist das Ausmaß von Mitarbeit bzw. Störung von Seiten der Schüler-/innen von großer Bedeutung. Zur Abbildung dieser Komponente wurden zehn unterrichtsbezogene Verhaltensweisen vorgegeben, von denen die Schüler/innen angeben sollten, inwieweit sie für ihr eigenes Verhalten in der Schule zutreffend waren (vgl. Eder 2007, S. 168). Daraus wurden zwei zusammenfassende Indikatoren gebildet, von denen „Mitarbeit“ eher konstruktives (z.B. aufpassen, Hausübungen ordentlich machen, sich beteiligen), „Störung“ eher störendes bzw. desinteressiertes Schülerverhalten (z.B. herumlaufen, schwätzen, heimlich lesen) abbildet.

Tabelle 5.8 Unterrichtsbezogenes Verhalten – Kennwerte der Indikatoren

	Anzahl Items	Reich-weite	MW	SD	Cronbachs Alpha
Mitarbeit	4	4 - 16	13,9	1,9	0,68
Störung	6	6 - 24	10,1	2,9	0,69

Die in Tabelle 5.9 dargestellten Unterschiede belegen, dass sich die Schüler/innen nach ihren eigenen Angaben nicht im Bereich der Mitarbeit unterscheiden; wohl aber gibt es eine starke Tendenz im Bereich „Störung" – hier ist die durchschnittliche Ausprägung in den Regelklassen etwas höher und auch die Streuung größer.

Tabelle 5.9 Unterschiede im unterrichtsbezogenen Verhalten

	Musikklassen		Regelklassen				
	MW	SD	MW	SD	t-Wert	df	p <
Mitarbeit	14,0	1,8	13,7	1,9	1,39	259	0,166
Störung	9,8	2,7	10,5	3,2	-1,79	214,2	0,074

Anmerkung: Signifikanzprüfung mittels T-Test; bei „Störung" unter Berücksichtigung heterogener Varianzen.

6.5 Unterschiede im Selbstkonzept

Für den Vergleich werden das Leistungsselbstkonzept, das Soziale Selbstkonzept und das Allgemeine Selbstwertgefühl herangezogen. Die Messung erfolgte mit den in der Befindensuntersuchung (vgl. Eder 2007) verwendeten Skalen. Sie weisen für das Leistungsselbstkonzept und das Soziale Selbstkonzept gute, für das Allgemeine Selbstwertgefühl befriedigende psychometrische Eigenschaften auf (vgl. Eder 2007, S. 49).

Das *Leistungsselbstkonzept* repräsentiert die Selbstsicht einer Person hinsichtlich der Bewältigung von (schwierigen) Aufgaben, wobei der Vergleich mit anderen und die Geschwindigkeit der Aufgabenbewältigung wichtige Kriterien bilden. Es geht vor allem darum, in welchem Ausmaß sich Schüler/innen zutrauen, Dinge rasch lernen und gut anwenden zu können und sich selbständig neue Sachen anzueignen. Das *soziale Selbstkonzept* repräsentiert die Selbstsicht einer Person in Hinblick auf ihre Beziehungen zu den anderen. Der Hauptaspekt ist dabei die Selbstzuschreibung der Bereitschaft und Fähigkeit, sich in andere hineinzuversetzen, mit ihnen zusammen zu sein und zusammenzuarbeiten. Das *allgemeine Selbstwertgefühl* repräsentiert die Bewertung der eigenen Person; vor allem die Aspekte der Selbstakzeptanz und der Zufriedenheit mit sich selbst spielen dabei eine wichtige Rolle.

Tabelle 5.10 zeigt die Unterschiede in den Selbstkonzeptmerkmalen. Zwar liegen in allen drei Bereichen die Durchschnittswerte der Musikklassen numerisch etwas höher, der Unterschied erreicht jedoch nirgends statistische oder praktische Signifikanz.

Tabelle 5.10 Unterschiede in den Selbstkonzeptmerkmalen

	Musikklassen		Regelklassen				
	MW	SD	MW	SD	t-Wert	df	p <
Leistungs-selbstkonzept	2,52	0,60	2,42	0,61	1,33	275	0,184
Soziales Selbstkonzept	3,27	0,56	3,19	0,64	1,07	278	0,279
Allgemeines Selbstwertgefühl	3,19	0,58	3,12	0,55	1,08	283	0,283

Anmerkung: Signifikanzprüfung mittels T-Test.

6.6 Zusammenfassung der Unterschiede in den Effektmerkmalen

Im direkten Vergleich zeigen sich in den gemessenen Merkmalen überall Unterschiede zu Gunsten der Musikklassen (vgl. Abbildung 5.4). Die Unterschiede betragen bei den Leistungsmerkmalen etwas weniger als eine halbe Standardabweichung, im Wohlbefinden etwas mehr als eine halbe Standardweichung. Bei diesen Merkmalen liegen also bedeutsame Effekte vor. Schulangst und Störverhalten im Unterricht unterscheiden sich ebenfalls signifikant, aber bei deutlich niedrigeren Effektstärken. Keine signifikanten Unterschiede zeigen sich in den Selbstkonzeptmerkmalen.

Abbildung 5.4 Unterschiede zwischen Musik- und Regelklassen in den Effekt-Merkmalen

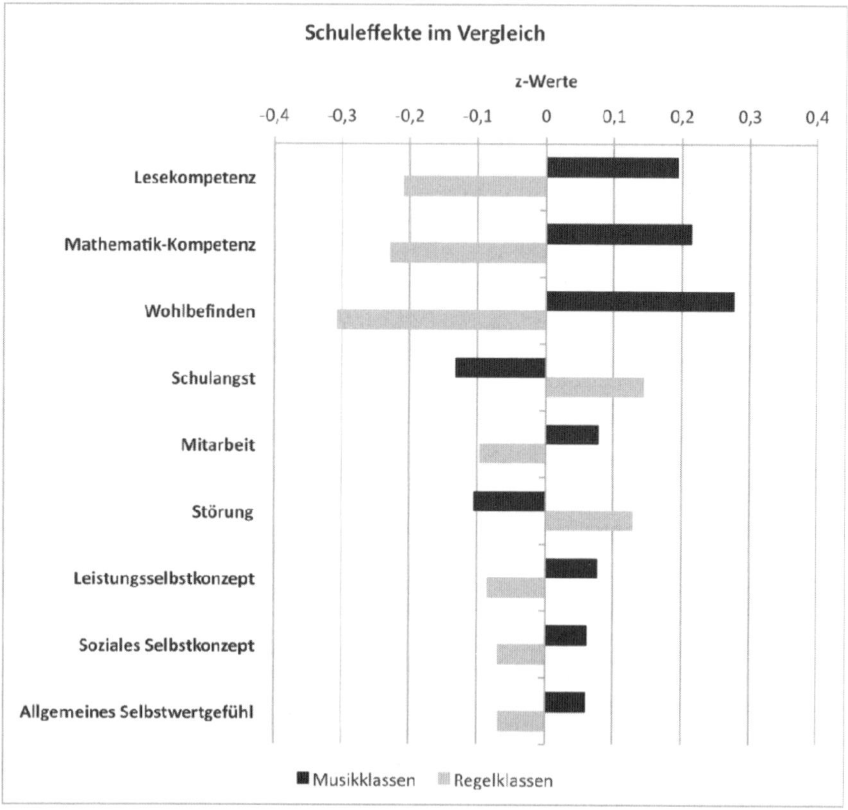

Anmerkung: Die Differenzen sind in z-Werten eingetragen.

7 Selektions- und Kompositionseffekte

In diesem Abschnitt wird nun auf Basis von Regressionsanalysen die Annahme überprüft, dass die Unterschiede zwischen Musik- und Regelklassen verschwinden, wenn die Zusammensetzung der Klassen statistisch ausgeglichen wird. Um spezifische Einflüsse sichtbar zu machen, werden vier Modelle überprüft (vgl. Tabelle 5.11):

- Modell 1 überprüft, ob noch signifikante Effekte des Schultyps bestehen, wenn das Geschlecht der Schüler/innen berücksichtigt wird.
- Modell 2 führt individuelle Leistungsvariablen in die Regressionsanalyse ein und überprüft, ob noch signifikante Effekte des Schultyps bestehen, wenn zusätzlich die kognitive Leistungsfähigkeit der Schüler/innen und der Leistungsgruppenstatus[33] berücksichtigt werden.
- Modell 3 überprüft zusätzlich, ob die Hinzunahme des familiären Hintergrundes der Schüler/innen zu einer weiteren Reduktion der Typeneffekte führt.
- Modell 4 berücksichtigt zusätzlich Merkmale auf der Aggregatebene Schulklasse, indem die Verteilung von Geschlecht und Leistungsgruppenzugehörigkeit als Kovariate eingeführt wird.

Tabelle 5.11 Übersicht über die Variablensätze der Regressionsmodelle

Modell 1	**Modell 2**	**Modell 3**	**Modell 4**
• Typzugehörigkeit • Geschlecht	• Typzugehörigkeit • Geschlecht • Intelligenz • Leistungs-gruppenstatus	• Typzugehörigkeit • Geschlecht • Intelligenz • Leistungs-gruppenstatus • Migrations-hintergrund • Familienform	• Typzugehörigkeit • Geschlecht • Intelligenz • Leistungs-gruppenstatus • Migrations-hintergrund • Familienform • Mädchenanteil • Mittlerer Leistungs-gruppenstatus

Die Analysen erfolgten mit SPSS in Form von Regressionsanalysen nach dem allgemeinen linearen Modell, wobei die Typzugehörigkeit als Prädiktor und die

33 Die Zuordnung zu den Leistungsgruppen erfolgt zu Beginn der Hauptschullaufbahn auf Basis früherer oder nach Hauptschuleintritt gezeigter Leistungen und wird im Normalfall nicht mehr geändert. Insofern handelt es sich nicht um ein Effektmerkmal, sondern um einen Prädiktor.

übrigen Variablen als Kovariaten eingeführt wurden. Die Anzahl der Effektmerkmale wurde aus Raumgründen etwas reduziert.

7.1 Analysen zu Modell 1

Modell 1 analysiert die Annahme, die Unterschiede zwischen Musik- und Regelklassen könnten durch das Geschlecht der Schüler/innen aufgeklärt werden. Tabelle 5.12 fasst die Ergebnisse zusammen.

Tabelle 5.12: Effekt der Musikklassenzugehörigkeit unter Berücksichtigung des Geschlechts als Kovariate. Regressionsanalyse

Effektmerkmal	Effekt der Typzugehörigkeit			Effekt der Kovariate
	Differenz zwischen M- und R-Klassen in z-Werten	F-Statistik	Eta^2	Geschlecht
Mathematische Kompetenz	**+ 0,55**	**$F_{1;724}$=53,6**	**0,07**	Eta^2 = 0,00 b = - 2,5
Lesekompetenz	**+ 0,36**	**$F_{1;720}$=22,2**	**0,03**	**Eta^2 = 0,03 b = 6,9**
Befinden	**+ 0,40**	**$F_{1;715}$=32,1**	**0,04**	**Eta^2 = 0,06 b = 0,51**
Schulangst	**- 0,28**	**$F_{1;240}$=4,4**	**0,02**	Eta^2 = 0,01 b = 0,12
Leistungsselbst-konzept	+ 0,16	$F_{1;239}$=1,5	0,01	Eta^2 = 0,01 b = 0,11
Selbstwertgefühl	+ 0,19	$F_{1;247}$=2,0	0,01	Eta^2 = 0,01 b = - 0,128
Klima	**+ 0,44**	**$F_{1;261}$=14,2**	**0,05**	**Eta^2 = 0,05 b = 8,7**
Störung im Unterricht	- 0,13	$F_{1;212}$=1,0	0,01	**Eta^2 = 0,06 b = - 1,6**

Anmerkung: Signifikante Effekte bei 5 % Irrtumswahrscheinlichkeit sind fett markiert.

Auch unter Berücksichtigung des Geschlechts als Kovariate zeigt sich in allen überprüften Effektmerkmalen eine Differenz zugunsten der Musikklassen; für Leistung, Befinden und Klima sind diese Effekte weiterhin relativ stark. Mit Ausnahme von Leistungsselbstkonzept, Selbstwertgefühl und Störung im Unterricht sind die Effekte signifikant.

Das Geschlecht zeigt als Kovariate nur auf die Lesekompetenz und auf das Befinden (beides bei Mädchen besser) einen praktisch bedeutsamen wie auch statistisch signifikanten Einfluss. Allerdings reicht seine Wirkung nicht aus, den Effekt von Musikklassen substanziell zu erklären.

7.2 Analysen zu Modell 2

Modell 2 analysiert die Annahme, die Unterschiede zwischen Musik- und Regelklassen könnten zum Verschwinden gebracht werden, wenn zusätzlich die individuelle Leistungsfähigkeit der Schüler/innen als Kovariate eingebracht wird. Diese wird durch Intelligenz und Leistungsgruppenstatus indiziert. Tabelle 5.13 fasst die Ergebnisse zusammen.

Durch den Einbezug von Intelligenz und Leistungsgruppenstatus reduzieren sich die Effekte der Typzugehörigkeit stark. In der mathematischen Kompetenz, wo die größten Unterschiede bestanden, ist die Differenz nicht mehr signifikant, auch in der Lesekompetenz bestehen keine Unterschiede mehr. Auch die Unterschiede in der Schulangst sind nicht mehr signifikant. Die Unterschiede bei Befinden und Klima sind weiterhin signifikant.

Die Kovariaten haben unterschiedlichen Einfluss: Während Intelligenz lediglich mit den Kompetenzwerten in Zusammenhang steht, wirkt sich der Leistungsgruppenstatus sehr deutlich auch auf Befinden, Angst und Selbstkonzept aus. So sinkt mit jeder schlechteren Leistungsgruppeneinstufung der Wert des Befindens in der Schule um ein Zehntel Standardabweichung, ebenso das Leistungsselbstkonzept und das allgemeine Selbstwertgefühl; die Schulangst steigt hingegen an. Die Wirkung der Kovariate Geschlecht hat sich auf Grund von Interkorrelationen zum Teil deutlich verändert.

Tabelle 5.13 Effekt der Musikklassenzugehörigkeit unter Berücksichtigung von Geschlecht, Intelligenz und Leistungsgruppenstatus als Kovariaten. Regressionsanalyse

Effektmerkmal	Effekt der Typzugehörigkeit			Effekte der Kovariaten		
	Differenz M- und R-Klassen in z-Werten	F-Statistik	Eta^2	Geschlecht	Intelligenz	Leistungs-gruppenstatus
Mathematische Kompetenz	+ 0,12	$F_{1;697}=3,4$	0,01	**$Eta^2 = 0,03$ b = - 5,1**	**$Eta^2 = 0,05$ b = 0,3**	**$Eta^2 = 0,27$ b = - 4,9**
Lesekompetenz	+ 0,02	$F_{1;695}=0,1$	0,00	**$Eta^2 = 0,02$ b = 4,5**	**$Eta^2 = 0,10$ b = 0,5**	**$Eta^2 = 0,13$ b = - 3,4**
Befinden	**+ 0,27**	**$F_{1;683}=$ 13,8**	**0,02**	**$Eta^2 = 0,06$ b = 0,46**	$Eta^2 = 0,00$ b = 0,00	**$Eta^2 = 0,04$ b = - 0,10**
Schulangst	- 0,07	$F_{1;225}=0,3$	0,00	$Eta^2 = 0,01$ b = 0,13	$Eta^2 = 0,00$ b = 0,00	**$Eta^2 = 0,08$ b = 0,10**
Leistungs-selbstkonzept	- 0,13	$F_{1;223}=1,0$	0,00	$Eta^2 = 0,02$ b = - 0,16	$Eta^2 = 0,01$ b = 0,01	**$Eta^2 = 0,10$ b = - 0,11**
Selbstwertgefühl	+ 0,01	$F_{1;231}=0,0$	0,00	$Eta^2 = 0,02$ b = - 0,15	$Eta^2 = 0,00$ b = 0,00	**$Eta^2 = 0,03$ b = - 0,06**
Klima	**+ 0,40**	**$F_{1;241}=$ 10,0**	**0,04**	**$Eta^2 = 0,05$ b = 9,4**	$Eta^2 = 0,01$ b = 0,0	$Eta^2 = 0,00$ b = - 0,2
Störung im Unterricht	- 0,13	$F_{1;201}=0,7$	0,00	**$Eta^2 = 0,05$ b = - 1,4**	$Eta^2 = 0,01$ b = 0,0	$Eta^2 = 0,00$ b = 0,1

Anmerkung: Signifikante Effekte bei 5 % Irrtumswahrscheinlichkeit sind fett markiert.

7.3 Analysen zu Modell 3

Modell 3 geht der Frage nach, ob es durch die Hinzunahme weiterer Kovariaten aus dem familiären Hintergrund zu einer weiteren Reduktion der Effekte kommt. Tabelle 5.14 fasst die Ergebnisse zusammen.

Tabelle 5.14 Effekt der Musikklassenzugehörigkeit unter Berücksichtigung von Geschlecht, Intelligenz, Leistungsgruppenstatus, Migrationshintergrund und Familienstatus als Kovariaten. Regressionsanalyse

Effektmerkmal	Effekt der Typzugehörigkeit		
	Differenz zwischen M- und R-Klassen in z-Werten	F-Statistik	Eta^2
Mathematische Kompetenz	+ 0,08	$F_{1;674}=1,4$	0,00
Lesekompetenz	+ 0,01	$F_{1;672}=0,0$	0,00
Befinden	**+ 0,29**	$\mathbf{F_{1;660}=14,8}$	**0,02**
Schulangst	- 0,05	$F_{1;213}=0,1$	0,00
Leistungsselbstkonzept	- 0,12	$F_{1;213}=0,7$	0,00
Selbstwertgefühl	+ 0,02	$F_{1;219}=0,0$	0,00
Klima	**+ 0,45**	$\mathbf{F_{1;228}=10,1}$	**0,05**
Störung im Unterricht	- 0,18	$F_{1;196}=1,2$	0,01

Anmerkung: Signifikante Effekte bei 5 % Irrtumswahrscheinlichkeit sind fett markiert. Die Effekte der Kovariaten werden aus Raumgründen nicht angeführt.

Die Hinzunahme von Migrationshintergrund und Familienstatus als weitere Kovariaten führt zu keiner bedeutsamen Veränderung im Gesamtergebnis. Der Einfluss des Familienstatus in der hier verwendeten Form ist generell sehr klein; der Migrationshintergrund hängt in geringem Ausmaß mit den Leistungen in Mathematik und mit dem Selbstwertgefühl zusammen.

7.4 Analysen zu Modell 4

Modell 4 berücksichtigt zusätzlich Merkmale, die die Klasse als Ganzes betreffen, nämlich den relativen Anteil der Mädchen sowie den durchschnittlichen Leistungsgruppenstatus. Es wird also geprüft, ob auch die Verteilung dieser

Merkmale – unabhängig von der bereits erfolgten Berücksichtigung auf Individualebene – eine Wirkung zeigt. Die Analyse beschränkt sich auf die Kriterien Befinden und Klima, bei denen nach den bisherigen Analysen noch ein signifikanter Unterschied zwischen den beiden Gruppen besteht. Die Ergebnisse sind in Tabelle 5.15 zusammengestellt.

Tabelle 5.15 Effekt der Musikklassenzugehörigkeit unter Berücksichtigung von Geschlecht, Intelligenz, Leistungsgruppenstatus, Migrationshintergrund und Familienstatus sowie Mädchenanteil und mittlerem Leistungsgruppenstatus. Regressionsanalyse.

Effektmerkmal	Effekt der Typzugehörigkeit		
	Differenz zwischen M- und R-Klassen in z-Werten	F-Statistik	Eta^2
Befinden	+ 0,12	$F_{1;658}$=1,1	0,00
Klima	+ 0,37	$F_{1;226}$=3,3	0,01

Effekte der Kovariaten

	Befinden		Klima	
	Eta^2 =	**b =**	**Eta^2 =**	**b =**
Geschlecht	**0,04**	**0,41**	**0,05**	**9,2**
Intelligenz	0,00	0,00	0,00	0,1
Leistungsgruppenstatus	**0,03**	**- 0,10**	0,00	- 0,1
Migrationshintergrund	0,00	0,07	0,00	2,0
Familienstatus	0,00	- 0,03	0,00	0,4
Anteil Mädchen	**0,01**	**0,53**	0,00	1,8
Mittlerer Leistungsgruppenstatus	0,00	- 0,03	0,00	- 0,9

Anmerkung: Signifikante Effekte bei 5 % Irrtumswahrscheinlichkeit sind fett markiert.

Durch die Einbeziehung von Merkmalen auf Klassenebene verschwindet der Effekt beim Befinden; die Unterschiede im Klima sind trotz beträchtlicher Höhe statistisch nicht mehr signifikant. Zwischen Musikklassen und Regelklassen gibt es in keinem untersuchten Merkmal mehr einen signifikanten Unterschied.

8 Kollateralwirkungen

Die Einrichtung von Schwerpunktklassen gegenüber den Regelklassen bedeutet eine Teilung einer Schule in einen attraktiveren Teil, der häufig auch öffentlich als Aushängeschild der Schule wahrgenommen wird, und einen weniger im Rampenlicht stehenden „normalen" Teil. Es ist anzunehmen, dass diese Trennung von den Beteiligten und Betroffenen auch als solche registriert wird. Einzelne Lehrpersonen fühlen sich möglicherweise zum Schwerpunkt besonders hingezogen, weil sie an seiner Etablierung beteiligt waren, oder weil sie dort aufgrund persönlicher Interessen oder wegen der leistungsfähigeren Schüler/innen lieber unterrichten würden. Schüler/innen der Regelklassen erleben, dass die Schule den Schwerpunktklassen mehr Aufmerksamkeit widmet, insbesondere im Auftritt nach außen, und dass sie selbst im Schatten dieser Klassen wahrgenommen und teilweise auch für diese instrumentalisiert werden. Es ist zu erwarten, dass diese Situation letzten Endes zu einer Ungleichbehandlung der Klassen durch die Schule, zu Konkurrenz und Rivalität der Schüler/innen und zu emotionalen Konflikten führt. Obwohl die Untersuchung der hier angesprochenen Begleiterscheinungen nicht primäres Ziel dieser Studie war, lassen sich dazu einige Informationen gewinnen.

8.1 Ungleichbehandlung

Im Rahmen der Befragungen wurde in den einzelnen Klassen einem Drittel der Schüler/innen auch die Frage gestellt, ob an dem der Untersuchung vorausgehenden Schultag Stunden entfallen seien und wie dieser Ausfall kompensiert worden sei. Nach ihren Angaben fiel am Vortag in 45 % der Musikklassen, jedoch in 84 % der Regelklassen mindestens eine Stunde aus. Da auf Grund der unterschiedlichen Leistungsgruppenzuordnung nicht alle Schüler/innen einer Klasse in gleichem Ausmaß von Stundenausfall betroffen sein müssen, wurden die Angaben auf Schüleranteile in den Klasse umgerechnet. Daraus ergaben sich die in Tabelle 5.16 dargestellten Quoten.

Auch im Umgang mit entfallenen Stunden zeigen sich deutliche Unterschiede (vgl. Abbildung 5.5). Die vorliegenden Informationen zum Stundenausfall deuten darauf hin, dass Schulen bei Schwerpunktklassen sorgfältiger darauf achten, dass wenig Unterrichtsstunden entfallen, und dass sie gegebenenfalls stärker dazu neigen, diese Stunden fachlich zu supplieren. Beide Vorgangsweisen sind ein Hinweis, dass bei den Musikklassen deutlich mehr auf schulische Qualität geachtet wird.

Tabelle 5.16 Unterrichtsausfall in Musik- und Regelklassen

	Unterrichtsausfall in Stunden				
	0	1	2	3 oder mehr	N
Schüler/innen in Musikklassen (%)	87	6	7	1	135
Schüler/innen in Regelklassen (%)	74	5	14	8	131

Die Angaben drücken einen Schätzwert aus, wie viel Prozent der Schüler/innen an dem der Untersuchung vorausgegangenen Tag von Unterrichtsausfällen betroffen waren.

Abbildung 5.5 Unterschiede im Umgang mit entfallenen Schulstunden

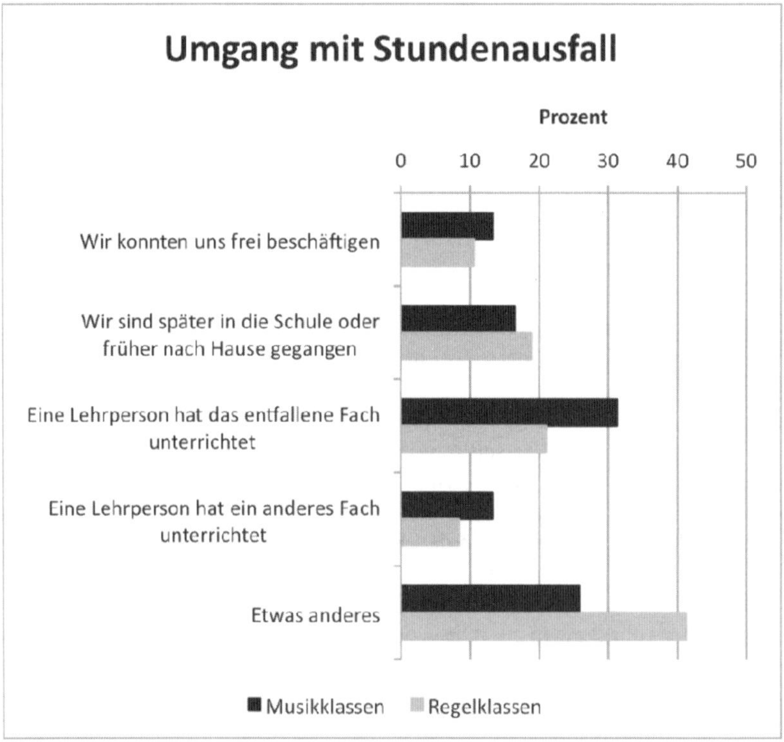

Anmerkung: Eingetragen ist der Anteil der Schüler/innen, von denen die jeweiligen Möglichkeiten berichtet wurden. Sie wurden getrennt für Musik- und Regelklassen auf 100 % transformiert, um Vergleichbarkeit herzustellen.

8.2 Benachteiligung

In einem kurzen Fragebogenteil wurden die Schüler/innen selbst mit Fragen konfrontiert, wie sie die Situation in ihrer eigenen Klasse im Vergleich mit der jeweiligen Parallelklasse einschätzen. Einige Aspekte aus dieser Befragung sind in Abbildung 5.6 dargestellt. Die Schüler/innen wurden um eine direkte Einschätzung ersucht, in welcher Klasse es hinsichtlich der angegebenen Kriterien die bessere Ausprägung gebe.

Abbildung 5.6 Musik- und Regelklassen in der Selbstwahrnehmung der Schüler/innen

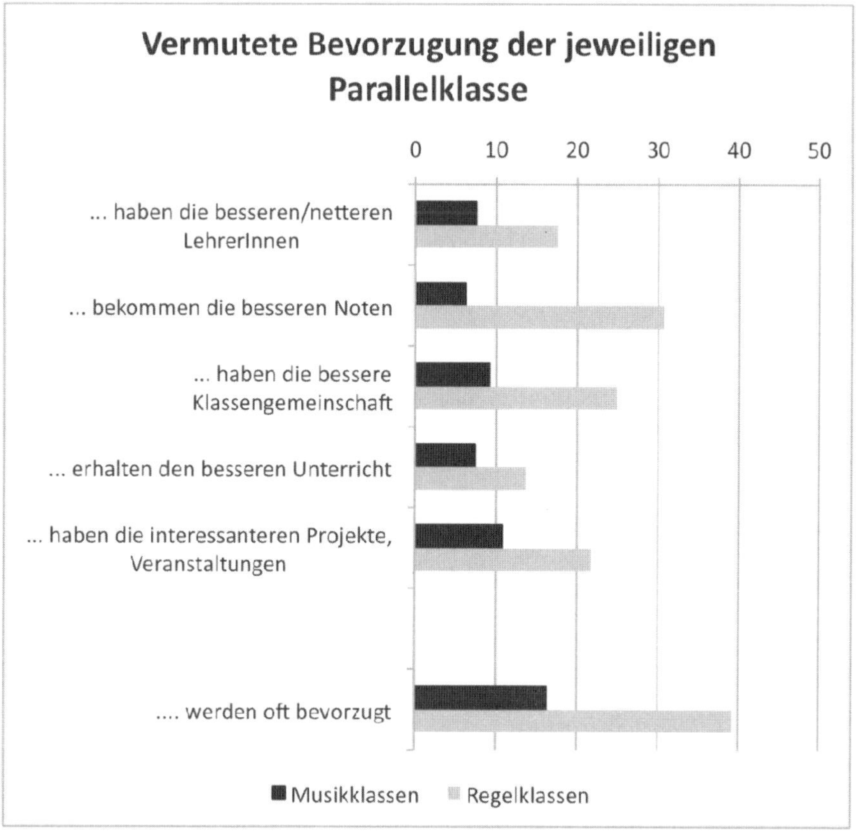

Anmerkung: Eingetragen ist der Prozentsatz der Schüler/innen, die dem jeweiligen Statement zustimmen.

Abbildung 5.6 zeigt den Prozentsatz der Schüler/innen, die vermuten, dass es in der jeweils anderen Klasse die günstigere Ausprägung gebe. Während jedoch nur relativ wenige Schüler/innen der Musikklassen annehmen, die Verhältnisse in der parallelen Regelklasse seien günstiger, sind es jeweils doppelt- bis dreimal so viel Schüler/innen aus den Regelklassen, die in den Musikklassen die besseren Verhältnisse vermuten. Die größten Unterschiede gibt es bezüglich der Notengebung und der Klassgemeinschaft; hinsichtlich der Unterrichtsqualität ist die Differenz relativ gering. Fast 40 % der Schüler/innen aus R-Klassen denken, die anderen würden oft bevorzugt, gegenüber etwa 16 % aus den Musikklassen.

9 Diskussion

Die Analyse zur Wirksamkeit von Musikklassen im Vergleich zu Regelklassen aus Musikhauptschulen zeigt, dass die vordergründig bestehenden positiven Effekte für die Musikklassen (bessere Leistungen in Mathematik und Lesen; besseres Befinden in der Schule; mehr Schulinvolvement) praktisch zur Gänze darauf beruhen, dass die Musikklassen eine andere Zusammensetzung von Schüler/inne/n aufweisen. Wenn das Geschlecht, individuelle Lernvoraussetzungen, Merkmale der Familiensituation sowie aggregierte Merkmale der Klasse als Einflussgrößen berücksichtigt werden, bestehen keine signifikanten Differenzen zwischen Musikklassen und Regelklassen. Am ehesten zeigt noch das Klima in den Musikklassen eine positivere Ausprägung als in den Regelklassen. Dieses Ergebnis entspricht weitgehend der bisherigen Literatur, die im günstigsten Fall ebenfalls Effekte von Musik in der Schule auf das Klima und das Befinden von Schüler/inne/n aufzeigen konnte.

Zusätzlich wurde an einigen Indikatoren untersucht, ob es zu einer pädagogischen Ungleichbehandlung der Regelklassen im Vergleich zu den Musikklassen kommt. In einer Analyse des Umgangs mit Stundenausfall konnte gezeigt werden, dass in den Musikklassen deutlich weniger Unterricht ausfällt bzw. dass dann, wenn nicht der geplante Unterricht stattfindet, häufiger entweder eine Fachsupplierung oder Ersatzunterricht aus einem anderen Fach erfolgt. Auch die Schüler/innen – sowohl der Regelklassen als auch jene der Musikklassen – vermuten in den Musikklassen deutlich bessere Lern- und Unterrichtsvoraussetzungen im weitesten Sinn.

Hinweise auf einen substanziellen pädagogischen Mehrwert von Musikklassen ließen sich damit nicht finden – vielmehr wird die Annahme bestätigt, dass die nach außen sichtbaren Positiva dadurch bedingt sind, dass die Klassen sorgfältig aus leistungsstarken und begabten Kindern zusammengesetzt werden, was allerdings für die Zusammensetzung der parallel geführten Regelklassen einen unmittelbaren Nachteil bedeutet. Die positiven Rahmenbedingen in den Profilklassen finden ihre negativen Komplementäreffekte in den umso negativeren Rahmenbedingungen ihrer Parallelklassen.

Schüler/innnen, die eine Musikklasse besuchen, finden dort zweifellos eine sehr positive Schulsituation vor. Es erscheint daher nachvollziehbar, dass sich Eltern um die Aufnahme in solche Klassen bemühen. Allerdings müsste man im Hinblick auf die Untersuchungsergebnisse Eltern in gleicher Weise davon abraten, für ihr Kind eine Parallelklasse in einer solchen Schule zu wählen.

Die Erwartung an eine Qualitätsstrategie der standortbezogenen Profilierung richtet sich jedoch nicht nur auf die Profilschulen oder Profilklassen, sondern letzten Endes auf das übergeordnete Gesamtsystem. Eine Polarisierung durch Kompositionseffekte könnte – wenn auch ethisch fragwürdig – allenfalls dann in Kauf genommen werden, wenn sie zugleich mit einer Hebung des Gesamtniveaus der positiven Schuleffekte verbunden wäre. Die vorliegenden Daten reichen nicht aus, um einen solchen Vergleich seriös durchführen zu können, weil die für Österreich vorliegenden Vergleichsdaten in der Regel gegen Ende des Schuljahres erhoben wurden, während die vorliegende Untersuchung im ersten Drittel des Schuljahres erfolgt ist. Sowohl Leistungs- als auch Befindensdaten sind jedoch stark vom Verlauf des Schuljahres beeinflusst. In den von Eder (2006) trotzdem durchgeführten Vergleichen zu Befindensmerkmalen liegen die Musikklassen in der Regel deutlich über den österreichischen Vergleichswerten, die Regelklassen ungefähr auf gleicher Höhe. Wenn diese Relation auch am Ende des Schuljahres gegeben wäre, würde dies für einen kleinen positiven Effekt auf dem Gesamtniveau sprechen.

Christian Maroy & Agnès van Zanten

Kapitel 6: Steuerung und Wettbewerb zwischen Schulen in sechs europäischen Regionen

In den letzten zwanzig Jahren haben Bildungspolitiker/innen in vielen europäischen Ländern neue Steuerungsmethoden eingeführt, die von den Modellen des „Quasi-Marktes" und des „evaluativen Staats" inspiriert wurden. Verschiedene Formen von Schulautonomie wurden entwickelt, der Wettbewerb durch Stärkung der freien Schulwahl durch Eltern gefördert und Evaluierungen sowie vertragliche Vereinbarungen mit Schulen vorangetrieben. Das Ziel dieser Maßnahmen ist es, die Qualität und Effektivität von Bildung durch Überwindung des professionell-bürokratischen Steuerungsmodells, das seit den 1960er-Jahren die meisten Schulsysteme geprägt hat (vgl. Maroy 2006b), zu verbessern.

In diesem Beitrag sollen die Auswirkungen dieser neuen Steuerungsmethoden auf sechs Schulregionen – alle im großstädtischen Bereich (Budapest, Charleroi, Vororte von Paris, Lille, Lissabon, London) – analysiert und verglichen werden. Wir werden untersuchen, wie Schulen innerhalb einer Region darauf reagieren, wenn politische und administrative Steuerungsmaßnahmen (aus zentralen oder mittleren Einheiten), eigene Steuerungsmöglichkeiten und interorganisatorische Regulierungen, die sich aus dem Konkurrenzverhältnis zwischen einzelnen Schulen ergeben, aufeinander treffen. Dabei werden wir uns insbesondere mit der Bedeutung der letzteren und mit ihren Auswirkungen auf Segregation und Bildungsungerechtigkeit befassen.

Alle sechs Regionen wurden mit denselben Erhebungsinstrumenten qualitativ und quantitativ untersucht. Neben der Erfassung deren charakteristischer Merkmale und der Bildungspolitik in den einzelnen Ländern führten wir mehrere Erhebungen auf lokaler Ebene durch, u.a. eine soziodemografische Analyse des sozialen Umfeldes in der jeweiligen Stadt, eine Untersuchung der Verflechtung der einzelnen Schulen untereinander (rekonstruiert über eine Analyse der Schulwechsel mit Hilfe von Verwaltungsdaten und Fragebögen, die wir den Schulen zugesandt hatten) und eine Untersuchung der Logiken, die hinter dem Verhalten der Schulen erkennbar wurden (über Interviews mit Schulleitungen und Lehrkräften sowie aus Archivdaten). Außerdem führten wir zu vierzehn dieser Schulen detaillierte Fallstudien durch (vgl. Maroy 2004; Delvaux & van Zanten 2004).

1 Regulierung, Märkte und Wettbewerb

1.1 Ein konstruktivistischer Ansatz zur Schulregulierung

In seiner ältesten – aber immer noch häufig verwendeten – Bedeutung steht der Begriff „Regulierung“ (oder „Steuerung“) in Zusammenhang mit einer systemischen, „kybernetischen“ Vorstellung von sozialen Systemen. In dieser wird angenommen, dass das System angesichts innerer und äußerer Veränderungen von rückwirkenden Mechanismen permanent in einem dynamischen Gleichgewicht gehalten wird. Diese Vorstellung leidet an der Begrenztheit aller funktionalistischen Ansätze. Diese neigen nicht nur dazu, besonders diejenigen Phänomene zu würdigen, die eine ausgleichende, anpassende und korrigierende Wirkung haben – und dabei die unausweichlichen Widersprüche und Spannungen, die in jedem sozialen System vorkommen, außer Acht zu lassen. Sie tendieren auch dahin, die Bedeutung von Handlungen und Akteuren für die Erklärung der beobachtbaren Dynamik herunterzuspielen. Aus der Perspektive von Politik und Verwaltung wird unter Regulierung außerdem oft ein Satz von Mechanismen verstanden, mit dessen Hilfe eine anerkannte Autorität die Handlungsparameter kontrolliert und definiert. Aus dieser Perspektive fällt Regulierung in das Ressort der Gesetzgebung und der hierarchischen Weitergabe von Verordnungen und kann als synonym mit formaler oder gesetzlicher Regulierung angesehen werden. Doch diese Definition hat sich als inadäquat erwiesen, seit neue Mechanismen öffentlichen Eingreifens zum Einsatz kommen, beispielsweise Konsultationen, vertragliche Regelungen, Evaluierungen oder die Ermutigung von *good practices*, die auf andere Anreiz- und Sanktionsformen setzen.

Diese Einsicht hat zu Versuchen geführt, neue Steuerungsmodelle zu konstruieren, die nicht länger von der exklusiven (und nicht einmal mehr der hauptsächlichen) Wirkung eines zentralen Akteurs ausgehen – des Staates bzw. der öffentlichen Behörden als verlängertem Arm des Staates. Etwa zeitgleich entwickelte Theorieansätze der politischen Soziologie und der Organisationssoziologie haben dazu geführt, das Hauptaugenmerk auf horizontale Dynamiken zu richten, die verschiedene öffentliche und private Akteure einschließen und auch andere Prozeduren und Methoden erfassen als nur Vorschriften und Regeln (vgl. Commaille & Jobert 1998; Lascoumes & Le Galès 2004). Parallel dazu wurden – ebenfalls einer funktionalistischen, hierarchischen Steuerungsvorstellung entgegengesetzte – Ansätze entwickelt, die u.a. zu zeigen versuchen, dass Regulierung untrennbar mit Konflikten verbunden ist. Diese Steuerungstheorien stammen z.B. aus der Wirtschaftswissenschaft (vgl. Boyer & Saillard 1995) bzw.

als Theorien der sozialen Regulierung aus der Soziologie (vgl. Reynaud 1993; de Terssac 2003). Trotz ihrer Unterschiede geht es beiden Theorieansätzen darum, soziale Widersprüche und Konflikte und – grundsätzlicher – die Dynamik des sozialen Handelns in ihre Theorie der Prozesse, durch die eine integrierte, stabile soziale Ordnung entsteht, einzubeziehen.

Der Regulierungsansatz, den wir in unserem Forschungsprogramm *Reguleduc* verwendet haben, folgt der konstruktivistischen Perspektive, die vor allem Jean-Daniel Reynaud eingeführt hat. Wir gehen also von einer Definition aus, die unter „sozialer Regulierung" verschiedenste, auch entgegengesetzte und manchmal widerstreitende Prozesse versteht, die das Verhalten der Akteure orientieren und die Spielregeln in einem sozialen System bestimmen (vgl. Reynaud 1993; Maroy & Dupriez 2000). Entsprechend rührt Regulierung im Bildungsbereich, wie in anderen sozialen Bereichen auch, aus dem Zusammentreffen verschiedener Quellen her. Zunächst einmal ist sie politischer und institutioneller Art – im engen, rein formalen Sinne des Begriffs – und bezieht sich dementsprechend auf Formen der Information, Koordination und Kontrolle der Handelnden durch öffentliche Autoritäten. Diese Formen sind nicht nur als gesetzliche Mechanismen objektiviert und institutionalisiert (in diesem Sinne bedeutet politische Regulierung im Wesentlichen formale und gesetzliche Steuerung), sondern neuerdings auch in Anreiz-, Evaluierungs-, Nachahmungs- und Konsultationsmechanismen (*benchmarking*, *good practice*, Schulcluster).

Gleichzeitig werden die Spielregeln aber auch „bottom up" – von unten nach oben – konstruiert, also von denjenigen Akteuren, die in den organisierten Handlungsfeldern für Koordinierung und Orientierung sorgen. Diese Regeln entstehen immer dann, wenn inner- und interorganisationale Regulierung auf die „Kontrollregulierung" der politischen und der Verwaltungs-Akteure trifft. Schließlich hat Regulierung auch eine normative und erkenntnisbezogene Dimension, denn die Entscheidungen – sowohl auf der Ebene der Entscheidungsträger als auch bei den Akteuren an der Basis – werden zum einen von Werten bestimmt, zum anderen von Vorannahmen darüber, wie die historisch gewordene physikalische und soziale Welt funktioniert. Regulierung ist damit ein pluraler Prozess, nicht nur im Hinblick auf Herkunft, Mechanismen und Gegenstände, sondern auch aufgrund der Vielzahl von Akteuren, die an ihrer Konstruktion beteiligt sind. Regulierung ist immer Multiregulierung, die nicht nur Ordnung und Anpassung herbeiführt, sondern auch Unordnung und Widersprüche (vgl. Maroy 2006b).

1.2 Multiregulierung und Konkurrenzverhältnisse zwischen Schulen

In unserem Forschungsprojekt *Reguleduc* stellten wir uns Fragen zu dieser Multiregulierung von Bildungssystemen und richteten unseren Fokus dabei gezielt auf die lokale Ebene. Unsere Untersuchung beschränkte sich nicht auf die morphologische Beschreibung der institutionellen Bedingungen, die – in den verschiedenen nationalen Systemen – die formalen Regeln organisieren, sondern wollte die konkreten Regulierungsvorgänge in sechs Schulregionen analysieren. Was uns besonders interessierte, waren die kompetitiven Interdependenzverhältnisse zwischen Schulen, vor allem wegen ihren Auswirkungen auf Formen der Segregation und auf Bildungsungerechtigkeit. Verschiedene Forschungsprojekte haben nachweisen können, dass Wettbewerb die Segmentierung der Schülerpopulation nach akademischen, sozialen und ethnischen Kriterien verstärkt. Auch wissen wir, dass die Konzentration von Schüler/inne/n mit schwachen schulischen Leistungen in einer Klasse oder Schule ihren Lernfortschritt weiter behindert (vgl. Duru-Bellat & Mingat 1997; van Zanten 2001; Dupriez & Draelants 2004; Felouzis 2005).

Wir betrachteten die Schulen also als Organisationen an der Schnittstelle verschiedener Arten von Regulierung: Auf der einen Seite zeigen sich bei der Beobachtung von Schulen autonome Regulierungen, die die professionellen Pädagog/inn/en in ihrer alltäglichen Arbeit konstruieren. Auf der anderen Seite unterliegen Schulen formalen oder gesetzlichen Regulierungen sowie Kontroll- und Koordinierungsaktivitäten von der Zentralregierung bzw. von Steuerungsinstitutionen, die wir als „mittlere Regulierungsinstanzen" bezeichnet haben: Je nach Land sind dies lokale Bildungsbehörden, regionale Bildungsbehörden und Inspektorate (*académies*, *rectorats* und *inspections*), allgemeine Inspektionsagenturen, Stadt- und Gemeinderäte oder Netzwerke von Bildungsträgern (*réseaux d'enseignement*). Diese beiden Regulierungsformen interagieren in den Schulen. Außerdem – und im Gegensatz zum Großteil der französischsprachigen Literatur über Schulen, die sich auf diese beiden Steuerungsformen beschränkt – wollten wir die Hypothese überprüfen, wonach Schulen auch *interorganisationalen Regulierungen* unterliegen, die sich aus den Wechselbeziehungen zwischen Schulen in derselben Region ergeben (vgl. van Zanten 2001; 2006a; 2006b).

Unter „kompetitiven Interdependenzen" verstehen wir dabei, dass Schule X direkt vom Handeln anderer Schulen im selben Verwaltungsbezirk oder in benachbarten Regionen betroffen ist – auch im Hinblick auf begehrte Ressourcen (Schüler/innen, Lehrer/innen, Finanzmittel etc.), um die sie entweder objektiv miteinander im Wettstreit liegen oder, was noch häufiger der Fall ist, um die sie sich selbst subjektiv im Wettstreit sehen (vgl. Delvaux & van Zanten 2006). Diese Konkurrenzverhältnisse verlaufen nach Spielregeln, die sich nicht nur aus formalen oder gesetzlichen Regulierungen ergeben, sondern auch aus Prozessen vor Ort. Die Idee der „kompetitiven Interdependenzen" ist umfassender und zugleich offener als das Bild vom „Markt" oder „Quasi-Markt", denn wir befassen uns hier auch mit Interdependenzen zwischen Schulen in solchen nationalen Bildungssystemen, die marktwirtschaftliche Regulierungsmethoden durchaus nicht fördern. (Dies traf mindestens für zwei der sechs Schulregionen zu, die wir untersucht haben.)

In der neoklassischen Wirtschaftstheorie versteht man unter Markt einen Koordinierungsmechanismus zwischen Akteuren, der auf dem Austausch von Geld basiert. Nach dieser Definition ist es unmöglich, die allgemeinbildenden Schulen in den fünf untersuchten Ländern wirklich als Bildungs-„Markt" anzusehen. Zwar befördern einige Länder mit ihren institutionellen Strategien absichtlich oder unabsichtlich „quasi-marktwirtschaftliche" Phänomene – also hybride Koordinierungsmechanismen, die Verbindungen zwischen gewissen Elementen einer eher bürokratischen und solchen einer marktwirtschaftlichen Regulierung herstellen (vgl. Bartlett & Le Grand 1993). Im Bildungsbereich sind „Quasi-Märkte" eine institutionelle Form, bei der man vom Prinzip der freien Schulwahl durch die Nutzer/innen, vom Prinzip der zumindest teilweise öffentlichen Finanzierung von Schulen in Abhängigkeit von der Zahl ihrer Schüler/innen und vom Prinzip der Schulautonomie im Lehr- und Managementbereich ausgeht. Obwohl die Akteure (Eltern und Schulpersonal) mehr Autonomie erhalten, spielt der Staat weiterhin eine nicht unerhebliche Rolle bei der Regulierung, indem er beispielsweise die Zulassung neuer Anbieter auf dem Markt beschränkt oder den Inhalt der Curricula kontrolliert. Diese institutionelle Form wurde von einigen neoliberalen Theoretiker/inne/n propagiert, weil sie – stärker als das System politischer und bürokratischer Kontrolle – zur Verbesserung der Qualität und sogar der Gerechtigkeit des Bildungssystems führen soll (vgl. Chubb & Moe 1988; Maroy 2006a).

Das System schulischer Quasi-Märkte wurde in England im Anschluss an das Bildungsreformgesetz *(Education Reform Act)* von 1988 entwickelt. Es existierte außerdem schon sehr lange im französischsprachigen Teil Belgiens, wo die Verfassung zum einen den Eltern freie Schulwahl nach ihrer jeweiligen Weltanschauung gewährt und zum anderen den Schulen, die grundsätzlich nach der Anzahl ihrer Schüler/innen finanziert werden,[34] große Autonomie zugesteht.

34 Innerhalb dieser beiden Quasi-Märkte genießt der belgische Bezirk Charleroi die größten Freiheiten. Hier haben Eltern vollständig freie Wahl zwischen den unterschiedlichen Schulen und Bildungsanbietern, während die Schulen großen Spielraum bei der Auswahl der Schüler/innen haben. Umgekehrt kann es in einigen lokalen Bildungsbehörden in England (auch in der, die wir untersucht haben) für die öffentlichen Schulen (Privatschulen, „voluntary aided schools" und „specialist schools" können ihre Schülerschaft weitgehend selbst wählen), die zu viele Anmeldungen haben, ein so genanntes „banding system" geben, durch das zu viel

Im Gegensatz dazu werden die Schulen in den anderen von uns untersuchten Regionen nicht durch quasi-marktwirtschaftliche Mechanismen reguliert. Am stärksten wird die Schülerzulassung in Frankreich administrativ gesteuert: Hier *müssen* Eltern ihre Kinder in die öffentliche Schule ihres Schuldistrikts schicken, während die Schulen verpflichtet sind, alle Schüler/innen aufzunehmen, die in ihrem Einzugsbereich wohnen, und ohne Genehmigung keine Schüler/innen aus anderen Distrikten zulassen dürfen. Familien können allerdings um eine Spezialgenehmigung ansuchen, um ihren Schuldistrikt verlassen zu dürfen, während private Bildungseinrichtungen freie Wahlmöglichkeiten für Familien und Schulen eröffnen. In Ungarn und in Portugal haben Eltern ebenso wie Schulen gewisse Wahloptionen. Die letzteren müssen zwar die Kinder aufnehmen, die in ihrem Schulbezirk wohnen, können aber auch Schüler/innen zulassen, die aus anderen Verwaltungseinheiten oder aus weiter entfernten Bezirken kommen, wenn sie noch Platz haben. Wir müssen hinzufügen, dass sich die Finanzierung der Schulen und der Lehrmittel in diesen drei Ländern nicht strikt nach der Anzahl der jeweils eingeschriebenen Schüler/innen richtet, da die örtlichen Behörden die Gelder nach verschiedenen politischen und bürokratischen Gesichtspunkten vergeben.

2 Kompetitive Interdependenzen und schulische Handlungslogiken

2.1 Lokal konstruierte Konkurrenzverhältnisse

In allen von uns untersuchten Bildungssystemen bestehen, wenn auch in unterschiedlichem Ausmaß, kompetitive Interdependenzen, die nicht nur durch gesamtstaatliche institutionelle Bedingungen, sondern auch – und insbesondere – durch örtliche Faktoren strukturiert sind und deren Einfluss die idealtypische Dynamik von Quasi-Märkten bei weitem übertrifft. Die von uns untersuchten Verhältnisse gleichen eher „local competitive arenas“ (vgl. Glatter, Woods & Bagley 1997), „lived markets“ (vgl. Lauder & Hughes 1999) oder „competition spaces“, die sich vor allem um die „circuits of schooling“ (vgl. Gewirtz u.a. 1995; Broccholichi & van Zanten 1997) von Schüler/inne/n und Familien herum organisiert haben. Und obwohl Konkurrenz um jede Ressource entstehen kann,

Heterogenität in Hinblick auf „Schülerbegabungen“ zwischen den einzelnen Schulen vermieden werden soll.

so scheint es überall um eine ganz bestimmte Schlüsselressource zu gehen – um die Schüler/innen. Dafür gibt es mindestens zwei Gründe. Der eine besteht darin, dass die Anzahl der Schüler/innen und ihre Merkmale grundsätzlich einen entscheidenden Einfluss auf den Umfang und die Qualität anderer Ressourcen haben (Finanzmittel, Bildungsangebote, Lehrkräfte, Schulgelände). Der zweite Grund ist, dass die Merkmale der Schüler/innen großen Einfluss auf die Arbeitsbedingungen, die erzielten Leistungen, die berufliche Zufriedenheit der Lehrkräfte sowie auf das Image der Schule haben. Der erstgenannte Grund führt Schulen in einen „Wettbewerb erster Ordnung", bei dem es darum geht, die Anzahl der Schüler/innen zu erhöhen, um den Fortbestand der Schule zu sichern oder andere Ressourcen zu vermehren; der zweite Grund führt zu einem „Wettbewerb zweiter Ordnung", bei dem es gilt, die besten Schüler/innen zu gewinnen und damit die Arbeitsbedingungen, die Unterrichtsgestaltung und das Prestige der Schule zu verbessern (vgl. Gewirtz u.a. 1995).

Die Analyse der lokalen kompetitiven Interdependenzen zwischen Schulen im Hinblick auf Schüler/innen machte es erforderlich, die Kombination mehrerer zeitgleich ablaufender Prozesse in den Blick zu nehmen, die mit drei Akteurskategorien zusammenhängen: Familien, politischen Akteuren und Schulen. Was die *Familien* betrifft, so müssen drei wichtige Tatsachen besonders berücksichtigt werden:

- der signifikante Effekt, der von sinkenden Bevölkerungszahlen auf den Wettbewerb erster Ordnung einerseits (ein sehr wichtiger Faktor in Budapest und Charleroi), von steigenden Bevölkerungszahlen auf den Wettbewerb zweiter Ordnung andererseits (ein Faktor in dem von uns untersuchten Londoner Stadtteil und in einigen Pariser Vororten) ausgeht;
- der Einfluss der Angebotsdichte und der Erreichbarkeit der Schulen (die in allen städtischen Kontexten, die wir untersucht haben, hoch waren) auf die Schülerströme zwischen den Schulen;
- die Auswirkungen der kulturellen, wirtschaftlichen und sozialen Ressourcen der Familien auf den Umfang und die Art der Wahlentscheidungen, die wiederum die Nachfrage konstruieren, denn alle von uns untersuchten Regionen waren in unterschiedlichem Ausmaß von sozialer Heterogenität geprägt.

Die zweite Art von Prozessen betrifft *lokale Regulierungsformen*, die – selbst in den am stärksten zentralisierten Ländern Frankreich und Portugal – aus mindestens drei Gründen eine partielle Autonomie gegenüber zentralstaatlichen Steuerungsformen bewahrt haben:

- die Koexistenz verschiedener Akteure und Arten der Kontrollregulierung auf gesamtstaatlicher Ebene, die zu nicht eingeplanten Effekten führt und das Entstehen autonomer Regulierung auf lokaler Ebene begünstigt;
- der Spielraum, der lokalen Akteuren bei der Auslegung allgemeiner politischer Regulierungen nach ihren eigenen Interessen, im Sinne ihres Berufsethos und angesichts der lokalen Situation bleibt;
- die Möglichkeit dieser Akteure, formell – durch offizielle Konsultationsgremien (Netzwerke, Cluster) – oder eher informell Koordinierungsformen zwischen Schulen ins Leben zu rufen, die über die Grenzen gesamtstaatlicher Regulierungen hinausgehen oder von diesen abweichen; diese können den Wettbewerb eindämmen oder aber durch die Schaffung von Schulverbünden verschärfen (öffentliche gegen private Schulen, überdurchschnittlich attraktive Schulen gegen weniger attraktive).

Eine dritte Art von Prozessen schließlich hängt mit besonderen *Merkmalen der Schulen* zusammen, insbesondere mit dreien, die vom Wettbewerbsstandpunkt aus besonders wichtig sind: Das sind zunächst einmal die Merkmale der Schülerschaft, etwa ihr Geschlecht, ihr sozialer und ethnischer Hintergrund und ihr akademisches Leistungsprofil. Diese Merkmale sind sichtbare, „physische" Markierungen für Eltern bei der Bewertung von Schulen. Eltern sind meist davon überzeugt, dass die „richtige Mischung der Schülerschaft" sehr wichtig ist, während ihnen die inneren Abläufe einer Schule eher undurchsichtig bleiben und sie die Informationen, die sie in England z.B. den Schul-Ranglisten oder in Frankreich den Verzeichnissen der Top-Schulen entnehmen können, oft zu abstrakt finden (vgl. Ball & Vincent 1998; van Zanten 2006c). Zweitens gehören die besonderen Bildungsangebote der Schulen dazu, die viele Eltern kennen, weil sie in Broschüren, Websites und Veranstaltungen nach außen kommuniziert werden. Schließlich spielt drittens das Ausmaß an Autonomie eine zentrale Rolle, mit der die Schulen über die interne Organisation von Unterricht und Klassenbildung entscheiden können.

2.2 Idealtypische Handlungslogiken angesichts von Wettbewerb

Auf welche Art und Weise Schulen diese Dimensionen – die Rekrutierung einer bestimmten Schülerpopulation, die Gestaltung ihres Bildungsangebots und die Zusammensetzung der Klassen – mobilisieren, ist eine wesentliche Komponente ihrer Handlungslogik. Wir verstehen hier unter „Handlungslogik" die vorherrschenden Orientierungen, die eine Schule auf unterschiedlichen Handlungsfeldern zeigt: durch die Beschlüsse, die sie fasst, durch bestimmte Routinen und praktische Entscheidungen – Vorgänge, die sich auf der Basis von Beobachtung *ex post facto* rekonstruieren lassen. Der Begriff „Logik“ bezeichnet hier nicht „eine explizite Argumentation, einen strukturierten Diskurs, sondern eine implizite Kohärenz zwischen verschiedenen Praxen, die letztendlich eine bestimmte Haltung ergeben“ (vgl. Remy u.a. 1978). Dieses Konzept der „Handlungslogik“ unterscheidet sich damit von dem der „Strategie“, wie es gegenwärtig benutzt wird, denn es schließt zum einen Routinen und mehr oder weniger unbewusste Entscheidungen mit ein und geht zum anderen davon aus, dass die Entscheidungen nicht nur Teil einer instrumentellen, sondern auch einer expressiven und axiologischen Orientierung sind. Zusätzlich sind wir der Auffassung, dass Handlungslogiken stark von der Art der lokalen und der gesamtstaatlichen politischen und administrativen Regulierung bestimmt werden, insbesondere vom Ausmaß an zugestandener Schulautonomie, und nicht nur von der Art der kompetitiven Interdependenzen, an denen wir hier besonders interessiert sind, darüber hinaus natürlich auch von internen Faktoren, die nicht Gegenstand dieser Untersuchung sind (vgl. Maroy 2006b; van Zanten 2006a).

In der folgenden Analyse stellen wir nur zwei Variablen in den Vordergrund, die nach unserer Auffassung einen entscheidenden Einfluss auf die Handlungslogiken von Schulen haben. Unser Interesse gilt dabei der Frage, wie Schulen sich in Relation zu ihren institutionellen „Mitbewerbern“ selbst platzieren. Die erste Variable betrifft den *Grad an Offenheit oder Stabilität der kompetitiven Interdependenzen*, der mit der demografischen, der urbanen und der sozialen Dynamik sowie mit den institutionellen Rahmenbedingungen zusammenhängt. Um die Ergebnisse darzustellen und besser nachvollziehbar zu machen, kontrastieren wir zwei Situationen: Im ersten Fall ist der Wettbewerb offen und instabil, d.h. eine große Zahl von Schulen ist möglicherweise am Wettbewerb beteiligt, und mit fortschreitendem Spiel verändert sich durch ihre Beteiligung das Spielfeld. Im zweiten Fall hingegen ist der Wettbewerb geschlossen und stabil. An ihm nimmt nur eine begrenzte Anzahl von Schulen teil, und die Konfiguration der Teilnehmer und der Schülerströme verändert sich nur geringfügig und langsam.

Die zweite Variable bezieht sich auf Merkmale der Schulen selbst und darauf, inwiefern diese zu ihrer Positionierung innerhalb einer lokalen Hierarchie beitragen. Auch hier unterscheiden wir zwischen zwei entgegengesetzten Positionen – an der Spitze und am unteren Ende der Hierarchie. Schulakteure filtern die angeführten Dimensionen subjektiv, was zu Realitätsverzerrungen und unangemessenen Reaktionen führen kann. Die Handlungslogiken von Schulen als Funktion der beiden Dimensionen teilen sich demzufolge in vier verschiedene Idealtypen auf, die die folgende Tabelle 6.1 zeigt:

Tabelle 6.1 Die vorherrschenden Orientierungen in der Handlungslogik von Schulen, entsprechend ihrer hierarchischen Position und der Konkurrenzsituation

	offene, instabile Wettbewerbssituation	*eingeschränkte, stabile Wettbewerbssituation*
hohe Position in der Hierarchie zwischen Schulen	Logik der Eroberung	Logik des Profitierens vom Status Quo
niedrige oder mittlere Position	Logik der Diversifikation	Logik der Anpassung

Schulen, die auf Grund ihrer Leistungen und ihrer Schülerpopulation an der Spitze der Hierarchie stehen, können zwei idealtypische Handlungslogiken entwickeln, je nach Ausmaß und Intensität des Konkurrenzverhältnisses. Wenn der Wettbewerb offen und instabil ist (z.B. wegen quantitativer oder qualitativer Verschiebungen in der Bevölkerung, wegen bestimmter Steuerungsformen oder wegen Veränderungen in der Reputation der Schule), versuchen Schulen, die über Merkmale verfügen, mit deren Hilfe sie – vor allem gute – Schüler/innen anwerben können, im Sinne einer *Logik der Eroberung* zu agieren. Derartige Praktiken konnten in allen städtischen Umgebungen, die wir untersucht haben, festgestellt werden, waren aber dort besonders ausgeprägt, wo sie durch die örtliche Situation und politische Regulierungen bevorzugt und gefördert wurden.

So stellten wir zum Beispiel im Budapester Stadtteil Paladomb – einer Gegend mit einem starken Bevölkerungsschwund (– 6 % in einem Jahr) – nicht nur einen Wettbewerb erster und zweiter Ordnung zwischen zentralen Primarschulen (für Sechs- bis Vierzehnjährige) fest, sondern auch einen Wettbewerb zwischen den Primarschulen und angesehenen Sekundarschulen (für Vierzehn- bis Achtzehnjährige) in anderen Stadtteilen, die die Genehmigung erhalten hatten, Klassen für „hochbegabte" Schüler/innen ab zwölf Jahren einzurichten. In diesem Kontext hat sich Martyn – eine Schule, die an der Spitze der Hierarchie steht – komplett auf die „Eroberung" neuer Schüler/innen orientiert. Diese Schule hat dies (mit einem Zuwachs von mehr als 10 % in der Schülerschaft) zum einen dadurch erreicht, dass sie Programme anbietet, die Unterricht und Sport verbinden, zum anderen dank eines Management-Teams, das in einer Weise Schülerauswahl praktiziert, die zwar illegal ist, aber von der Stadtverwaltung toleriert wird. Ähnlich ist die Lage in Tennysson, einer Schule in einem Stadtteil von London, dessen Bevölkerung ethnisch sehr gemischt und sozial eher benachteiligt ist. Diese Schule hat es geschafft, die Schüler/innen der Mittelklasse aus ihrem Einzugsbereich trotz des Wettbewerbs mit Schulen in Nachbarvierteln zu halten, indem sie – im Rahmen der staatlichen Aufforderung zur Diversifikation von Schulen – die Gelegenheit wahrgenommen hat, sich in eine „Spezialschule für Kommunikation und Medien“ umzuwandeln.

Wenn im Gegensatz dazu die Wettbewerbssituation begrenzt und stabil ist, weil die Familien, die Verfahrensregeln und die Reputation der Schulen relativ konstant bleiben, dann können die Schulen, die an der Spitze der Hierarchie stehen, einer *Handlungslogik* folgen, die *vom Status quo profitiert.* Diese Schulen haben das Glück, ihre gute Reputation dadurch aufrecht zu erhalten, dass sie ihre Auswahlpraktiken beibehalten, was ihnen ohne besonders große Anstrengung möglich ist, da sie *per definitionem* sehr begehrt sind. Sie entwickeln nur wenige Werbestrategien, da sich ihre etablierte Reputation durch Mund-zu-Mund-Propaganda herumspricht. Ihr Bildungsangebot ist dabei nicht innovativ, sondern bleibt sehr traditionell; so behalten sie beispielsweise – vor allem in den belgischen und französischen Schulen – die klassischen Sprachen bei und legen ein besonderes Gewicht auf Mathematik als Auswahlkriterium für die besten Schüler/innen. Zusätzlich zu ihrem Festhalten an einem traditionellen Curriculum legen diese Schulen – insbesondere die privaten – großen Wert auf gute Disziplin und fordern die Einhaltung strenger Regeln. Mit anderen Worten, diese Schulen, die es in allen von uns untersuchten Schulregionen gibt, reproduzieren ein traditionelles Exzellenz-Modell, das für große Teile der Elternschaft der Ober- und Mittelklasse nichts von seiner Attraktivität verloren hat (vgl. Edwards & Whitty 1997).

Schulen, die am unteren Ende der Hierarchie stehen oder einen Mittelplatz einnehmen und sich im Abwärtstrend befinden, neigen dazu, anderen idealtypischen Handlungslogiken zu folgen, je nach dem Grad des Wettbewerbs in ihrer Umgebung. Diejenigen, die sich in sehr konkurrenzorientierten Kontexten befinden, werden zu einer Reaktion gezwungen, um die Abnahme ihrer Schülerzahl in den Griff zu bekommen und ein Sinken ihres Images zu verhindern. Doch im Gegensatz zu Schulen auf den obersten Sprossen der Leiter verfügen sie nicht über die Ressourcen, die notwendig wären, um ambitionierte, nachhaltige Strategien zu entwickeln. Deshalb greifen sie zu Taktiken, die unterschiedlich wirksam sind: So *diversifizieren* sie z.B. ihr Bildungsangebot, die Schulfächer oder den Unterricht innerhalb der Schule; sie wollen vermeiden, zu reinen „Benachteiligten“- oder „Ghetto“-Schulen zu werden, indem sie bei der Zusammenstellung ihrer Schülerschaft für soziale Vielfalt sorgen. Demselben Zweck dienen verschiedene Taktiken zum „Filtern“ der Schüler/innen bei der Einschulung bis zu disziplinarischen Schulausschlüssen, wenn die Vorschriften für Aufnahme und interne Verteilung der Schüler/innen den Schulen etwas Spielraum lassen.

Dies ließ sich beispielsweise in Charleroi feststellen. Hier diversifizierten einige Schulen ihr Bildungsangebot und entwickelten Verfahren, um Schüler/innen auf der Grundlage von Verhaltenskriterien auszuwählen. So hatte etwa die Schule Meunier – da sie nicht erwarten konnte, aus ihrem unmittelbaren Einzugsbereich diejenigen Schüler/innen zu bekommen, die vom akademischen Standpunkt aus die besten waren – sowohl „allgemeinbildende“ als auch „technische“ Lehrangebote entwickelt, die ihr erlauben sollten, durch die Anwerbung von Schüler/inne/n aus der unmittelbaren Nachbarschaft eine breite Vielfalt ihrer Population zu erreichen. Gleichzeitig mit dieser Öffnung ist die Schule weiterhin darum bemüht, eine Schülerpopulation zu bekommen, die vor allem aus „ruhigen“ Schüler/inne/n besteht, die eine positive Einstellung zu Schule und Lernen mitbringen und die zu Hause gute Unterstützung bekommen. Aus diesem Grunde nimmt die Schule in ihre sogenannten „Willkommens-Klassen“ keine Kinder auf, die keinen Grundschulabschluss vorlegen können, selbst wenn sie aus der eigenen Primarabteilung stammen; sie zögert auch nicht, ganze Gruppen von Schüler/inne/n von der Schule zu verweisen, wenn diese sich unter disziplinarischen Gesichtspunkten als zu problematisch erwiesen haben.

Im Gegensatz dazu wird in Kontexten, in denen – wie im Großraum Paris – aktuelle formale und gesetzliche Regulierungen den öffentlichen Schulen hinsichtlich der Auswahl von Schüler/inne/n strenge Vorschriften machen, vor allem durch die interne und damit weniger kontrollierte Verteilung der Schüler/innen versucht, eine gewisse innere Diversifizierung zu erreichen. Angesichts einer kontinuierlich sinkenden Schülerzahl und der Flucht der Mittelklassefamilien zu Privatschulen – Ende der 1980er-Jahre hatte ihr sogar die Schließung durch das regionale Inspektorat (*académie*) gedroht – griff z.B. die Sekundarschule Ferry (*collège*) zu solchen Maßnahmen, durch die sie ihre Schülerzahl zwischen 1988 und 1999 um 350 steigern konnte. Die Strategie der Schulleitung, die von der Stadtverwaltung und dem Inspektorat unterstützt wurde, bestand zunächst einmal darin, zeitlich flexiblen Musikunterricht anzubieten, der auch für Schüler/innen von außerhalb des Einzugsbereiches offen stand, außerdem Lateinunterricht für Schüler/innen aus dem eigenen Bezirk vom Alter von elf Jahren an sowie ein Menü aus sechs unterschiedlichen modernen Fremdsprachen. Außerdem richtete die Schule besondere Klassen für benachteiligte Schüler/innen ein (Sonderbetreuung, eine heilpädagogische Klasse, eine Klasse für Nichtmuttersprachler/innen). Diese „Bipolarisierung“ innerhalb von Schulen mit mittelmäßiger Reputation und heterogener Population stellten wir auch in Budapest fest, wo sich Schulen darum bemühen, bestimmte Kategorien von benachteiligten Schüler/inne/n – z.B. Roma-Kinder – zu halten, weil diese ihnen im Sinne einer positiven Diskriminierung zusätzliche Ressourcen bringen.

Andere Schulen, denen klar ist, dass sie auf Grund ihrer schlechten Resultate und der hohen Konzentration benachteiligter Schüler/innen im Wettbewerb nicht mithalten können, oder die in stark segregierten Stadtteilen liegen, bevorzugen eine Handlungslogik, die nach innen gerichtet ist; sie versuchen, sich der Schülerpopulation, die sie sich nicht ausgesucht haben, *anzupassen*. Diese Logik ist meistens von einer resignativen Haltung in Hinblick auf Lernprozesse begleitet. Stattdessen entwickeln die Lehrer/innen eine Art „humanitärer" Professionsethik und -praxis, die stärker darauf abzielt, ein gutes Beziehungsklima mit den Schüler/inne/n aufrecht zu erhalten und ihr Leiden zu vermindern, als Lernfortschritte zu ermutigen. Der Schulleitung geht es dabei auch um interne Ziele – insbesondere Störfälle zu reduzieren und die Beziehungen innerhalb des Kollegiums zu pflegen.

In Kontexten, in denen die demografische Situation oder aktuelle Ressourcenverteilungsschlüssel es den Schulen unmöglich machen, sich an ihre nicht freiwillig gewählte Schülerpopulation anzupassen, etwa in Charleroi oder in Budapest, haben sich einige Schulen darauf spezialisiert, sich auf die psychosozialen Schwierigkeiten der Schüler/innen einzustellen, und schaffen dadurch Nischen, die sie vor den Auswirkungen des Wettbewerbs erster Ordnung um Schülerzahlen schützen. Auch anderswo kann trotz rückläufiger Schülerzahlen beobachtet werden, dass Schulen es schaffen, eine erstaunlich lange Zeit weiterzuarbeiten, selbst wenn ihre Position unverändert bleibt oder sich noch weiter verschlechtert, während allerdings andere Schulen in einen Zustand der Anomie versinken (vgl. van Zanten 2001). Doch es kommt auch vor, dass Schulen am unteren Ende der Sprossenleiter mit einer stärker egalitären Perspektive um eine Verbesserung ihrer Ergebnisse kämpfen. Diese „aktiven" Schulen streben an – dank eines Kollegiums und einer Schulleitung, die konkrete Bildungsziele aufstellen und darauf hinarbeiten –, ihre Position zu verbessern und am Ende attraktiver zu werden (vgl. Dubet u.a. 1989).

3 Variabilität und die Grenzen öffentlicher Regulierung

Wenn man – trotz des Vorhandenseins sehr unterschiedlicher institutioneller Rahmenbedingungen – in allen regionalen und nationalen Kontexten, die wir untersucht haben, kompetitive Interdependenzen vorfindet, muss man dies dann als eine fundamentale Entwicklung anerkennen, der öffentliche Steuerung machtlos gegenübersteht? Haben wir es hier tatsächlich mit einer Verschiebung von einer politischen Regulierungsform hin zu einer Regulierung zu tun, die durch den Druck der Klientel und durch den Konkurrenzkampf zustande kommt? Auch wenn man nicht so weit gehen will, so muss man doch feststellen, dass in den meisten Kontexten der Einfluss der öffentlichen Steuerungsakteure auf die Konkurrenzsituation begrenzt ist, und man muss sich fragen, woran das liegt.

Die Gründe scheinen sowohl mit spezifischen lokalen Faktoren zu tun zu haben (Wertvorstellungen, bestimmtes Wissen und Widerstand, die hinter den Entscheidungen der Steuerungsakteure auf mittlerer Ebene stehen) als auch mit strukturellen Faktoren, namentlich mit den Grenzen der vorhandenen institutionellen Regulierungsmechanismen.

3.1 Die Rolle von Wertvorstellungen, Wissen und der Fähigkeit, Regulierungsakteuren Widerstand zu leisten

Der politische Wille, die Auswirkungen der kompetitiven Interdependenzen zu regulieren, variiert zwischen den von uns untersuchten Gebieten erheblich. Die Analyse der Diskurse und Praktiken der mittleren Steuerungsbehörden sowohl auf regionaler als auch auf lokaler Ebene zeigt, dass die Akteure auf diesen Ebenen gegenüber sozialer Ungerechtigkeit in Bildungsfragen und den Auswirkungen von Wettbewerb ziemlich sensibel sind, denn ihre ethische Position in diesen Fragen scheint nicht nur von der jeweiligen nationalen Berufsrhetorik und politischen Verordnungen bestimmt zu sein, sondern auch von lokalen Gesichtspunkten. Darüber hinaus besitzen diese Akteure – die mit dem Vorhandensein bzw. dem Fehlen gesamtstaatlicher oder lokaler Beobachtungs- und Evaluierungsmechanismen besonders verknüpft sind – recht präzise Informationen über die Auswirkungen des Wettbewerbs auf Segregation und Bildungsungerechtigkeit, und das macht es ihnen möglich, effektiv zu handeln. Hinzu kommt die Tatsache, dass sie auf Widerstand unterschiedlichen Ausmaßes von lokalen Akteuren stoßen.

Fragen der Hierarchisierung zwischen Schulen und der Segregation waren ein besonders drängendes Thema an den Orten, die wir in Belgien und Frankreich untersucht haben; sie führten aber zu durchaus voneinander abweichenden Reaktionen der Akteure. In Frankreich, in den städtischen Settings von Lille und des Ostens von Paris, ließ sich bei den beteiligten Behörden und Stadtverwaltungen ein starker politischer Wille erkennen, die negativen Auswirkungen kompetitiver Interdependenzen durch die Veränderung schulischer Einzugsbereiche oder die Verminderung der Zahl von Spezialgenehmigungen zum Schulwechsel zu begrenzen. Doch trifft dieser politische Wille auf offensive oder defensive Strategien von Seiten des Lehrpersonals und der Eltern, die andere Handlungsressourcen mobilisieren. Vor allem die Schulleitungen der am stärksten „unternehmerisch“ ausgerichteten Schulen schaffen es, diese Regulierungen zu umgehen, indem sie – entweder im offiziellen Rahmen oder eher auf Umwegen – Möglichkeiten entwickeln, um ihre potenzielle Schülerpopulation mit legalen oder illegalen Mitteln zu vergrößern. Diese Strategien, die aus Gruppen von

Mittelschichteltern und Oberschichteltern breite Unterstützung finden, können deshalb so erfolgreich sein, weil die lokalen Behörden weniger Einfluss auf die interne Unterrichtsorganisation der Schulen haben als auf die Schülerströme. Außerdem werden die Absichten der Lokalbehörden dadurch vereitelt, dass sie keinen Zugang zu allen für Versorgung und Nachfrage relevanten Daten haben: Die dezentralisierten öffentlichen Dienste leiten ihre Daten nicht systematisch an Stadtverwaltungen oder politische Entscheidungsträger der *départments* (*conseils généraux*) weiter und umgekehrt; darüber hinaus haben weder die Verwaltungsstellen noch die lokale Politik einen Überblick über die Aktivitäten im privaten Sektor.

Wenngleich der politische Eingriffswille in Frankreich solche Stolpersteine vorfindet, scheint er dort stärker ausgeprägt zu sein als in Belgien, wo zwischen der Rhetorik von politischen Führer/inne/n und Bildungsträgern, die an Werte der Bildungsgerechtigkeit und Integration appellieren, und dem tatsächlichen Verhalten eine noch größere Lücke klafft. Die Verbreitung der Ergebnisse aus lokalen Studien (vgl. Delvaux 1997) und aus internationalen Evaluationen wie PISA hat das Bewusstsein dafür geschärft, dass zwischen Schulen eine sehr starke leistungsbezogene und soziale Schülersegregation stattfindet, und dazu geführt, über die negativen Effekte der herrschenden Interdependenzen nachzudenken. Nichtsdestoweniger – und paradoxerweise – unterstützen die meisten schulischen Akteure voll und ganz das sozial tief verwurzelte Konzept der „Freiheit des Unterrichts“, das, zumindest im Prinzip, die Autonomie der Anbieter sicherstellt und die aktivsten Eltern[35] befriedigt. Konkrete Reaktionsmöglichkeiten auf kompetitive Interdependenzen und Segregation beschränken sich deshalb auf staatliche Maßnahmen zur positiven Diskriminierung von benachteiligten Schüler/inne/n und Schulen, ohne den institutionellen Rahmen des „Quasi-Marktes“ direkt in Frage zu stellen, der die Konkurrenzverhältnisse anheizt. Das bedeutet dann in allererster Linie, Konsequenzen der Konkurrenz für die am stärksten benachteiligten Schulen abzumildern. Lokale Akteure und solche auf der mittleren Ebene geben auch ihr Bestes, um den Wettbewerb der Bildungsangebote zu beschränken, indem sie innerhalb ihrer eigenen Netzwerke Absprachen treffen, ohne dass dies die kompetitiven Interdependenzen zwischen Schulen in anderen Netzwerken beeinflusst oder die Handlungslogiken und die Hierarchien von Schulen signifikant verändert (vgl. Delvaux u.a. 2005).

In Ungarn haben einige Vertreter/innen städtischer Behörden den erklärten Willen, die Bildungsungerechtigkeit zu bekämpfen, doch drückt sich das vor allem in einer Logik der positiven Diskriminierung von benachteiligten Schüler/inne/n und Schulen aus. Die Auswirkungen dieser Politik sind jedoch nicht

35 Von diesen erwarten alle Akteure große Bereitschaft zu aktivem Widerstand gegen jede Infragestellung der „freien Schulwahl“.

durchgehend positiv; sie ermutigt Schulen dazu, sich auf bestimmte Bildungsangebote und bestimmte Schülergruppen zu spezialisieren, und trägt so, beabsichtigt oder nicht, zur Flucht guter Schüler/innen in andere Schulen bei, da die Elternwahl nur schwach reguliert werden kann. Die Reaktion auf kompetitive Interdependenzen trifft auf zwei weitere Probleme: Zum einen wissen die örtlichen Behörden wenig über Schülerströme, vor allem zwischen verschiedenen Regionen, und die Klärung der Finanzierung dieser „Grenzgänger/innen" ist immer ein schwieriges politisches Problem. Zweitens verweigern sich, wie in Frankreich, die privilegiertesten Familien jeder Bemühung, den Wettbewerb einzuschränken. So stieß beispielsweise während unserer Untersuchung ein Versuch der Stadtverwaltung, zwei Schulen mit sozial sehr gegensätzlichen Schülerschaften zusammenzulegen – das Hauptmotiv war nicht der Kampf gegen Segregation, sondern eine rationellere Mittelverwendung –, auf heftigen Widerstand der Eltern der besser situierten Schule und musste eingestellt werden. Auch unter den Vertreter/inne/n der portugiesischen Behörden stießen wir auf ein starkes Bekenntnis zur Bildungsgerechtigkeit, insbesondere im Zusammenhang mit dem Thema „Schüler/innen mit besonderem Förderbedarf". Der Aufteilung dieser Schüler/innen auf verschiedene Schulen wird jedoch dort weniger Aufmerksamkeit geschenkt als anderswo.

In dem Stadtteil von London, den wir untersucht haben, haben die Vertreter/innen der lokalen Bildungsbehörde die pädagogische und soziale Bedeutung der Verteilung der Schüler/innen auf die einzelnen Schulen klar erkannt. Dies zeigte sich an dem so genannten „banding system"[36], bei dem es um eine gezielte Bekämpfung von Segregation und Bildungsungerechtigkeit ging. Dieser Ansatz, bei dem es sich um ein Relikt der alten, traditionell von der Labour-Partei kontrollierten Inner London Education Authority handelte, wurde allerdings nicht in allen Londoner Bezirken praktiziert. Dieses System wurde 2004 abgeschafft, zum einen weil dafür kein starker gesamtstaatlicher und lokaler politischer Wille mehr vorhanden war, zum anderen weil einige Schulen aus dem Stadtteil Druck ausübten, die darin eine Behinderung im Wettbewerb mit anderen spezialisierten öffentlichen Schulen oder mit Privatschulen sahen. Die Vertreter/innen der Bildungsbehörde, deren Ethos oft von Gleichheitsvorstellungen und Humanismus geprägt ist, haben in der Tat sehr viel Handlungsspielraum verloren: zum einen wegen der Zunahme an Interventionen und Direktiven von den Zentralbehörden und zum anderen wegen der gestärkten Autonomie der Schulleitungen. So erlebten sie zunächst die komplette Privatisierung der lokalen Bildungsbehörde, als die Zentralregierung deren Management einer privaten

36 Das „banding system" erlaubte es, die Schülerpopulation von Schulen, die mehr Anmeldungen haben, als sie aufnehmen können, nach Prioritätskriterien, insbesondere im Hinblick auf die Bildungsfähigkeit, teilweise auszugleichen.

Gesellschaft übertrug, und dann die Übergabe an ein Konsortium aus lokalen Vertreter/inne/n der Politik sowie des Sozial- und Bildungswesens, die einen so genannten „Learning Trust" bildeten". Diese Maßnahmen schwächten den Status der Behörde und schränkten ihre Möglichkeiten, eine ambitionierte autonome Lokalpolitik zu betreiben, erheblich ein.

3.2 Die strukturellen Grenzen der bestehenden Regulierungsgefüge

Neben den axiologischen, kognitiven und politischen Faktoren, die den tagtäglichen Eifer und die Effizienz der Steuerungsakteure begrenzen, ist es wichtig zu betonen, dass bereits die gesetzlichen oder formalen Regulierungsmechanismen der meisten Länder selbst signifikante Bremswirkung haben, wenn es darum geht, eine bessere Kontrolle der Elternwahl oder der Wettbewerbslogiken von Schulen sicherzustellen. Eine erste Einschränkung hängt mit der *Territorialisierung von Bildungsaktivitäten* zusammen, die in allen nationalen Kontexten vorkommt, unabhängig vom Grad ihrer Zentralisierung oder der Organisationsweise des Bildungssystems. Die Verwaltungseinheiten *(académies, départements, communes, boroughs* etc.), für die die mittleren Behörden zuständig sind, entsprechen nur selten den tatsächlichen Grenzen der „Wettbewerbsräume" von Schulen oder den familiären „Schul-Laufbahnen". Anders ausgedrückt: In städtischen Bereichen verlaufen kompetitive Interdependenzen zwischen Schulen oftmals über mehrere Verwaltungseinheiten hinweg. Doch diejenigen, die für einzelne Einheiten die Verantwortung tragen, implementieren in der Regel segmentierte Kontrollregeln, ohne die wechselseitige Verflochtenheit der Territorien zu berücksichtigen.

Zu dieser geografischen Inkongruenz kommt noch eine *institutionelle Unvollständigkeit*. Das hängt damit zusammen, dass die „Schul-Laufbahnen", die Eltern wählen, und die „Wettbewerbsräume" der Schulen auch quer zu institutionellen Grenzen der Organisationsmächte (des Staates, der örtlichen Verwaltungen, der öffentlichen oder privaten Autoritäten) liegen. Diese handeln jedoch nur in Ausnahmefällen koordiniert; sie benutzen unterschiedliche Regulierungsmechanismen, die keinerlei Harmonisierung, nicht einmal einem direkten Vergleich unterzogen werden. Diese doppelte – geografische und institutionelle – Unvollständigkeit, zu der noch eine *sektorale Unvollständigkeit* der politischen Zuständigkeiten hinzukommt (die Unfähigkeit, Verbindungen zwischen Bildungs-, Bevölkerungs- und Städteplanungspolitik aufzubauen), führt zur Entwicklung einer fragmentierten Multiregulierung, deren Wirksamkeit insgesamt reduziert ist. Die Addition von Steuerungsmaßnahmen aus unterschiedlichen Orten, Institutionen und Sektoren ist ineffizient oder kann perverse

Wirkungen nach sich ziehen, besonders weil sie es den Akteuren mit den meisten Ressourcen erlaubt, Lücken und Widersprüche auszunutzen, um autonome Praktiken zu entwickeln, von denen sie allein profitieren.

Zusätzlich zu einer sehr großen Autonomie des staatlichen Bildungssektors im Vergleich mit anderen Sektoren gibt es beispielsweise in Frankreich eine komplexe Verflechtung verschiedener dezentraler Ebenen und Behörden und gleichzeitig eine starke Spaltung zwischen öffentlicher und privater Bildung. Das hat viele gegenläufige Auswirkungen. Im Besonderen ermutigt die Verstärkung der Kontrolle über die Schülerströme in der öffentlichen Bildung die privilegiertesten Gruppen ganz klar, in den privaten Bildungssektor zu flüchten, in andere Schuldistrikte zu wechseln oder sogar den Wohnort nach seiner Nähe zur besten Schule auszusuchen (vgl. van Zanten 2007). Diese Prozesse führen jedoch zu einer Verschärfung der sozialen und leistungsbezogenen Segregation, während sie gleichzeitig neue Probleme hinsichtlich der Finanzierung, des Schülertransports und der Unter- oder Überbelegung von Schulgebäuden schaffen. Im Gegensatz dazu ist die Region, die wir in Portugal untersucht haben, in dieser Hinsicht ein „tugendhaftes" Beispiel. Da hier alle Schulen in einem Bezirk von derselben Steuerungsbehörde abhängig sind und die Konkurrenz kaum über die Grenzen dieses Bezirks hinausgeht, scheinen die Regulierungsmaßnahmen deutlich effizienter und fairer zu sein. Wenn man diesen Vergleich in Rechnung stellt, dann zeigt sich, dass zu einer effizienten Form der Multiregulierung gehören würde, die Fragmentierung der Steuerungsbehörden zu überwinden und den Weg für die Koordinierung ihrer Maßnahmen frei zu machen. Doch davon sind die meisten Regionen, die wir untersucht haben, noch weit entfernt.

4 Fazit

Unabhängig von den Unterschieden zwischen den einzelnen institutionellen Systemen haben wir in allen untersuchten nationalen Kontexten kompetitive Interdependenzen zwischen Schulen festgestellt. Diese ergeben sich aus verschiedenen Quellen. Die wichtigste besteht darin, dass wir in allen untersuchten Regionen ein Interesse an der Schulqualität von Seiten der Familien festgestellt haben; dieses führte bei einem beträchtlichen Teil der Familien dazu, die Möglichkeiten und Wahlspielräume, die ihnen die formalen oder gesetzlichen Regeln einräumen, – intentional oder nicht – zu nutzen. Dieses Verhalten bringt Schulen miteinander in einen Wettbewerb und führt zu Interdependenzen. Die Handlungslogiken der Schulen tendieren dazu, auf die Auswirkungen dieser kompetitiven Interdependenzen zu reagieren bzw. sich diesen anzupassen, wodurch sie aber den Wettbewerb weiter anheizen und die Segmentierung der Schülerschaft verstärken. Doch die Intensität der kompetitiven Interdependenzen und ihre negativen Auswirkungen auf die Schulsegregation hängen auch von staatlichen und lokalen politischen Regulierungen ab. Gesamtstaatliche Maßnahmen bzw. ihre lokale Auslegung können z.B. beim Wettbewerb erster Ordnung den Kampf um die Schüler/innen verstärken oder entschärfen, indem sie die Zahl der Schüler/innen mit den anderen Ressourcen der Schulen verknüpfen – oder eben nicht. Im Hinblick auf den Wettbewerb zweiter Ordnung – um die besseren Schüler/innen – spielt die Vermittlung der Akteure auf der mittleren Regulierungsebene ebenfalls eine entscheidende Rolle. Hier sind ihre Wertvorstellungen im Hinblick auf Gleichheit, ihre Vorstellungen zu Wettbewerbs- und Segregationsphänomenen, ihr faktisches, ortsspezifisches Wissen, auf das sie ihre Aktivitäten stützen können oder nicht, und die Ressourcen, die sie zur Beeinflussung schulischer Handlungslogiken einsetzen können, von großer Bedeutung.

Unabhängig von den Praktiken der Akteure erweisen sich auch die Regulierungsmechanismen selbst oftmals als problematisch. Tatsächlich besteht die dominante Konfiguration im Fehlen von Koordinierung zwischen den verschiedenen öffentlichen oder privaten Regulierungsakteuren, die für eine bestimmte Region zuständig sind; das führt dazu, dass sich die Vertreter einer Kontrollsteuerung gegenüber autonomen Regulierungen und den emergenten Auswirkungen von kompetitiven Interdependenzen machtlos fühlen. Aus diesem Grunde scheint es politisch dringend geboten, eine „Koordinierung der Koordinatoren" – Bob Jessop (2004) nennt sie „Meta-Governance" – zu entwerfen: Diese würde ein Handeln auf der interorganisationalen und interinstitutionellen Ebene ermöglichen, das den segregierenden und ungleichheitsfördernden Wirkungen entgegenwirkt, die der Wettbewerb zwischen Schulen oft hervorbringt.

Anmerkung

Dieser Artikel wurde ursprünglich unter dem Titel *„Regulation and competition among schools in six European localities"* in der Zeitschrift *Sociologie du travail* 51S (2009), S. e67-79, veröffentlicht. Die Übersetzung ins Deutsche besorgte Sylvia Schütze. Der Abdruck erfolgt mit freundlicher Genehmigung von Elsevier Masson SAS.

Teil III: Schulprofilierung – ein Resümee

Im Schlusskapitel soll ein Resümee aus den theoretischen Überlegungen und den Interpretationen empirischer Daten zu Schulprofilierungsprozessen, wie sie in den vorhergehenden Kapiteln dargestellt wurden, gezogen werden. Wir versuchen dabei, einige wichtige Prinzipien herauszuarbeiten, die die Koordination zwischen und in Schulen in Zeiten verstärkter Profilierung regulieren. Dadurch soll das Governance-Regime von Schulen in Profilierungsprozessen deutlich werden, das – so die Hypothese – einen wesentlichen und charakteristischen Aspekt der aktuellen Steuerungs- und Koordinationsverhältnisse in deutschsprachigen Schulsystemen ausmacht.

Herbert Altrichter, Martin Heinrich & Katharina Soukup-Altrichter

Kapitel 7: Governance-Regime der Schulprofilierung

Im vorliegenden Band haben wir verschiedene theoretische und empirische Materialien zusammengetragen, die helfen sollen, das Phänomen der Schulprofilierungsprozesse besser zu verstehen und seine Bedeutung im Kontext der (behaupteten) grundlegenden Veränderung der Systemsteuerung im Schulsystem zu erklären. Als Arbeitsdefinition für den Untersuchungsgegenstand haben wir *Schulprofilierung als intentionalen Prozess der Schulentwicklung* verstanden*, mit dem die Akteure einer Schule versuchen, das bestehende Profil dieser Schule – vor allem ihre unterrichtlichen und außerunterrichtlichen Angebote und ihre pädagogische Identität – weiterzuentwickeln* (vgl. ausführlich Kap. 1, Abschnitt 1.1). Hierbei wurde keine Reinheit des Programms bzw. eine Ungebrochenheit der Aktivitäten unterstellt; vielmehr wurde angenommen, dass nicht alle Akteure einer Schulgemeinschaft diese Intentionalität teilen und dass der Prozess auch „transintentionale" Resultate zeitigen kann. Der Blick richtete sich auf jene Prozesse sowie deren Motive und Deutungen, durch die Einzelschulen die jeweils gegebenen Gestaltungsoptionen nutzen, um ein spezifisches Ensemble von Lernangeboten und anderen pädagogischen und organisatorischen Merkmalen aufzubauen und auch nach außen sichtbar zu machen.

Unsere Studie basiert vor allem auf Interviewmaterial. Durch die Auswahl von Akteuren, die an Profilierungsprozessen direkt oder indirekt beteiligt waren, und durch die Analyse ihrer Aussagen, die sich auf die langfristige Beobachtung und Deutung eigener und fremder Handlungen beziehen, soll der Bias hier klein gehalten werden. Dennoch kann es sein, dass der Studie systemische Entwicklungen im Schulsystem entgehen, die sich dem Bewusstsein der beteiligten Akteure entzogen haben.

In den empirischen Analysen von Schulprofilierungsprozessen in Teil II dieses Bandes wurde versucht, das *„Governance-Regime"* (vgl. Lange & Schimank 2004, S. 15) eines durch Schulprofilierung gekennzeichneten Schulsystems herauszuarbeiten, also jene zentralen Koordinationspinzipien, die Transaktionen zwischen den verschiedenen Akteuren eines Schulsystems unter den Bedingungen von Schulprofilierung in einer für dieses System charakteristischen Weise organisieren. Ob dieses Governance-Regime nun eine grundlegende *Modernisierung der traditionellen hierarchisch-professionellen Doppelsteuerung des Schulwesens* mit sich bringt, war eine zweite Frage, die die Analysen begleitete.

Die Bestimmung eines Governance-Regimes kann als strukturhomolog zum Prinzip der „Fallstrukturhypothese" in der qualitativen Forschung gesehen werden. Dementsprechend sind die Aussagen zeitlich, örtlich und in Hinblick auf gesellschaftliche Teilbereiche situiert und damit nicht umstandslos auf andere Situationen übertragbar. Wir meinen aber, dass wir mit der folgenden Darstellung eine Konstellation wesentlicher Mechanismen eines Governance-Regimes der Schulprofilierung aufgezeigt haben, die heuristischen Wert für die Untersuchung anderer Beispiele aktueller Governance-Reformen im Schulwesen haben müssten. Die Analysen beziehen sich auf Daten über österreichische Sekundarschulen (Hauptschulen und Gymnasien), doch schwingt in ihnen – aufgrund früherer Beobachtungen von Ähnlichkeiten (vgl. Altrichter u.a. 2005a; Rürup 2007) – die Hypothese mit, dass ihre Trendaussagen auch für einige andere deutschsprachige Schulsysteme heuristischen Wert haben.

Die wesentlichen Merkmale eines schulischen Governance-Regimes, wie es in Schulprofilierungsprozessen sichtbar wird, werden im Folgenden in Form von zwölf Thesen zusammengefasst und schließlich daraufhin diskutiert, ob sie eine grundlegende Veränderung bisheriger Steuerungsverhältnisse im Schulsystem bedeuten.

1 Autonomie, Wettbewerb und die traditionelle hierarchisch-professionelle Doppelsteuerung des Schulsystems

These 1: Hybride Modernisierungspolitiken: Die Modernisierungspolitiken in den deutschsprachigen Schulsystemen seit Beginn der 1990er-Jahre basierten auf einem Konglomerat unterschiedlicher Innovationsvorstellungen, die in verschiedenen Schulsystemen in unterschiedlichen Mischungen verordnet und implementiert wurden. Ihre Zielrichtung ging nicht vorherrschend und eindeutig in die Richtung einer Verstärkung einer Koordination des Schulsystems durch „Wettbewerb".

Seit der ersten Hälfte der 1990er-Jahre erleben die deutschsprachigen Schulsysteme einen neuen „Modernisierungsschub". Wir haben die inhaltliche Zielrichtung dieser Modernisierung an anderer Stelle (vgl. Altrichter & Heinrich 2007) als Abfolge von drei Politiken beschrieben: Die Politik der *Schulautono-*

misierung in der ersten Hälfte der 1990er-Jahre zielte auf eine Erweiterung schulischer Gestaltungsspielräume, die sowohl durch Ideen partizipativer Demokratie (Stichwort: Bürgermitsprache in ihren Lebensbereichen) als auch dezentraler Effizienz (Stichwort: Nutzung dezentralen Wissens und Verantwortungsübernahme der profit centers) begründbar schien. Diese wurde in der zweiten Hälfte der 1990er-Jahre durch eine Politik ergänzt, die – inspiriert durch moderne betriebliche Steuerungsvorstellungen – die *innerschulische Steuerungsfähigkeit* durch Stärkung von Führungsfiguren und Schulmanagement sowie durch Einführung neuer Steuerungsinstrumente, wie Schulprogramm, Qualitätsmanagement oder Vergleichsarbeiten, fördern wollte. Seit dem PISA-Schock in der ersten Hälfte der 2000er-Jahre erleben Vorstellungen zentraler und vereinheitlichter Planung, Zielvorgabe und Steuerung eine Renaissance im modernen Gewand von Bildungsstandards, externer Evaluation sowie im Konzept *evidenzbasierter Politik und Entwicklung* (vgl. Heinrich 2010b).

Rürup (2007) hat eine inhaltsanalytische Auswertung der „schulautonomiebezogenen Veränderungen" der rechtlichen Grundlagen in den 16 deutschen Länderschulsystemen zwischen Oktober 1990 und Dezember 2004 vorgelegt und später (vgl. Rürup 2008) bis Februar 2008 fortgeschrieben. In seiner Interpretation zielen die Reformen *nicht* primär auf eine „Erhöhung des Wettbewerbs" im System und auch nicht auf eine verstärkte „Partizipation" nicht-professioneller Akteure, wie Schüler/innen, Eltern oder interessierte Akteure aus dem schulischen Umfeld, sondern auf eine „Optimierung des bisherigen Verwaltungstypus": Weder die staatliche Gesamtverantwortung noch die Einbettung der Einzelschule in eine formale Verwaltungshierarchie werden aufgegeben. Nur in der jüngsten Phase der Untersuchung, nämlich zwischen 2004 und 2008, ist ein gewisses Ansteigen wettbewerbsbezogener Reformen feststellbar.

Die Ergebnisse von Rürups Analyse der Modernisierungsgesetzgebung in deutschen Bundesländern stimmen mit unserer Einschätzung der österreichischen Modernisierungspolitiken überein: Diese Politiken waren und sind in ihrer ideellen Basis und in ihrer Zielrichtung nicht in sich einheitlich. Sie zielen weder in ihrer politischen Begründung (vgl. Sertl 1993) noch im Geiste ihrer rechtlichen Umsetzung nach vorherrschend und eindeutig in die Richtung einer Verstärkung einer schulischen „Wettbewerbs"-Koordination. Sie sind auch nicht als Abfolge von einander ablösenden Neuerungen zu verstehen, sondern überlagern sich in dem Sinn, dass die frühere Politik – auf der Ebene sowohl der Proklamation als auch des darauf bezogenen Regelwerks – nicht vollkommen ersetzt, jedoch in ihrer Bedeutung gegenüber der neuen Politik zurückgestuft wird.

Die Bevorzugung der „Optimierungsstrategie" durch die Bildungspolitik könnte durchaus mit den Bereitschaften von Lehrpersonen übereinstimmen. Bei einer Reanalyse eines Schweizer Profilierungsprojekts (vgl. Altrichter & Heinrich 2005) konnten wir – auch dort, wo dies zunächst als Projektziel genannt worden war – große Reserven in der Umsetzung einer stärkeren Partizipation von Eltern und Schüler/inne/n feststellen. Bei Befragungen im Rahmen unserer eigenen, in diesem Band mitgeteilten Studien (vgl. Kap. 2, Abschnitt 3.3) wurde häufig die Ablehnung einer Wettbewerbskoordination bei Lehrpersonen deutlich, oft auch von solchen, die sich durchaus aktiv durch Schulentwicklungsarbeit an einem solchen Wettbewerb beteiligten.

These 2: Wettbewerb als Koordinierungsmechanismus: Dennoch haben diese Modernisierungspolitiken „Wettbewerb" als Koordinierungsmechanismus im Schulwesen wichtiger gemacht. Schulprofilierung ist ein zentrales Instrument, durch das Schulen wettbewerbsorientiertes Verhalten zum Ausdruck bringen.

Wenn auch die bildungspolitischen Akteure dies nicht vordergründig und primär intendiert haben sollten, so hat sich dennoch die Bedeutung des Koordinierungsmechanismus „Wettbewerb" im Schulsystem massiv verstärkt. Die Initiativen zur Verbesserung der inneren Steuerungsfähigkeit von Schulen und zur evidenzbasierten Steuerungspolitik, vor allem aber die Politik der Schulautonomie, besonders dort, wo sie – wie in Österreich – zentral curriculare Handlungsspielräume eröffnete, ermöglichte die Verstärkung von Systemmerkmalen, wie sie für Quasi-Märkte typisch sind (vgl. Weiß 2001, S. 71ff.):

- Sie erlaubte eine gewisse Individualisierung von Schulen, die die Möglichkeit (für bildungsinteressierte Eltern auch: die Pflicht) zur Wahl zwischen verschiedenen Angeboten signalisierte.
- Ressourcen sind – partiell – von Wettbewerbsverhalten abhängig: Engagement bei der Konkurrenz um Schüleranmeldungen war – angesichts des verstärkten Trends in die Gymnasien – zunächst für Hauptschulen, später auch – angesichts sinkender Schülerzahlen – für viele gymnasiale Schulen angezeigt, um Lehrerzahl, Angebotsvielfalt und – in extremeren Fällen – den Standort halten zu können.
- Die curriculare Autonomie gab auch einen gewissen Handlungsspielraum, „um auf ‚Marktsignale' angemessen reagieren zu können." (Ebda., S. 72)
- Die Instrumentarien evidenzbasierter Steuerung, die gerade im Aufbau befindlich sind, stellen schließlich potenzielle Elemente einer „Infrastruktur für rationales Marktverhalten" (ebda.) dar: Informationen für mehr Markttransparenz und rationaleres Entscheidungsverhalten werden durch sie bereitgestellt.

Noch einmal: Wir meinen nicht, dass wir es in den meisten deutschen Schulsystemen mit einer konzertierten und abgestimmten Politik zur Forcierung von Wettbewerbssteuerung im Schulsystem zu tun haben. Die Summe der neuen Strukturangebote und die Art und Weise, wie sie von verschiedenen Systemmitspielern aufgenommen wurden, haben jedoch die Bedeutung von Wettbewerbskoordination massiv verstärkt.

Schon in unserer ersten Untersuchung von drei Sekundarschulen, die sich relativ früh und landesweit erfolgreich im Bereich IKT profiliert hatten, war uns aufgefallen, dass inhaltliche Begründung der Profilierung mit der Antizipation von Elternwünschen nach „berufsnützlicher Bildung“ und mit der Chance auf regionale Alleinstellung oder Vorreiterrolle in Hinblick auf ein solches Profil erfolgte und der reale Erfolg an steigenden Schülerzahlen abgelesen wurde. Wie die Untersuchung von Maroy & van Zanten (im vorliegenden Band) zeigt, war die steigende Bedeutung von Wettbewerb für die Koordination von Schulsystemen kein auf den deutschsprachigen Raum beschränktes Phänomen. Jenseits aller nationalen Systemunterschiede fanden sie in sechs europäischen Regionen jeweils „competitive interdependencies“ zwischen den Schulen, die als wesentlicher Mechanismus der Systemkoordination wirkten, interessanterweise sogar in Fällen, in denen die nationalstaatliche Bildungspolitik keineswegs auf Wettbewerbskoordination ausgerichtet war.

Durch die vergleichende Analyse weiterer acht Fälle konnten wir in diesem Band die Aussagen in Hinblick auf Wettbewerbskoordination differenzieren. So wird deutlich, dass zwar nicht alle oder die meisten Entscheidungen unter Wettbewerbskriterien getroffen werden, dass aber jene doch eine bedeutsame Rolle spielen: Für den *Einstieg* in Schulprofilierungsprozesse waren Wettbewerbsüberlegungen nur bei einigen Schulen der erste und vorherrschende Impuls. Bei anderen Schulen ging die Entwicklung aber auch von internen *normativen Vorstellungen* von Lehrenden (z.B. pädagogische Entwicklungsideen, Hobbies von Lehrpersonen) aus, von *extern-hierarchischen Vorgaben* durch die Schulbehörde (Aufforderung des Landesschulrats zur Profilbildung), von *externen Forderungen und Chancen* (z.B. durch die Forderungen einer Elterngruppe) sowie von einer *internen Problemanalyse* einer als belastend empfundenen Schulsituation.

So entstand beispielsweise ein Schwerpunkt Soziales Lernen in einer gymnasialen Schule aufgrund von pädagogischen Entwicklungsinteressen einer kleinen Gruppe von Lehrer/inne/n (SOL/GY)[37]. Das Profil Integration entstand an einer Hauptschule, weil eine Elterngruppe sehr massiv forderte, die in der Volksschule begonnene Integration in der Sekundarstufe fortzusetzen (INT/

37 Zu den Kürzeln für die einzelnen Schulen vgl. die Tabelle auf S. 66f.

HS2), während eine Schwerpunktsetzung in Sozialem Lernen an einer Hauptschule vom Wunsch der Lehrpersonen ausging, eine produktive Antwort auf veränderte Sozialisationsbedingungen ihrer Schüler/innen zu finden (SOL/HS).

Für die längerfristige *Absicherung und Etablierung* des Profils schien *Wettbewerbserfolg* jedoch unumgänglich. Dies aus zwei Gründen: (1) Angesichts der sinkenden Größe der Schülerjahrgänge mussten alle Schulen zwecks Sicherung einer ausreichenden Schülerzahl aktiv werden; konnte das Profil dies nicht leisten, musste etwas anderes geschehen. (2) Wettbewerbserfolg war aber auch nötig, um – gerade bei „pädagogischen Innovationen", die oft zunächst von einer kleinen Lehrergruppe ausgingen – die oft vorhandene Skepsis von anderen Kolleg/inn/en in Schach zu halten.

Wenn ein Profil diesen Erfolg langfristig nicht zeigen konnte, wurde es durch eine neue Profilierung ersetzt oder durch ein „attraktiveres" Profil ergänzt. Im Falle der Hauptschule SOL/HS wurde ein Profil „Soziales Lernen", das ursprünglich entworfen worden war, um mit der schwierigen Arbeitssituation der Lehrkräfte und wohl auch mit der schwierigen Lernsituation von Kindern bewusster umzugehen, zwar weiter in der Praxis umgesetzt, aber durch eine Profilierung „Kreativität" ergänzt und in der Außenkommunikation durch diese vollkommen ersetzt. Im Falle der Hauptschule INT/HS2 wurde ein Schwerpunkt „Integration", der lange Jahre als pädagogisch innovativ gegolten hatte und zunächst auch von „lernstarken" Schüler/inne/n aus Elternhäusern mit höherer Bildungsaspiration besucht worden war, durch seinen Erfolg eingeholt: Der immer stärkere Bedarf durch Kinder mit besonderen Bedürfnissen unterminierte den Wunsch der Schule nach „durchmischten" Integrationsklassen ebenso wie das Interesse der bildungsinteressierten Eltern. Als der Integrationsschwerpunkt „Integration" nicht mehr die Anmeldung einer genügend großen Anzahl von leistungsstarken Schüler/inne/n sicherte, wurde er durch eine neue Profilierung ersetzt, die wieder für Elterngruppen leistungsstarker Schüler/innen attraktiv sein sollte.

These 3: Überformung der hierarchisch-professionellen Doppelsteuerung: Im Zuge dieser Modernisierungswellen wurde die traditionelle hierarchisch-professionelle Doppelsteuerung in den deutschsprachigen Schulsystemen überformt.

Durch diese Entwicklungen auf der Makro- und Mesoebene wird das traditionelle „hierarchisch-professionelle Modell" der Schulsteuerung, das auf einer „Doppelsteuerung" durch eine bürokratische Verwaltung und durch eine relativ autonome Lehrerprofession beruht (vgl. Brüsemeister 2004a), nicht vollständig verändert und ersetzt, wohl aber durch die Verstärkung von Wettbewerbskoordinierung deutlich überformt (vgl. auch Maroy 2009, S. 78).

Dadurch entwickeln sich *neu-akzentuierte hybride Koordinationskonfigurationen*[38] zwischen Bürokratie und Markt: Entscheidungsmöglichkeiten von Schulen und Wahlmöglichkeiten von Eltern werden erweitert, doch spielt der Staat weiterhin eine gewichtige Rolle bei der Finanzierung und der Regulierung z.B. der Ziele und Inhalte der Curricula oder des Eintritts neuer Anbieter von pädagogischen Leistungen. Die aktuelle Schulsteuerung ist

> "a composite in which several forms of co-ordination occur, none of which is sufficiently powerful to determine in a meaningful and lasting way the overall orientation of action in the school context" (Dupriez & Maroy 2003, S. 386) .

Soweit zunächst zur Überformung der Hierarchie. Veränderungen der „Professions"-Seite der bürokratisch-professionellen Doppelsteuerung werden weiter unten thematisiert.

2 Erfolgsindikatoren und Übergänge im Schulsystem

These 4: Übergänge als Bewährungssituationen: Die Übergänge im gegliederten Schulsystem stellen jene Situationen dar, in denen sich die Wettbewerbsfähigkeit von Schulen und Individuen bewähren muss.

Übergänge stellen im gegliederten Schulsystem besondere Entscheidungssituationen dar. Dieses Strukturmerkmal von Schulsystemen fordert Koordinationsleistungen von den beteiligten Akteuren. Im zweigliedrigen Sekundarschulsystem Österreichs ist so die Entscheidung notwendig, ob Schüler/innen nach der „Volksschule" ihre Bildungskarriere an einer gymnasialen „Allgemeinbildenden Höheren Schule" (AHS) oder an einer Hauptschule fortsetzen.

Wenn nun durch eine „Autonomiepolitik" und durch darauf folgende „Profilierung" von Einzelschulen die Wahlmöglichkeiten in dieser Übergangssituation – z.B. gegenüber einer bloßen Zuteilung von Schüler/inne/n nach Wohnsprengeln – vervielfacht werden, so wird die Übergangssituation sowohl für Eltern und Schüler/innen als auch für Schulen anspruchsvoller und riskanter. Jene Akteure, die in dieser Situation bestehen wollen, werden versuchen, sich vorsorglich entsprechend auszustatten, um in der kompetitiven Wahlsituation bestehen zu können und ihr Risiko zu minimieren: Die häufigsten Strategien von Schulen angesichts dieser Aufgabe sind Schulprofilierung, Werbung und Ver-

38 Wir sind unsicher, ob man diese tatsächlich als „post-bürokratisch" bezeichnen sollte, wie es Maroy (2009) tut.

besserung der Kontakte zu Zubringerschulen. Die häufigsten Strategien von Eltern und Schüler/inne/n bestehen in intensivierter frühzeitiger Information über Wahloptionen und in der frühzeitigen Erzielung guter Noten (z.B. schon im Halbjahreszeugnis der 3. Klasse Volksschule, was sich als Druck auf Schüler/innen oder auf Volksschullehrer/innen auswirken kann).

These 5: Schüleranmeldungen als zentraler Erfolgsindikator: Der zentrale Indikator für den Erfolg einer Schule im schulischen Wettbewerb ist die Erhaltung und Steigerung der Zahl der Schüleranmeldungen.

Der wesentliche und einzige eindeutig fassbare Indikator für Erfolg in diesem Wettbewerb ist die *Schülerzahl,* d.h. die Zahl der Anmeldungen für die Schule an ihren jeweiligen Einstiegspunkten. Der Erfolg einer Schule in der quantitativen „first-order competition" ist Voraussetzung für die Möglichkeit, bei der qualitativen „second-order competition" mitwirken zu können (vgl. Gewirtz u.a. 1995).

3 Schulwahl und Selektion

These 6: „Gute Schüler/innen" als Rekrutierungserfolg: Eine erfolgreiche Erhöhung der Schülerzahlen eröffnet die Chance zur Auswahl unter den Bewerber/inne/n, die zur Auswahl „guter" Schüler/innen (gemessen an Merkmalen der Schulleistung und der sozialen Herkunft) genutzt wird. Den Anteil der „guten Schüler/innen" in der Schülerschaft zu steigern gilt als „besonderer Erfolg".

Bedeutsam ist nicht nur die bloße Zahl der Anmeldungen, es geht auch um „besondere Schüler/innen", um „gute Schüler/innen". Eine erfolgreiche Erhöhung der Schülerzahlen eröffnet die Chance zur Auswahl unter den Bewerber/inne/n, die zur Auswahl „guter" Schüler/innen genutzt wird. Einer besonders hohen Nachfrage wird bei den von uns untersuchten Schulen nicht mit der Errichtung zusätzlicher Schwerpunktklassen begegnet, sondern diese wird für die Selektion der Bewerber/innen genutzt. In der Konkurrenz zwischen Schulen werden Schwerpunkte, die mehr angemeldete Schüler/innen als freie Plätze haben, als besonders qualitätsvoll (im Sinne von wettbewerbstauglich) angesehen. Aus einer Menge von angemeldeten Schüler/inne/n auswählen können nur besonders „gute" Schulen bzw. Schwerpunkte. Welche Merkmale haben derartige „besondere Schüler/innen", um die Schulen besonders werben?

Alle gymnasialen Schulen in Österreich sind berechtigt, im Falle zu großer Anmeldezahlen – über die von der Volksschule attestierte „AHS-Reife" hinaus –

nach den Grundschulnoten auszuwählen. Alle befragten Lehrkräfte, die sich in der Profilierung engagieren, sind sich bewusst, dass sie durch die Formulierung eines attraktiven Profils relativ bildungsinteressierte Schüler/innen bzw. deren Eltern anziehen können. Im Fall des Gymnasiums KRE/GY haben jene Bewerber/inne/n größere Aufnahmechance, die musikalische Vorqualifikationen mitbringen. Den befragten Lehrer/inne/n ist bewusst, dass musikalische Vorbildung mit aktivem Interesse von Eltern an umfassenderer Bildung ihrer Kinder korreliert und dass dies wiederum mit unterschiedlichem Herkunftsmilieu zusammenhängt. Durch den beschriebenen Auswahlvorgang kommen nach Wahrnehmung der Lehrpersonen besonders leistungsfähige und leistungswillige Klassen zustande.

Bei der Hauptschule SOL/HS liegt der Grund für die Profilierung eher im Willen, sich den Lernproblemen ihrer Klientel zu stellen. Als sich – nach einem gewissen Erfolg in Hinblick auf dieses Ziel – herausstellt, dass diese pädagogische Arbeit nicht durch Schülerzulauf honoriert wird, erfolgt eine zusätzliche Profilierung in „Kreativität", die relativ leistungsstärkere Schüler/innen und bildungsinteressierte Eltern auf die Schule aufmerksam machen soll.

Besonders interessant ist der Fall der großen Hauptschule INT/HS2, die ebenfalls bei zu vielen Anmeldungen leistungsstärkeren Schüler/inne/n den Vorzug gibt. Ihr Schwerpunkt „Integration" kann sich per definitionem nicht nur an im üblichen Sinn „leistungsstarke Schüler/innen" wenden. Durch die Bewerbung des zusätzlichen Merkmals „besondere pädagogische Methoden und Betreuung" versuchen die Lehrer/innen dieser Profilklasse, diese auch für „bildungsinteressierte Eltern" von Kindern ohne sonderpädagogischen Förderbedarf interessant zu machen. Durch das – pädagogisch argumentierbare – Kriterium der „Begabungsmischung" (möglichst das gesamte Leistungsspektrum – von Schüler/inne/n mit AHS-Reife bis zu solchen mit sonderpädagogischen Förderbedarf – in den Integrationsklassen abzubilden) machen sie die Gewinnung eines gewissen Anteils von „leistungsstarken Schüler/inne/n" zu einem Auswahl- – und wie sich später herausstellen sollte – zu einem Erfolgskriterium. Als nicht mehr genügend solcher „leistungsstarker Schüler/innen" für den Integrationsschwerpunkt ansprechbar sind, wird nach einem neuen Profil gesucht, das dies wieder leisten kann.

Auch wenn wir eine explizit ausgesprochene, bewusst sozial selektive Auswahl nur in einem Fall angetroffen haben (vgl. IKT/HAK), so ist vielen der befragten Lehrpersonen bewusst, dass die Auswahlkriterien ihres Profils (wie „leistungsstarke Schüler/innen", „musikalische Vorbildung") sozialstrukturell unterschiedlich verteilt sind. Es kann zusammenfassend gesagt werden, dass Sekundarschulen in der Übergangssituation von Primar- auf Sekundarschule im Allgemeinen um den Zugang von relativ leistungsstarken Schüler/inne/n aus engagierten, bildungsinteressierten Elternhäusern konkurrieren. Die Ergebnisse der quantitativen Studie von Eder (in diesem Band) zeigen jedenfalls, dass die Profilklassen von Musikhauptschulen sich in diesen Merkmalen deutlich von den Normalklassen unterscheiden (vgl. These 8ff. zur Bedeutung der Differenzierung zwischen Profil- und Normalklassen).

Ausnahme könnten jene Schulen sein, die eher ums Überleben kämpfen und denen es daher um bloße Zahlen gehen müsste. Aber selbst in jenen Fällen unserer Untersuchung, die am ehesten diesem Typus zuzuordnen sind, finden sich noch Ideen einer qualitativen Selektion: Im Fall KRE/HS ist die Profilierung eher defensiv; sie soll die Abwanderung von Schüler/inne/n in die Gymnasien der nahen Bezirksstadt bzw. in andere „profiliertere Hauptschulen" verhindern und damit auch, dass die Hauptschule als „Restschule mit den leistungsschwächsten Schüler/inne/n" zurückbleibt oder überhaupt ihre Existenz verliert. Im Falle der INT/HS1 geht es immer wieder um die Sicherung von Schülerzahlen; dass der Schwerpunkt Integration „brave, brauchbare Schüler/innen" aus den Landgemeinden in der Umgebung der Stadt anzieht, wird als einer seiner Stärken gesehen.

These 7: Selektivität als Qualitätsmerkmal: Im Versuch, im Wettbewerb zu bestehen und möglichst viele „gute" Schüler/innen zu rekrutieren, sinkt die Sensibilität gegenüber den Problemen sozialer Auslese. Selektivität des Zugangs gilt in der Öffentlichkeit weithin als „Qualitätsmerkmal". Sozial selektive Rekrutierungs- und Auswahlinstrumente werden genutzt, um – in interner Perspektive – die Arbeitsbedingungen des Lehrpersonals zu erleichtern und – in externer Perspektive – den Status der Schule zu verbessern.

Möglichst viel „attraktive Klientel" im eben dargestellten Sinn auswählen zu können, bringt einen *Wettbewerbsvorteil* mit sich. Neben dem angesprochenen Imagegewinn bedeutet die Umkehrung der Wahlmöglichkeit der Eltern in eine Auswahlmöglichkeit der Schule zweitens *Sicherheit für die Planungen der Schule.* Die Zahl und z.T. die speziellen Charakteristika der Schüler/innen haben Einfluss auf Ausmaß und Qualität weiterer Ressourcen, die die Schule erhalten kann („first-order competition" bei Gewirtz u.a. 1995).

Die qualitative Zusammensetzung und speziellen Charakteristika der Schüler/innen zählen drittens zu den stärksten Einflussfaktoren auf Arbeitsbedingungen und Berufszufriedenheit von Lehrpersonen, Image der Schule und erzielbare Schülerleistungen („second-order competition" bei Gewirtz u.a. 1995). Mit „guten Schüler/inne/n" arbeiten Lehrer/innen – wie ein Direktor in einer anderen Untersuchung sagte (vgl. Altrichter & Posch 1999, S. 133f.) – leichter und lieber. Daher wird der Gewinn „guter Schüler/innen" innerschulisch als

Erfolg verzeichnet und stützt so die Innovation gegenüber potenzieller Kritik. Die letztlich erzielte Schülerzusammensetzung einer Schule ist wiederum ein wichtiges Wettbewerbsargument, weil diese für viele Eltern ein verständlicherer Qualitätsindikator („visible ‚physical‘ marker“) ist als beispielsweise die „Arbeit der Schule“, die für Laien komplex und schwer zu bewerten erscheint, oder – in anderen Ländern – abstrakte Leistungskennzahlen (vgl. Maroy & van Zanten 2009, S. e72).

Auch zeigte sich im zweiten Teil unserer Studie, dass Schulen nicht nur „berufsnützliche Profile“ entwickeln, sondern *unterschiedliche Signale senden, um leistungsstarke Schüler/innen und bildungsinteressierte Eltern* anzuziehen: Innerhalb ihres Profils „Integration“ warb die INT/HS2 von Beginn an damit, „neue pädagogische Ideen“ umzusetzen: Offenes Lernen, Soziales Lernen und Individualisieren ohne Leistungsgruppen waren zentrale Elemente des pädagogischen Konzeptes der Schule. Im Verlaufe der weiteren Entwicklung setzte die Schule mit der Abhaltung einer „Minimatura“ einen neuerlichen Akzent, um bildungs- und leistungsinteressierte Eltern von Schüler/inne/n mit AHS-Reife anzusprechen. Als auch dies nicht mehr langfristig zum gewünschten Erfolg führte, wurde der Schwerpunkt durch ein neues pädagogisches Konzept „VAKE“ ersetzt. Auch die gymnasiale Schule SOL/GY stellte bei der Außendarstellung ihrer „Projektklasse Neue Lernkultur“ eher „pädagogische Innovationskraft“ (z.B. durch Neue Lernformen) und die gute „Betreuung der Schüler/innen“ heraus als eine etwaige Berufsnützlichkeit ihres Profils.

Die Selektivität des Zugangs stellt selbst einen wichtigen Imagefaktor dar, der im System bekannt ist und die Attraktivität des Profils steigert. Dies kann dazu führen, dass selbst in Situationen, in denen keine reale Selektion erfolgt (erfolgen kann), dennoch Rituale und der Anschein von Selektion aufrecht erhalten werden, um das Angebot mit diesen „positiven“ Imagemerkmalen aufzuladen. So versucht Schule SOL/HS über spezielle Aufnahmetests für den Kreativschwerpunkt den Eindruck der Selektivität zu erwecken, auch wenn bisher fast alle für den Schwerpunkt angemeldeten Schüler/innen untergebracht werden konnten. Allein die Tatsache spezieller Anmelde- bzw. Auswahlverfahren scheint den Eindruck von Exklusivität zu erwecken (vgl. SPR/GY; Heinrich 2009, S. 48) und soll von den Zielgruppen als „Qualität“ verstanden werden.

4 Differenzierung und Hierarchisierung

These 8: Hierarchisierung von Profilen: Die Profilierungsprozesse und die darauf aufsetzenden inner- und zwischenschulischen Selektionsprozesse beim Übergang auf die Sekundarschule führen zu einer weiteren Differenzierung und Hierarchisierung im Schulsystem.

Zwei einander *widersprechende Thesen* sind für Profilierungsprozesse formuliert worden: einerseits die Annahme der Wettbewerbsapologeten, dass Handlungsspielraum und Wettbewerb für Einzelschulen zu einer Diversifizierung des Angebots führen würden; andererseits die Vorhersage der Wettbewerbsskeptiker/innen, dass es unter der Bedingung größerer Autonomie durch Nachahmungsprozesse zu einer geringeren Vielfalt im Schulsystem kommen würde.

Nach unseren Fallstudien (vgl. Kap. 2) sind beide Annahmen halb richtig: Einesteils haben Profilierungsprozesse durchaus nicht identische Ergebnisse und eben auch „neue Profile" – bisher nicht bekannte Zusammensetzungen von Angeboten – erbracht. Andererseits gibt es sehr wohl Nachahmungsprozesse von erfolgreichen Profilen: In der Zwischenzeit existieren eine ganze Reihe von Informatik-Hauptschulen um unseren Fall IKT/HS herum. Der in Fallstudie KRE/GY beschriebene, sehr erfolgreiche musisch-kreative Schwerpunkt ist in der Stadt von einer weiteren gymnasialen Schule nachgeahmt worden, aber nicht in identischer Form. Diese Weiterentwicklung hat ihrem Profil einige neue Akzente hinzugefügt, sodass sich manche Schüler/innen und Eltern durchaus mit alternativen Angeboten konfrontiert sehen, zwischen denen sie wählen müssen.

Drittens muss bei diesen Überlegungen zusätzlich in Betracht gezogen werden, dass es Profile mit unterschiedlichem Innovationsgehalt gibt. Manche, eher „minimalistische" Schwerpunkte sind wahrscheinlich schwerer als Beitrag zur Differenzierung des Schulsystems zu interpretieren als andere: z.B. die beiden später entwickelten Unterstufenprofile „Sprache" und „Chor", die in unserer Fallstudie SOL/GY das früh erarbeitete, „innovative" und erfolgreiche Profil im Bereich „Soziales Lernen" ergänzten.

Schließlich könnte eine Vereinheitlichung des Schulsystems im Wettbewerb erfolgen, wenn

(1) alle Eltern/Schüler/innen nach den gleichen Kriterien ihre Wahlentscheidungen treffen oder wenn
(2) alle Schulen gleiche Segmente der Elternschaft ansprechen, die – real oder von den Schulen phantasiert – nach den gleichen Kriterien ihre Wahlentscheidungen treffen.

Während Maroy & van Zanten (in diesem Band) offenbar Beispiele einer Segmentierung des Schulmarktes für unterschiedliche Zielgruppen gefunden haben – was die Differenzierungsthese stützen würde –, interpretieren wir unsere Fälle (vgl. Kap. 2) eher in der Richtung, dass – innerhalb einer gewissen, spürbaren, aber nicht absoluten und lokal unterschiedlich ausgeprägten Vorsegmentierung des Marktes für Hauptschulen und für Gymnasien – alle Schulen möglichst viele *relativ* leistungsstarke Schüler/innen und möglichst viele *relativ* bildungsinteressierte Eltern ansprechen wollen. Wie oben schon gezeigt, scheint es aber selbst innerhalb dieser Zielgruppencharakterisierung unterschiedliche Segmente zu geben, z.B. solche Eltern, die hohe Bildungsleistungen eher über gute Betreuung und neue Lernformen erreichen wollen, und solche, die stärker akademisch herausfordernden Unterricht traditionellen Stils als Königsweg zu den erhofften Leistungen präferieren.

Wir gehen davon aus, dass es wohl auch Nachahmungs- und Angleichungsprozesse gibt, dass aber – infolge der Auswahlmöglichkeiten und -wünsche von Schulen und Eltern – z.T. *neue – Differenzierungsprozesse zwischen Klassen und Schulen* stattfinden, die wir als charakterisierend für die gegenwärtige Entwicklung empfinden.

Vergleich und Wettbewerb finden mit wenigen Ausnahmen *innerhalb der Schulform*en statt und tragen *nicht zu einer Flexibilisierung der Grenzen innerhalb des zweigliedrigen Schulsystems* bei. Im Allgemeinen konkurrieren Hauptschulen durch Profilierung in erster Linie mit anderen Hauptschulen, doch auch hier gibt es Ausnahmen in besonderen regionalen Situationen. Eine solche scheint die „Sporthauptschule" INT/HS2 zu sein, die offensichtlich eine Reihe von Schüler/inne/n mit AHS-Reife bindet. Von dieser Schule aufgrund zu geringer sportlicher Eignung abgewiesene Schüler/innen besuchen vereinzelt die nächstliegende gymnasiale Schule.

Wir wollen nun expliziter auf die „neuen Differenzierungen" zu sprechen kommen, denn die beobachteten Phänomene sind mehr als eine bloße Steigerung der inhaltlichen Vielfalt der Angebote. Je nach ihrem Rekrutierungserfolg von Schulen und Klassen werden *(nicht immer neue) Statushierarchien zwischen den Schulformen bzw. neue Statushierarchien zwischen Klassen innerhalb von Schulen* aufgebaut, die zur Bildung von weniger attraktiven Profilen, von „Restklassen", von „Restschulen" und zu entsprechenden Selektionsprozessen führen. Attraktive Profile können Schüler/innen abweisen, „Restklassen" müssen jene aufnehmen, die von anderen abgewiesen wurden. Die „Differenzierung" zwischen schulischen Angeboten, die durch Schulautonomie und -profilierung ermöglicht wurde, ist mehr als eine Eröffnung neuer Bildungs-„Nischen" und eine Vervielfachung sonst gleichwertiger inhaltlicher Optionen; diese „Differenzierung“ ist in sehr vielen Fällen als „Hierarchisierung“ schulischer Angebote ausgeformt.

Die Hierarchisierung kann die Schülerverteilung *zwischen* Schulen regeln, wie im Falle unseren Schule KRE/HS. Diese Schule kommt durch Abwanderung von Schüler/inne/n aus ihrem Einzugsgebiet in eine andere profilierte Hauptschule im Nachbarort sowie an das Gymnasium in der nahen Bezirksstadt unter Druck. Der zweite Konkurrent spiegelt eine „alte Hierarchisierung“ der zweigliedrigen Schulstruktur wider; der erste allerdings eine „neue Hierarchisierung“, die sich erst durch die Chance zur curricularen Profilierung, die Aufweichung der Schülerzuteilung nach Schulsprengeln und die Lenkung der Aufmerksamkeit der Eltern auf solche Merkmale ergeben hat.

Die Hierarchisierung kann aber auch *innerhalb von Schulen* stattfinden. Die Strategie der „Klassenprofilierung“ erzeugt häufig verschieden attraktive Profile. So findet in der Schule INT/HS2 die Selektion auch – es gibt auch Konkurrenz mit dem Gymnasium am Platz – zwischen den drei Profilen der Schule statt. Schüler/innen, die in der Sporthauptschule keinen Platz finden, besuchen die Integrationsklasse; wird dort der Platz zu eng, gehen sie in die „HS Classic“, die auch – im Gegensatz zu den beiden anderen Teilen der Schule – einen hohen Anteil an Migrantenkindern verzeichnet. Alle gymnasialen Schulen in Österreich sind berechtigt, im Falle zu großer Anmeldezahlen für Profilklassen nach den Grundschulnoten auszuwählen. Sie verwenden den „Überhang“ oft, um Klassen ohne Profil bzw. weniger attraktive Profilklassen aufzufüllen.

Auch Ergebnisse aus anderen Ländern geben Hinweise auf Hierarchisierungsprozesse: Abhängig von den Vorstellungen über Schulqualität in den Familien, der Reaktionslogik der Schulen auf die Wettbewerbssituation sowie dem nationalen und lokalen Regelungsrahmen entwickelten sich bei Maroy & van Zanten (in diesem Band) unterschiedliche Dynamiken des Wettbewerbs, die mit Prozessen der Hierarchisierung zwischen Schulen und der Segregierung ihrer Schülerpopulationen einhergingen. Auch Horak und Johanns (2001; vgl. auch Horak 2005) resümieren ihre Untersuchung schulischer Profilbildung in der Stadt Frankfurt in dem Sinne,

> „dass sich im Rahmen der staatlichen Förderung von Schulautonomie das Schulwesen nicht nur pluralisiert, sondern sich auch Statusunterschiede von Schulen gleicher Schulform ausbilden. Diese Statusunterschiede scheinen von spezifischen Handlungsstrategien abhängig, die Schulen in einer Konkurrenzsituation um Schülerinnen und Schüler entwickeln. Dabei ergibt sich aus den Statusunterschieden für einzelne Schulen die Möglichkeit, sich Schülerinnen und Schüler nach von ihnen bestimmten Kriterien auszuwählen und so neue Selektionsformen auszubilden.“ (Horak & Johanns 2001, S. 6)

In einer Analyse der aktuellen Berliner Schulpolitik fand Flitner (2007, S. 46) beispielsweise „eine eindrucksvolle Vermehrung zweisprachiger Schulangebote für ausgewählte Kinder deutscher Mittelschichtfamilien", während gleichzeitig die Mittel für Sprachunterricht und zweisprachigen Anfangsunterricht immer knapper würden. Der Aufbau von derartiger Schulvielfalt entspräche einer spezifischen Prioritätensetzung und Reformstrategie: Angesichts von Sparzwängen fördere die Bildungspolitik die Entwicklung „exklusiver neuer Angebote für ein schulisch anspruchsvolles deutsches Publikum", um die Loyalität des politisch artikulationsfähigen Teils der Elternschaft zu sichern, während andere – politisch weniger gewichtige und artikulierte – Gruppen nicht mehr ausreichend versorgt würden (ebda., S. 44ff.).

These 9: Ausschluss von Schüler/inne/n von attraktiven Profilen: Konkurrenz, Selektion und Hierarchisierung zwischen Schulen und Klassen führen dazu, dass bestimmte Schüler/innen von „attraktiven" Angeboten ausgeschlossen werden. Gerade jene Schüler/innen mit problembeladenen Schulkarrieren und höchstem Förderungsbedarf landen in „Restklassen", die relativ häufig durch ungünstige Lernmilieus gekennzeichnet sind.

Die Unterschiedlichkeit der Profile und die unterschiedliche Nachfrage danach wird von den Schulen für die Konkurrenz um ihre „Schlüsselressource gute Schüler/innen" sowie für interne Selektion zwischen verschiedenen Profilklassen genutzt, was dazu führt, dass Schüler/innen von bestimmten „attraktiven" Angeboten ausgeschlossen werden.

So fand Krall (vgl. 2004, S. 118f.) in der Fallstudie einer Hauptschule eine in charakteristischer Weise unterschiedliche Schülerzusammensetzung in der Regelklasse und in den beiden Schwerpunktklassen „Sport" und „EDV": Die Regelklassen einer Hauptschule wiesen im Vergleich zu den Profilklassen das höchste Durchschnittsalter, den höchsten Anteil von Klassenwiederholungen, den niedrigsten Notendurchschnitt und den höchsten Anteil von Wechseln in und aus der Klasse während des Schuljahres auf. Während beispielsweise in der Regelklasse nur 27 % der Schüler/innen sich in der ihrem Alter entsprechenden Schulstufe befanden, entsprachen 83 % der Schüler/innen der Sportklassen und 95 % der EDV-Klassen diesem Kriterium. 63 % der Schüler/innen der Regelklasse hatten ein Abschlusszeugnis der Primarschule mit einem oder mehreren Genügend[39], während dies nur auf 33 % der Sport- und 10 % der EDV-Profilklasse zutraf.

39 Das ist in Österreich die schlechteste Note, die noch zum Aufsteigen in die nächste Klasse berechtigt.

Specht (in diesem Band) stellte bei der Untersuchung von Lernmilieus steirischer Hauptschulen größere Unterschiede zwischen den Klassen einer Schule tendenziell häufiger bei solchen Schulen fest, die sich in der Nähe von gymnasialen Schulen – und damit in besonderen Konkurrenzsituationen – befanden. Beim Vergleich der Parallelklassen gleicher Schulstufe zeigten sich

1. charakteristische und deutliche Unterschiede in der *Zusammensetzung von Profil- und Restklassen:* „Restklassen" wiesen dabei in der Regel mehr Kinder mit nichtdeutscher Muttersprache, mehr männliche Schüler und deutlich geringere Leistungsfähigkeit auf;
2. charakteristische und deutliche Unterschiede in der *Wahrnehmung von Lernbedingungen und Lernumgebung zwischen solchen Klassen*, die sich dahingehend interpretieren lassen, dass Schüler/innen in „Restklassen" deutlich ungünstigere Lernmilieus erleben.

Auch in Eders Studie über Hauptschulen mit Musikprofilklassen (in diesem Band) führte die Attraktivität des Schwerpunkts in Verbindung mit der Möglichkeit einer Aufnahmeprüfung in den Profilklassen (im Vergleich zu Regelklassen) zu einer deutlich verringerten Anzahl von Schüler/inne/n mit Migrationshintergrund und einer größeren Anzahl von Kindern aus vollständigen und unterstützenden Familien, die insgesamt auch deutlich bessere kognitive Leistungsvoraussetzungen aufwiesen. Innerschulisch resultierte dies in den „Regelklassen" in einer Häufung von Kindern, die diese Merkmale in einem verringerten Ausmaß aufwiesen. Zusätzlich fand er Hinweise darauf, dass Schüler/innen in „Restklassen" auch ein *weniger umfangreiches und weniger sorgsam bereitgestelltes Unterrichtsangebot* bekommen könnten. So finden sich in den von ihm untersuchten Restklassen höhere Werte an Stundenausfall und weniger Kompensation von entfallenen Stunden durch fachbezogene Vertretungsstunden.

Offenbar kann es durch schulische Profilierungsprozesse zu problematischen Massierungen von Schüler/inne/n mit schlechteren Lernvoraussetzungen sowohl in „Restklassen" innerhalb der Schulen als auch in „Restschulen" innerhalb bestimmter Regionen kommen. In solchen Restklassen und -schulen scheinen Schüler/innen, die vermutlich meist geringere Schulaffinität und höheren Förderbedarf aufweisen, häufig ungünstigere Lernmilieus und weniger sorgsam bereitgestellte Lernbedingungen zu erleben.

These 10: Leistungshierarchien und Selektionshierarchien: Besondere Leistungen in Profilklassen hängen auch mit der Eingangsselektion zusammen.

Im Zuge der aktuellen Bemühungen, die Leistungsfähigkeit der Schulsysteme zu erfassen, wird man auch fragen, ob profilierte Schulen und Klassen Schüler/inne/n besondere Lernerfahrungen verschaffen können und zu besonderen Ergebnissen beitragen. Eder (in diesem Band) versuchte sich diesen Fragen anzunähern, indem er zwanzig zufällig ausgewählte Hauptschulklassen, die ein länger aufgebautes Profil als „Musikklassen" hatten, mit zwanzig „Normalklassen" in den gleichen Schulen verglich. Seine Analysen zeigten,

1. dass Profil- und Restklassen eine deutlich *unterschiedliche Zusammensetzung* aufweisen (vgl. These 9);
2. dass Schüler/innen in Musikklassen tatsächlich *bessere Leistungen in Mathematik, Lesen und Naturwissenschaften* aufwiesen als jene in Normalklassen;
3. dass diese Vorteile jedoch *fast zur Gänze auf die positive Auswahl der Schüler/innen zurückzuführen* waren.

Dieses Ergebnis ist insofern überraschend, als man vermuten würde, dass die – auch von Eder festgestellte – positivere Wahrnehmung des Lernmilieus durch Schüler/innen und das sorgsamere Unterrichtsangebot (vgl. These 9) Leistungsvorteile erbringen müssten. Der offenbar komplexe Zusammenhang zwischen Selektion, Lernmilieus und Leistung unter den Bedingungen von Schulkonkurrenz und Profilierung verdient jedenfalls weitere Erforschung.

These 11: Wenig Intervention von intermediären Akteuren: Vertreter/innen der Schulverwaltung und -aufsicht sind sich dieses selektiven Wettbewerbs bewusst und haben unterschiedliche Einstellungen dazu. Sie sehen aber selbst in Fällen, in denen sie dies für sinnvoll hielten, wenige Handlungsmöglichkeiten.

Die meisten Vertreter/innen intermediärer Ebenen des Schulsystems sind sich der selektiven Tendenzen im Wettbewerb der Profile bewusst; dies zeigt sich bei Maroy & van Zanten (in diesem Band) ebenso wie bei unseren Befragungen von Schulaufsicht; Lehrerfortbildner/inne/n und Leiter/inne/n von Sonderpädagogischen Zentren (vgl. Soukup-Altrichter u.a. 2010).

Manche Vertreter/innen dieser Gruppe wollen diesen zentrifugalen Tendenzen, in denen jede Schule versucht, das Beste für sich herauszuholen, entgegenarbeiten. So sieht es ein Bezirksschulinspektor als seine Aufgabe an, darauf zu schauen, dass die Entwicklung nicht unter dem Ziel geschehe: *„Ich* *suche mir nur die guten Schüler aus*", sondern auch in die Richtung gehe: „*Ich mache mit der Population, für die ich zur Verfügung stehe, das Beste*" (zit. nach ebda., S. 12). Schulprofilierung müsse das Ziel haben, für die Kinder der Umgebung das Beste zu bieten. Ein Bezirksschulinspektor beobachtet „*Umschulungen von so genannten belasteten Sprengel*[n], *wo auch viele verhaltensauffällige oder auch ausländische Schüler/innen* [wären]", zu Schwerpunktschulen hin, was zu einer Verstärkung der Restschulproblematik führe (ebda., S. 18).

Andere Aufsichtsbeamte reihen Profilierungsbemühungen unter – eigentlich systemtypische, jetzt aber vielleicht klarer gemachte – *Kanalisierung von „verschieden begabten" Schüler/inne/n in die richtigen Schulangebote* ein:

> *„Konkurrenz ist für mich wirklich dann gegeben, wenn ich wirklich um Kinder mit gleichen Begabungen konkurrieren würde.* [...] *Nachdem die mit den naturwissenschaftlichen Begabungen eher in den naturwissenschaftlichen Bereich gehen und dann sowieso nicht in diesen Musicalzweig, finde ich, das ist keine Konkurrenz, sondern einfach ein zusätzliches Bildungsangebot."* (Zit. nach ebda., S. 8)

Ähnlich argumentiert der Vertreter eines Musikschwerpunkts, der Profilierung als Instrument versteht, „*um kontinuierlich Schülerströme zu gewährleisten*" (zit. nach ebda., S. 20), die sich aus „*besonderen Schüler/inne/n*" zusammensetzen, nämlich solchen, „*die Musisch-Kreativem aufgeschlossen gegenüberstehen und Begabungen in dieser Richtung haben. Davon profitiert die ganze Schule.*" (Zit. nach ebda.) Der Schwerpunkt in Musik verbessert die Rahmenbedingungen für den Gegenstand: höheres Stundenkontingent ermöglicht kontinuierliches Arbeiten, „*die prinzipielle Bereitschaft, Musik, Musikerziehung, musikalische Betätigung als etwas Wichtiges zu erachten. Das ist in den Klassen von Vornherein wesentlich besser verankert.* [...] [Ein] *wertemäßiger Boden ist aufbereitet, der Musikunterricht und kreativen Unterricht als wertvoll hinstellt.*" (Zit. nach ebda., S. 19) Deutlich wird in diesen Argumentationen, dass das Konzept „verschiedener Begabung" in seiner Außendarstellung häufig zwischen „fachlicher Unterschiedlichkeit" und „leistungsbezogener Hierarchie" oszilliert, und dass auch jenen, die relativ reinen Herzens „fachliche Unterschiedlichkeit" meinen, nicht selten bewusst ist, dass diese – wie schon im zitierten Beispiel der KRE/GY – mit stärkerer Leistungsfähigkeit und Bildungsinteresse der Eltern einhergeht.

Auch im europäischen Regionalvergleich von Maroy & van Zanten (in diesem Band) waren sich die lokalen und regionalen Akteure in Schulverwaltung und -aufsicht der Wettbewerbs- und Segregationsphänomene meist bewusst, sie reagierten jedoch sehr unterschiedlich: So versuchten die Verantwortlichen einer französischen Region die negativen Effekte des Wettbewerbs mit einer Veränderung der schulischen Einzugsbereiche sowie mit restriktiverer Genehmigung von Schulwechselansuchen zu begegnen, was auf offensive und defensive Gegenstrategien der Professionellen und der Eltern traf. Einer ungarischen Region, die ebenfalls den entstehenden Ungleichheiten entgegenarbeiten wollte, standen dagegen keine Instrumente, die Elternwahl einzudämmen, zur Verfügung. Ihre Strategie der positiven Diskriminierung von benachteiligten Schüler/inne/n und Schulen führte zu einer Spezialisierung der Schulen auf „segregierte" Segmente der Schülerpopulation und zur Flucht von eher „privilegierten" Schüler/inne/n aus jenen Schulen, die sich besonders um Benachteiligte kümmerten. Ein belgischer Schulbezirk wiederum griff – trotz Unbehagens über Segregierungsprozesse – überhaupt nicht ein, weil das historisch gut verankerte Prinzip der „Unterrichtsfreiheit" schwerer wog und bei jeder Veränderung dieses Prinzips negative Reaktionen von Schulen und Eltern zu befürchten waren.

In ihrer Analyse der Berliner Schulpolitik interpretiert Flitner (2007, S. 54) den Verzicht auf Gegenmaßnahmen gegen segregierende Entwicklungen als eine „Mischung aus Reformstrategie, Sparpolitik und Verneinung eigener Verantwortung." Um angesichts eines Sparkurses die Folgebereitschaft unternehmungslustiger Schulleiter/innen und von politisch artikulationsfähigen Eltern sicherzustellen, müsse ihnen Handlungsspielraum eröffnet und mit speziellen Angeboten entgegengekommen werden (vgl. ebda., S. 54f.). Ihr Handeln stehe unter „starkem Außendruck" – so die Wahrnehmung von Vertreter/inne/n der Schulverwaltung in Interviews, die bis zur „Behauptung eigener Machtlosigkeit und sogar Bedrohtheit" gehen kann (ebda., S. 57): „Die Verantwortlichkeit der Verwaltung für die Schulentwicklung in Berlin endet aus der Sicht der Interviewten dort, wo *bildungsinteressierte* Gruppen übermächtig werden" (ebda., S. 58).

5 Schulprofilierung, Schulleitung und Lehrerautonomie

These 12: Profilierung und Lehrerprofession: Die verstärkte Wettbewerbsorientierung, die in Schulprofilierungsprozessen zum Ausdruck kommt, hat Druck auf die Rolle von Schulleitungen und auf die individuelle Autonomie von Lehrpersonen ausgeübt, ohne dass hier in der Mehrzahl der Schulen grundlegende Veränderungen stattgefunden hätten. Daher müssen, um Schulprofilierungsprozesse voranzutreiben, lokale Lösungen inmitten hybrider Konstellationen der Steuerungsprinzipien Hierarchie, Wettbewerb und Gemeinschaft gefunden werden.

Die Idee einer autonomeren Schule und ihre Umsetzung in Schulprofilierungsprozessen scheinen dem traditionellem schulischen Koordinationsprinzip „individualistische Autonomie von Lehrpersonen“ die Antithese einer einheitlicheren und verbetrieblichten Einzelschule gegenüberzustellen, die (hierarchisch) geführt wird und den einzelnen Lehrpersonen spezifischere Aufträge für die Entwicklung und Umsetzung wettbewerbsmächtiger Profile zuweist. Die traditionelle bürokratisch-professionelle Doppelsteuerung im Schulsystem stützt sich einerseits auf das zwischenschulische Koordinationsprinzip einer „(gesamtsystemischen) Hierarchie“, die im Verwaltungszug von der zentralen Schulbürokratie über verschiedene intermediäre Akteure bis zu Schulleitung, Lehrpersonen und Schüler/inne/n wirksam werden soll; andererseits aber auf das innerschulische Koordinationsprinzip „Gemeinschaft“ (vgl. Gläser 2007, S. 89; Altrichter 2010d, S. 100ff.), das die Koordination zwischen den relativ autonomen Lehrpersonen einer Schule durch Appell an gemeinsame Werte, durch charismatische Führungsfiguren und subjektives Zugehörigkeitsgefühl organisieren will. Dem setzt die Politik von Schulautonomie und -profilierung das Bild einer zwischenschulischen Koordination durch „Wettbewerb“ und einer innerschulischen Koordination durch „(innerbetriebliche) Hierarchie“ entgegen.

Wir haben in den von uns untersuchten Fällen wenige Hinweise auf grundlegende Transformationen der innerschulischen Koordination in Richtung eines hierarchisch geleiteten Betriebs gefunden, wohl aber eine Reihe von Transformationskonflikten, die als Ergebnis und Äußerungsformen des Aufeinanderprallens unterschiedlicher Regelungsprinzipien interpretiert werden können. Solche Konflikte werden durch spezifische lokale Lösungen entschärft, die z.T. hohe Anforderungen an die Managementfähigkeit von Schulleitungen und Lehrpersonen stellen, die Profilierungsprozesse vorantreiben. Eine wichtige Rolle spielt dabei die Strategie der „Lehrerfreiwilligkeit“, die den einzelnen Lehrpersonen freistellt, ob sie an einer Profilierung mitwirken und sich – im Sinne einer gemeinschaftsförmigen Koordination – als Mitglied eines Profils fühlen wollen oder nicht. Große gymnasiale Schulen haben bessere Chancen und wohl auch mehr Bedarf nach einer solchen Strategie als Hauptschulen, die – vor allem wenn sie unter starkem Druck stehen, Schüler/innen zu gewinnen und zu halten – weniger Nischen für sehr individualistische Berufsauffassungen bieten können. Im Verein mit der Bevorzugung der Strategie der „Klassenprofilierung“ (gegenüber „Schulprofilierung“), die ebenfalls mehr Spielraum für unterschiedliche Lehrerinteressen lässt, werden dadurch die vereinheitlichenden und verbetrieblichenden Potenziale der Schulprofilierungsstrategie abgefedert und die Koexistenz verschiedener Koordinierungsprinzipien ermöglicht.

6 Hybridisierung der bürokratisch-professionellen „Doppelsteuerung“

Ein „Governance-Regime“ ist ein analytisches Konstrukt. Es soll aus einer Analyse der Vielzahl von Koordinationsbeziehungen in einem Mehrebenensystem jene wenigen Prinzipien herausarbeiten, die als charakteristisch für die Koordinationsverhältnisse in einem zeitlich und örtlich situiertem Feld gelten können (ohne dass einzelne Abweichungen und beschränkte Inseln des „Anders-Seins“ ausgeschlossen wären).

Abbildung 7.1 Bürokratisch-professionelle Doppelsteuerung, New PublicManagement-Zielperspektive und Tendenzen der Entwicklung in schulischen Profilierungsprozessen

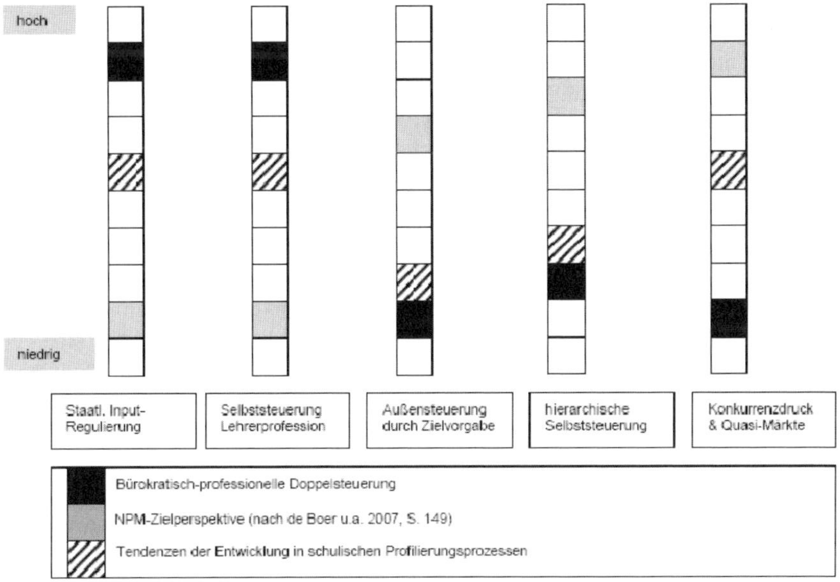

Die Analyse von Koordinationsprinzipien kann auf verschiedenen Abstraktionsebenen geschehen. Die zuvor dargestellten zwölf Thesen entsprechen einem deutlich konkreterem Niveau als unsere nachfolgende Diskussion: Auf eher hohem Abstraktionsniveau ist das traditionelle Governance-Regime des österreichischen Schulwesens durch eine *hierarchisch-professionelle Doppelsteuerung* charakterisiert worden, deren Charakteristika in Abb. 7.1 durch schwarze Balken angedeutet werden. Die Zielperspektive, die in Schulreformen nicht immer explizit als New Public Management (NPM) signalisiert wurde (was aber hier als Indikator der Tendenz normativer Governance-Reformvorschläge mit Modernisierungsanspruch genommen werden soll), ist in der gleichen Abbildung durch graue Balken angezeigt (vgl. auch de Boer u.a. 2007, S. 149).

In unserer Interpretation hat die Politik der Schulautonomisierung und ihrer Umsetzung in Profilierungsprozessen, wie sie am Beispiel österreichischer Sekundarschulen deutlich wird, nicht dazu geführt, dass das Governance-Regime der hierarchisch-professionellen Doppelsteuerung durch neue Koordinationsverhältnisse – z.B. im Sinne einer evidenzbasierten Steuerung oder von New Public Management – ersetzt wurde. Vielmehr ist die hybride Koordinationskonstellation der bürokratisch-professionellen Doppelsteuerung weiter hybridisiert worden (vgl. Dupriez & Maroy 2003), indem zusätzliche Koordinationsprinzipien wichtiger geworden sind: Dies gilt vor allem für „Wettbewerb", der – obgleich schon vorher in manchen Koordinationsbeziehungen bedeutsam (vgl. Zymek 2009a sowie die Annahmen des Governance-Equalizers in Abb. 7.1) – zu einem deutlich prägenderen zwischenschulischen Regulierungsgesichtspunkt geworden ist. Dies gilt nur mehr in sehr abgeschwächter Weise für die „innerbetriebliche Hierarchie" der autonomeren Einzelschulen, die in normativen Konzepten zur Governance-Modernisierung jeweils als deutlich zu stärkendes Koordinationsprinzip auftaucht. In unserer Interpretation der vorliegenden Fallstudien sind zwar die Ansprüche an das schulinterne Management gestiegen, ohne dass sich aber eine wesentlich veränderte Praxis innerschulischer Führung herausgebildet hätte. Innerschulisches Management bedarf weiterhin geschickter Schulleitungen und des sensiblen Umgehens mit traditionellen Prinzipien gemeinschaftsförmiger Koordination zwischen Lehrpersonen, um sich zu entfalten. Neuere Instrumente der evidenzbasierten Steuerung (die im Koordinationsprinzip „Außensteuerung durch Zielvorgabe und Zielevaluation" auftauchen müssten) spielten in den von uns untersuchten Schulen bislang – trotz der ministeriellen Propagierung von Schulprogrammen und schulischem Qualitätsmanagement – kaum eine Rolle, was sich aber mit der breiteren Implementation von Bildungsstandards und standardbezogenen Tests, die in den Zeiten unserer Datensammlung in ihren ersten Anfängen steckte, ändern könnte.

Durch die beschriebenen Veränderungen entwickelt sich eine *neu akzentuierte hybride Koordinationskonfiguration zwischen Bürokratie, Profession und Markt*. Wenn man es wagt, die hier qualitativ als Trends beschriebenen Entwicklungen in die Logik des Governance-Equalizers „umzurechnen", dann erhält man die schraffierten Balken in Abb. 7.1. Dabei wird deutlich, dass die Entwicklung in unserer Interpretation sehr wohl in die Richtung der Postulate von NPM geht, keineswegs aber „alte" Steuerungsprinzipien geradewegs ersetzt werden, die vielmehr – vielleicht in mancher Hinsicht geschwächt – Seite an Seite mit den durch Modernisierung forcierten Koordinationsprinzipien wirksam sind. Unsere Daten sprechen dafür, dass dadurch – typisch für Transformationssituationen – eine „neue Unübersichtlichkeit" produziert wurde, die sich für die Akteure als steigende Zahl von Bezugspunkten für Entscheidungen ausdrückt, die noch dazu in labilen Unter- und Überordnungsverhältnissen stehen.

Glossar österreichischer Begriffe

Allgemeinbildende Höhere Schule (AHS)	Offizielle österreichische Bezeichnung für gymnasiale Schulen der Sekundarstufe I und II.
Allgemeinbildende Pflichtschule (APS)	Sammelbegriff für das – historisch gesprochen – „niedere Schulwesen", das in Österreich Volks-, Haupt-, Sonder- und Polytechnische Schulen umfasst.
Berufsbildende Mittlere und Höhere Schulen (BMHS)	Sammelbezeichnung für den in Österreich gut ausgebauten Sektor berufsbildender Vollzeitschulen der Sekundarstufe II. Berufsbildende Höhere Schulen (BHS) – z.B. Höhere Technische Lehranstalten (HTL) oder Handelsakademien (HAK) – führen in meist 5-jährigen Bildungsgängen zu einer Matura und zu Berufsberechtigungen. Berufsbildende Mittlere Schulen (BMS) – z.B. Fachschulen, Handelsschulen – führen in kürzeren Bildungsgängen zu Berufsberechtigungen.
Bezirksschulinspektor/in (BSI)	Das oberste Schulaufsichtsorgan in einem Schulbezirk, das für eine Allgemeinbildende Pflichtschule (z.B. Hauptschule) direkt zuständig ist.
Freigegenstände	„Freigegenstände" sind von den Schüler/inne/n frei wählbare Fächer (vergleichbar den Wahlpflichtbereichen der in einigen deutschen Bundesländern existierenden Differenzierungsstufe am Ende der Sekundarstufe I).
Jahrgangszählung	An den weiterführenden Schulen in Österreich wird die Zählung der Grundschuljahrgänge nicht fortgesetzt, sondern von Beginn der Sekundarstufe beginnt die Zählung der „Klassen" (im Sinne von Jahrgängen) erneut mit der „ersten Klasse". 1. und 2. Klasse (der Sekundarstufe) entspricht 5. und 6. Schulstufe. Zur Vermeidung von Missverständnissen wurde, wo immer möglich, „Klasse" durch „Schulstufe" ersetzt.

Klassenvorstand	„Klassenvorstand" ist die österreichische Bezeichnung für den/die „Klassenlehrer/in".
Landesschulinspektor/in (LSI)	Das oberste Schulaufsichtsorgan eines Schultyps in einem Bundesland. Der/die LSI ist für gymnasiale Schulen direkt zuständig. Im Falle von Allgemeinbildenden Pflichtschulen steht eine weitere Verwaltungsebene – repräsentiert durch Bezirksschulinspektor/inn/en (BSI) – dazwischen.
Landesschulrat	Oberste Ebene der Schulverwaltung in einem österreichischen Bundesland.
Matura	„Matura" bezeichnet in Österreich die allgemeine Hochschulreife (Abitur).
Pädagogisches Institut (PI)	Zur Zeit der Datenerhebung: regionale Lehrerfortbildungseinrichtung. In der Zwischenzeit sind diese Einrichtungen in den Pädagogischen Hochschulen aufgegangen.
Personalvertretung	Personalrat
Pragmatisierung	„Pragmatisierung" ist der österreichische Terminus für „Verbeamtung".
Professor/in	Lehrer/innen an höheren Schulen führen in Österreich noch (wie vordem in Deutschland die Gymnasialprofessor/inn/en) den Professorentitel.
Schularbeiten	„Schularbeiten" ist – für Leser/innen aus Deutschland missverständlich – der österreichische Begriff für „Klassenarbeiten".
Supplierung	Halten von Vertretungsstunden.
Übergangszahlen	Der in Fallstudien über gymnasiale Schulen berichtete „Schülerschwund" beim Übergang zur Oberstufe wäre in Deutschland stark erklärungsbedürftig. Hierzu muss angemerkt werden, dass es in Österreich durchaus Usus ist, dass viele Schüler/innen einer AHS diese nach der vierten Klasse verlassen, um an einer Berufsbildenden Höheren Schule

	(BHS) – z.B. an einer Höheren Technischen Lehranstalt (HTL) oder einer Handelsakademie (HAK) – ihre Matura zu erlangen.
Unterrichts-praktikum	Referendariat
Volksschule (VS)	Vierjährige Primarschule
Zweigliedrigkeit	In Österreich existiert ein zweigliedriges Schulsystem, sodass hier als Alternative zur höheren Schule nur die Hauptschule (und nicht die Option einer Realschule) zur Wahl steht. Die Hauptschule bildet – gemeinsam mit der gymnasialen AHS-Unterstufe – das System der zweigliedrigen Sekundarstufe I in Österreich.

Abkürzungsverzeichnis

Kürzel	Bedeutung
AHS	Allgemeinbildende Höhere Schule
BMHS	Berufsbildende Mittlere und Höhere Schulen
BSI	Bezirksschulinspektor/in
HAK	Handelsakademie
HS	Hauptschule
IK	Informations- und Kommunikationstechnologien
KmSPF	Kinder mit sonderpädagogischem Förderbedarf
LSI	Landesschulinspektor/in
LSR	Landesschulrat
LSR f. OÖ	Landesschulrat für Oberösterreich
MKK	Musisch-Kreativ-Klasse
PI	Pädagogisches Institut
SchOG	Schulorganisationsgesetz
SPF	sonderpädagogischer Förderbedarf
VS	Volksschule
WiB	wissenschaftliche Begleitung

Literatur

Altrichter, H. (1992). Autonomie der Schule als Chance zukunftsorientierter Schulentwicklung. *Erziehung und Unterricht, 142* (10), 557-568.

Altrichter, H. (2006). *Schulentwicklung durch Schulprofilierung? Exposé eines Forschungsprojekts zu Veränderungen der Steuerungsweisen im Schulsystem.* Unv. Ms. Linz: Johannes Kepler Universität.

Altrichter, H. (2010a). Lehrerfortbildung im Kontext von Veränderungen im Schulwesen. In F.H. Müller, A. Eichenberger, M. Lüders & J. Mayr (Hrsg.), *Lehrerinnen und Lehrer lernen. Konzepte und Befunde zur Lehrerfortbildung* (S. 17-34). Münster: Waxmann.

Altrichter, H. (2010b). *Governance – Steuerung und Handlungskoordination bei der Transformation von Bildungssystemen.* Unv. Expertise für die Schweizer Akademien der Wissenschaften. Bern.

Altrichter, H. (2010c). „Wenn man das alles zusammenlegen würde, das wäre ein unheimliches Potenzial." Profilierung durch Soziales Lernen und neue Unterrichtsformen in einer gymnasialen Schule. In H. Altrichter, M. Heinrich, K. Soukup-Altrichter & B. Ziebermayr, *Schulprofilierung im Bereich soziales und kreatives Lernen* (S. 14-112). Münster: Monsenstein und Vannerdat.

Altrichter, H. (2010d). Netzwerke und die Handlungskoordination im Schulsystem. In N. Berkemeyer, W. Bos & H. Kuper (Hrsg.), *Schulreform durch Vernetzung. Interdisziplinäre Betrachtungen* (S. 95-116). Münster: Waxmann.

Altrichter, H., & Eder, F. (2004). Das ‚Autonomie-Paritäts-Muster' als Innovationsbarriere? In H.G. Holtappels (Hrsg.), *Schulprogramme – Instrumente der Schulentwicklung* (S. 195-221). Weinheim: Juventa.

Altrichter, H., & Heinrich, M. (2005). Schulprofilierung und Transformation schulischer Governance. In X. Büeler, A. Buholzer & M. Roos (Hrsg.), *Schulen mit Profil* (S. 125-140). Innsbruck: StudienVerlag.

Altrichter, H., & Heinrich, M. (2006). Evaluation als Steuerungsinstrument im Rahmen eines „neuen Steuerungsmodells" im Schulwesen. In W. Böttcher, H.G. Holtappels & M. Brohm (Hrsg.), *Evaluation im Bildungswesen* (S. 51-64). Weinheim: Juventa.

Altrichter, H., & Heinrich, M. (2007). Kategorien der Governance-Analyse und Transformationen der Systemsteuerung in Österreich. In H. Altrichter, T. Brüsemeister & J. Wissinger (Hrsg.), *Educational Governance* (S. 55-103). Wiesbaden: VS Verlag.

Altrichter, H., & Helm, C. (2010). Schulentwicklung und Systemreform. In H. Altrichter & C. Helm (Hrsg.), *Schulentwicklung* (S. 5-31). Baltmannsweiler: Schneider Verlag Hohengehren.

Altrichter, H., & Maag Merki, K. (2010). *Handbuch Neue Steuerung im Schulsystem.* Wiesbaden: VS Verlag.

Altrichter, H., & Posch, P. (Hrsg.) (1999). *Wege zur Schulqualität. Studien über den Aufbau von qualitätssichernden und qualitätsentwickelnden Systemen in berufsbildenden Schulen.* Innsbruck: StudienVerlag.

Altrichter, H., & Rürup, M. (2010). Schulautonomie und die Folgen. In H. Altrichter & K. Maag Merki (Hrsg.), *Handbuch Neue Steuerung im Schulsystem* (S. 111-144). Wiesbaden: VS Verlag.

Altrichter, H., Brüsemeister, T., & Heinrich, M. (2005a). Merkmale und Fragen einer Governance-Reform am Beispiel des österreichischen Schulwesens. *Österreichische Zeitschrift für Soziologie, 30* (4), 6-28.

Altrichter, H., Brüsemeister, T., & Wissinger, J. (Hrsg.) (2007). *Educational Governance.* Wiesbaden: VS Verlag.

Altrichter, H., Eder, F., & Soukup-Altrichter, K. (2003). *Endbericht der begleitenden Evaluation zum Projekt „Schulprogrammentwicklung an berufsbildenden Schulen".* Unv. Ms. Linz: Johannes Kepler Universität.

Altrichter, H., Heinrich, M., Soukup-Altrichter, K., & Ziebermayr, B. (2010). *Schulprofilierung im Bereich soziales und kreatives Lernen. Drei Fallstudien zu Schulprofilierungsprozessen.* Münster: Monsenstein und Vannerdat.

Altrichter, H., Heinrich, M., Langer, R., Prammer-Semmler, E., Soukup-Altrichter, K., Doppler, B., Mitterhumer, B., & Prexl-Krausz, U. (2008). *Schulentwicklung durch Schulprofilierung?* Unv. Projektbericht. Linz: Johannes Kepler Universität.

Altrichter, H., Prexl-Krausz, U., & Soukup-Altrichter, K. (2005b). *Schulprofilierung und neue Informations- und Kommunikationstechnologien.* Bad Heilbrunn: Klinkhardt.

Altrichter, H., Prexl-Krausz, U., & Soukup-Altrichter, K. (2006). Was verändert sich durch Schulprofilierung? Qualifikation und Selektion an Schulen mit dem Schwerpunkt „Informations- und Kommunikationstechnologien". *Die Deutsche Schule, 98* (3), 285-300.

Auer, M., Gruber, G., Mayringer, H., & Wimmer, H. (2004). *Salzburger Lesescreening 5-8. Handbuch: Manuskript.* Salzburg: Universität.

Bacher, J. (2006). Forschungslage zu Bildungsungleichheiten in Österreich. In B. Herzog-Punzenberger (Hrsg.), *Bildungsbe/nach/teiligung in Österreich und im internationalen Vergleich* (S. 7-26). KMI Working Paper 10/2006. Wien: Österreichische Akademie der Wissenschaften.

Bacher, J. (2009). Soziale Ungleichheit, Schullaufbahn und Testleistungen. In B. Suchan, C. Wallner-Paschon & C. Schreiner (Hrsg.), *PIRLS 2006. Lesekompetenz am Ende der Volksschule. Österreichischer Expertenbericht* (S. 79-101). Graz: Leykam.

Bachmann, H., Iby, E., Kern, A., Osinger, D., Radnitzky, E., & Specht, W. (1996). *Auf dem Weg zu einer besseren Schule.* Evaluation der Schulautonomie in Österreich. Auswirkung der 14. SchOG-Novelle. Innsbruck: StudienVerlag.

Ball, S.J., & Vincent, C. (1998). I Heard It on the Grapevine: Hot Knowledge and School Choice. *British Journal of Sociology of Education, 1*, 377-400.

Bartlett, W., & Le Grand, J. (1993). The Theory of Quasi-Markets. In J. Le Grand & W. Bartlett (Hrsg.), *Quasi-Markets and Social Policy* (S. 13-34). Houndmills: MacMillan Press.

Bastian, H.-G. (2002). *Musik(erziehung) und ihre Wirkung. Eine Langzeitstudie an Berliner Grundschulen* (3. Aufl.). Mainz: Schott.

Bayerisches Kultusministerium (o.J.). *Definition Schulprofil.* URL: http://www.stmuk. bayern. de/km/schulentwicklung/doc/grund_handl_schul_defprof.html (27.07.2004).

Beaton, A.E., Martin, M.O., Mullis, I.V., Gonzales, E.J., Kelly, D.L., & Smith, T.A. (1996). *Science achievement in the middle school years: IEA's Third International Mathematics and Science Study (TIMSS)*. Chestnut Hill, Mass.: TIMSS International Study Center, Boston College.

Bishop, J.H., & Wößmann, L. (2004). Institutional Effects in a Simple Model of Educational Production. *Education Economics, 12* (1), 17-38.

Blumenthal, J. von (2005). Governance – eine kritische Zwischenbilanz. *Zeitschrift für Politikwissenschaft, 15* (4), 1149-1180.

Bos, W. (2010). *Produziert Schule soziale Ungleichheiten?* Vortrag bei der Tagung „Neue Steuerung – alte Ungleichheiten?“ der KBBB/DGfE, 30.9.-01.10.2010, TU Dortmund.

Boyer, R., & Saillard, Y. (Hrsg.) (1995). *Théorie de la régulation. État des savoirs.* Paris: La Découverte.

Broccholichi, S., & Zanten, A. van (1997). Espaces de concurrence et circuits de scolarisation. L'évitement des collèges publics d'un district de la banlieue parisienne. *Les annales de la recherche urbaine, 75,* 5-17.

Brüsemeister, T. (2004a). *Lehrerschaft im Verhältnis zur Bildungsplanung.* Vortrag auf der Tagung „Wie erhöhen wir unsere Wirksamkeit?“ der kantonalen Bildungsdirektionen Zentralschweiz, Zürich.

Brüsemeister, T. (2004b). *Schulische Inklusion und neue Governance.* Münster: Monsenstein & Vannerdat.

Brüsemeister, T. (2004c). *Das andere Lehrerleben.* Bern: Haupt.

Budde, H. (2007). Die Entwicklung regionaler Schulstrukturen in peripheren ländlichen Räumen unter dem Paradigma demografischer Schrumpfung. Das Beispiel zweier Landkreise des Landes Brandenburg. *Zeitschrift für Pädagogik, 53* (3), 314-325.

Chubb, J.E., & Moe, T.M. (1988). Politics, Markets and the Organization of Schools. *American Political Science Review, 82,* 1065-1087.

Clausen, M. (2006). Warum wählen Sie genau diese Schule? Eine inhaltsanalytische Untersuchung elterlicher Begründungen der Wahl der Einzelschule innerhalb eines Bildungsgangs. *Zeitschrift für Pädagogik, 52* (1), 69-90.

Clausen, M., Winkler, C., & Neu-Clausen, M. (2007). Die Förderung psychosozialer Entwicklung durch Schulprofile? *Zeitschrift für Pädagogik, 53*, 744-757.

Commaille, J., & Jobert, B. (Hrsg.) (1998). *Les métamorphoses de la régulation politique.* Paris: Librairie générale de droit et de jurisprudence.

Cuban, L. (2001). *Oversold and Underused. Computers in the Classroom.* Cambridge, Mass.: Harvard University Press.

De Boer, H., Enders, J., & Schimank, U. (2007). On the Way towards New Public Management? The Governance of University Systems in England, the Netherlands, Austria, and Germany. In D. Jansen (Hrsg.), *New Forms of Governance in Research Organisations* (S. 137-152). Dordrecht: Springer.

Delvaux, B. (1997). L'enseignement secondaire dans le bassin scolaire de Charleroi. Écoles, élèves et trajectoires scolaires. *Les cahiers du Cerisis, 97/4.*

Delvaux, B., & Zanten, A. van (2004). *Les espaces locaux d'interdépendances entre établissements: une comparaison européenne.* Deliverable 7 Reguleducnetwork Report for the European Commission, FP5, Key action „Improving socio-economic Knowledge Base“. Mimeo. GIRSEF, Université Catholique de Louvain.

Delvaux, B., & Zanten, A. van (Hrsg.) (2006). Les espaces locaux d'interdépendance entre établissements: une comparaison européenne (Special issue). *Revue française de pédagogie, 156.*

Delvaux, B., Giraldo, S., & Maroy, C. (2005). *Réseaux et territoires. Les régulations intermédiaires dans le système scolaire en communauté française.* Louvain-la-Neuve: Presses universitaires de Louvain.

Deutscher Bildungsrat (Hrsg.) (1976). *Gutachten und Studien der Bildungskommission. Band 55.* Stuttgart: Klett.

Dubet, F., Cousin, O., & Guillemet, J.-P. (1989). Mobilisation des établissements et performances scolaires. *Revue française de sociologie, 30* (2), 235-256.

Dupriez, V., & Draelants, H. (2004). Classes hétérogènes vs classes homogènes: l'apport de la recherche à l'analyse de la problématique. *Revue française de pédagogie, 148,* 145-165.

Dupriez, V., & Maroy, C. (2003). Regulation in school systems: A theoretical analysis of the structural frame work of the school system in French-speaking Belgium. *J. Education Policy, 18* (4), 375-392.

Duru-Bellat, M., & Mingat, A. (1997). La constitution de classes de niveau par les collèges: les effets pervers d'une pratique à visée égalisatrice. *Revue française de sociologie, 38,* 759-790.

Eder, F. (Hrsg.) (1995). *Das Befinden von Kindern und Jugendlichen in der Schule.* Innsbruck: StudienVerlag.

Eder, F. (1995). Das Befinden von Schülerinnen und Schülern in den öffentlichen Schulen – Ergebnisse der Repräsentativerhebung. In F. Eder (Hrsg.), *Das Befinden von Kindern und Jugendlichen in der Schule* (S. 24-168). Innsbruck: StudienVerlag.

Eder, F. (2006). *Wie gut sind die Musikhauptschulen? Bericht über eine Untersuchung von Leistung und Befinden von Schülerinnen und Schülern an Musikhauptschulen bzw. in Musikklassen.* Unv. Forschungsbericht. Universität Salzburg.

Eder, F. (2007). *Das Befinden von Kindern und Jugendlichen in der österreichischen Schule. Befragung 2005.* Innsbruck: StudienVerlag.

Eder, F. (2008). Aufgaben aus TIMSS und PISA als Instrument der Evaluation von Unterricht und Schulen. In J. Thonhauser (Hrsg.), *Aufgaben als Katalysatoren von Lernprozessen* (S. 281-297). Münster: Waxmann.

Eder, F. (2009). Die Schule der 10- bis 14-Jährigen als Angelpunkt der Diskussion um Struktur und Qualität des Schulsystems. In W. Specht (Hrsg.), *Nationaler Bildungsbericht Österreich 2009. Band 2: Fokussierte Analysen bildungspolitischer Schwerpunktthemen* (S. 33-53). Graz: Leykam.

Eder, F., & Altrichter, H. (2009). Qualitätsentwicklung und Qualitätssicherung im österreichischen Schulwesen: Bilanz aus 15 Jahren Diskussion und Entwicklungsperspektiven für die Zukunft. In W. Specht (Hrsg.), *Nationaler Bildungsbericht Österreich 2009. Band 2: Fokussierte Analysen bildungspolitischer Schwerpunktthemen* (S. 305-322). Graz: Leykam.

Eder, F., Gaisbauer, H., & Eder, C. (2002). *MATKOMP – I. Ein Verfahren zur Erfassung mathematischer Kompetenzen am Ende der Sekundarstufe I. Erstellt auf Basis von TIMSS-Aufgaben: Forschungsbericht.* Linz: Johannes Kepler Universität.

Eder, F., & Mayr, J. (2000). *Linzer Fragebogen zum Schul- und Klassenklima für die 4.-8. Klasse (LFSK)*. Göttingen: Hogrefe.

Eder, F., Posch, P., Schratz, M., Specht, W., & Thonhauser, J. (2002). *Qualitätsentwicklung und Qualitätssicherung im österreichischen Schulwesen.* Innsbruck: Studien Verlag.

Edwards, T., & Whitty, G. (1997). Marketing Quality: Traditional and Modern Versions of Educational Excellence. In R. Glatter, P. Woods & C. Bagley (Hrsg.), *Choice and Diversity in Schooling. Perspectives and Prospects* (S. 29-43). London/New York: Routledge.

Eckert, T. (Hrsg.) (2007). *Übergänge im Bildungswesen.* Münster: Waxmann.

Eurydice (2007). *School Autonomy in Europe: Policies and Measures.* Brüssel: Eurydice.

Expertenkommission Zukunft der Schule (2008). *Zweiter Zwischenbericht.* Wien: Eigenverlag. URL: http://www.bmukk.gv.at/medienpool/16253/ek_zwb_02.pdf (11.12.2010).

Fankhauser, R. (2001). Entwicklungen in der österreichischen Schulgesetzgebung. *Recht der Jugend und des Bildungswesens, 3*, 379-387.

Fankhauser, R. (o.J.). *Rechtliche Verankerung der Schulautonomie in Österreich.* Unv. Ms. Wien: Bundesministerium für Unterricht und Kunst.

Felouzis, G. (2005). Performances et valeur ajoutée des lycées: le marché scolaire fait des différences. *Revue française de sociologie, 46* (1), 3-36.

Fend, H. (2001). Bildungspolitische Optionen für die Zukunft des Bildungswesens. *Zeitschrift für Pädagogik,* 43. Beiheft, 37-48.

Fend, H. (2005). Systemsteuerung im Bildungswesen – Anschlussfähigkeiten an die Schulwirklichkeit. In K. Maag Merki, A. Sandmeier, P. Schuler, P., & H. Fend (Hrsg.), *Schule wohin? Schulentwicklung und Qualitätsmanagement im 21. Jahrhundert* (S. 15-27). Zürich: Universität FS+S.

Fend, H. (2006a). *Neue Theorie der Schule. Einführung in das Verstehen von Bildungssystemen.* Wiesbaden: VS Verlag.

Fend, H. (2006b). *Geschichte des Bildungswesens.* Wiesbaden: VS Verlag.

Fend, H. (2008a). *Schule gestalten. Systemsteuerung, Schulentwicklung und Unterrichtsqualität.* Wiesbaden: VS Verlag.

Fend, H. (2008b). Die Bedeutung von Bildungsstandards im Kontext von Educational Governance. *Beiträge zur Lehrerbildung, 26* (3), 292-303.

Fend, H., Knörzer, W., Specht, W., Nagl, W., & Väth-Szusdziara, R. (1976). Gesamtschule und dreigliedriges Schulsystem – eine Vergleichsstudie über Chancengleichheit und Durchlässigkeit. In Deutscher Bildungsrat (Hrsg.), *Gutachten und Studien der Bildungskommission. Band 55.* Stuttgart: Klett.

Feuser, G. (1995). *Behinderte Kinder und Jugendliche zwischen Integration und Aussonderung.* Darmstadt: Wissenschaftliche Buchgesellschaft.

Feyerer, E. (2007a). Herausforderungen sind da, um angenommen zu werden. Schulprofilierung durch Integration? In K. Soukup-Altrichter, E. Feyerer, E. Prammer-Semmler & U. Prexl-Krausz (Hrsg.), *Was verändert sich durch Schulprofilierung?* (S. 95-130). Linz: Trauner.

Feyerer, E. (2007b). Integration an (ober-)österreichischen Hauptschulen. *Zeitschrift für Inklusion – online.net,* 01/2007. URL: http://www. inklusion-online.net (15.08.2010).

Feyerer, E., & Leidlmayer, B. (2005). „Nur wer sich bewegt, kommt von der Stelle“. In H. Altrichter, U. Prexl-Krausz & K. Soukup-Altrichter (Hrsg.), *Schulprofilierung und neue Informations- und Kommunikationstechnologien* (S. 71-95). Bad Heilbrunn: Klinkhardt.

Flick, U. (1996). *Qualitative Forschung.* Reinbek: rororo.

Flitner, E. (2007). Schöne Schulprofile. Zur Dynamik ethnischer Segregationsprozesse am Beispiel der Entwicklung exklusiver Angebote im Berliner öffentlichen Schulsystem 1995-2005. In R. Casale (Hrsg.), *Bildung und Öffentlichkeit* (S. 44-59). Beltz: Weinheim.

Flitner, E. (o.J.). *Pädagogische Wertschöpfung. Zur ‚Rationalisierung‘ von Schulsystemen durch Public-Private-Partnerships am Beispiel von PISA.* URL: http://forum-kritische-paedagogik.de/start/e107_files/downloads/ef.fend_beitrag.pdf (21.04.2010).

Franke, T. (2007). *Schulentwicklung und ländlicher Strukturwandel: Profilbildung und Kooperation von Sekundarschulen im Kreis Steinfurt 1995 – 2003.* Würzburg: Ergon.

Friedeburg, L.v. (1989). *Bildungsreform in Deutschland. Geschichte und gesellschaftlicher Widerspruch.* Frankfurt a.M.: Suhrkamp.

Geiger, A. (2010). *Alles über Sally.* München: Hanser.

Gewirtz, S., Ball, S., & Bowe, R. (1995). *Markets, Choice and Equity in Education.* Buckingham: Open University Press.

Giddens, A. (1992). *Die Konstitution der Gesellschaft. Grundzüge einer Theorie der Strukturierung.* Frankfurt a.M.: Campus.

Gläser, J. (2007). Gemeinschaften. In A. Benz, S. Lütz, U. Schimank & G. Simonis (Hrsg.), *Handbuch Governance* (S. 82-92). Wiesbaden: VS Verlag.

Glatter, R., Woods, P.A., & Bagley, C. (Hrsg.) (1997). *Choice and diversity in schooling: Perspectives and prospects.* London: Routledge.

Gronn, P. (2009). *Autonomy: A theoretical, policy and practical matter?* Paper presented at the ECER-Conference, Vienna, September 2009.

Gutknecht-Gmeiner, M., Lachmayr, N., Strasser, C., & Gottwald, R. (2007). *Profilbildung in der Sekundarstufe.* Bundesweite Erhebungen und Befragung von Schulleitungen. Unv. Bericht. Wien: Arbeiterkammer.

Haider, G., Eder, F., Specht, W., & Spiel, Ch. (2003). *Zukunft: Schule. Strategien und Maßnahmen zur Qualitätsentwicklung.* Erstfassung vom 17.10.2003. Wien: Bundesministerium für Bildung, Wissenschaft und Kultur.

Halbheer, U., & Reusser, K. (2008). Output-Steuerung, Accountability, Educational Governance – Einführung in die Geschichte, Begrifflichkeiten und Funktionen von Bildungsstandards. *Beiträge zur Lehrerbildung, 26* (3), 253-266.

Halpin, D., & Troyna, B. (1995). The Politics of Education Policy Borrowing. *Comparative Education, 31* (3), 303-310.

Harney, K. (2008). Autonomie als Struktur vs. Autonomie als Programm. In Verband der Lehrerinnen und Lehrer an Berufskollegs in Nordrhein-Westfalen e.V. (Hrsg.), *Die Berufskollegs stärken heißt die berufliche Bildung zu stärken* (S. 70-86). Krefeld: van Acken.

Heinrich, M. (2001). *Alle, alles, allseitig. Studien über die Desensibilisierung gegenüber dem Widerspruch zwischen Sein und Sollen der Allgemeinbildung.* Wetzlar: Büchse der Pandora.

Heinrich, M. (2001/02). Das Schulprogramm als effektives Reforminstrument? Von den Versuchen, alte Strukturen aufzubrechen. *Pädagogische Korrespondenz, 28,* 87-103.

Heinrich, M. (2006). *Autonomie und Schulautonomie. Die vergessenen ideengeschichtlichen Quellen der Autonomiedebatte der 1990er Jahre*. Münster: Monsenstein & Vannerdat.

Heinrich, M. (2007a). Zwischen Hierarchie und Verhandlung: Schulreform aus Governanceperspektive. In B. Hackl & H. Pechar (Hrsg.), *Bildungspolitische Aufklärung* (S. 146-159). Innsbruck: StudienVerlag.

Heinrich, M. (2007b). *Governance in der Schulentwicklung. Von der Autonomie zur evaluationsbasierten Steuerung.* Wiesbaden: VS Verlag.

Heinrich, M. (2009). *Schulprofilierung. Wie Wettbewerb eine Schule verändert.* Pädagogische Fallanthologie. Band 3. Opladen: Barbara Budrich.

Heinrich, M. (2010a). Testen, prüfen, vergleichen – und dann? Über die Auswirkungen von Lernstandserhebungen und Vergleichsarbeiten auf die Lehrerarbeit. In A. Feindt, T. Klaffke, E. Röbe, M. Rothland, E. Terhart & K.-J. Tillmann (Hrsg.), *Friedrich Jahresheft XXVIII 2010. Lehrerarbeit Lehrer sein* (S. 116-119). Seelze: Friedrich Verlage.

Heinrich, M. (2010b). Bildungsgerechtigkeit durch Evidence-based-policy? In. W. Böttcher, J. Dicke & N. Hogrebe (Hrsg.), *Evaluation, Bildung und Gesellschaft* (S. 47-68). Münster: Waxmann.

Herber, H.-J., Astleitner, H., & Faulhammer, E. (1999). Musikunterricht und Leistungsmotivation. *Salzburger Beiträge zur Erziehungswissenschaft, 3* (2), 41-67.

Holtappels, H.-G. (2003). *Schulqualität durch Schulentwicklung und Evaluation. Konzepte, Forschungsbefunde, Instrumente.* München: Wolters Kluwer.

Horak, R. (2005). *Schulische Profilbildung und Selektion.* Unv. Ms. Frankfurt a.M.

Horak, R., & Johanns, D. (2001). Schulische Profilbildungs- und Selektionsprozesse. In K. Himmelstein & W. Keim (Hrsg.), *Jahrbuch für Pädagogik 2000: Gleichheit und Ungleichheit in der Pädagogik* (S. 191-206). Frankfurt a.M.: Lang.

Huber, A., & Pichler, R. (2005). „Wenn jemand viel von dem tut, was er gern tut, dann tut er alles, was er tun muss, besser". In H. Altrichter, U. Prexl-Krausz & K. Soukup-Altrichter (Hrsg.), *Schulprofilierung und neue Informations- und Kommunikationstechnologien* (S. 47-70). Bad Heilbrunn: Klinkhardt.

Jacobs, B., & Strittmatter, P. (1979). *Der schulängstliche Schüler. Eine empirische Untersuchung über mögliche Ursachen und Konsequenzen der Schulangst.* Wien: Urban & Schwarzenberg.

Jessop, B. (2004). *Governance and Metagovernance: on Reflexivity, Requisite Variety and Requisite Irony.* Lancaster University: Department of Sociology. URL: http://www.lancs.ac.uk/fass/sociology/papers/jessop-governance-and-metagovernance.pdf (11.12.2001).

Krall, J. (2004). *Jugend und Gewalt. Herausforderung für Schule und Soziale Arbeit.* Wien: Lit.

Kussau, J., & Brüsemeister, T. (2007). Educational Governance: Zur Analyse der Handlungskoordination im Mehrebenensystem der Schule. In H. Altrichter, T. Brüsemeister & J. Wissinger (Hrsg.), *Educational Governance – Handlungskoordination und Steuerung im Bildungssystem* (S. 15-54). Wiesbaden: VS Verlag.

Lakatos, I. (1974). Falsifikation und die Methodologie wissenschaftlicher Forschungsprogramme. In I. Lakatos & A. Musgrave (Hrsg.), *Kritik und Erkenntnisfortschritt* (S. 89-189). Braunschweig: Vieweg.

Lange, S., & Schimank, U. (2004). Einleitung: Governance und gesellschaftliche Integration. In S. Lange & U. Schimank (Hrsg.), *Governance und gesellschaftliche Integration* (S. 9-44). Wiesbaden: VS Verlag.

Lascoumes, P., & Le Galès, P. (Hrsg.) (2004). *Gouverner par les instruments.* Paris: Les Presses de Sciences-Po.

Lassnigg, L., & Vogtenhuber, S. (2009). Bildungsbeteiligung im Sekundarschulbereich nach regionaler Herkunft, Alter und Geschlecht. In W. Specht (Hrsg.), *Nationaler Bildungsbericht Österreich 2009. Band 1: Das Schulsystem im Spiegel von Daten und Indikatoren* (S. 62-63). Graz: Leykam.

Lauder, H., & Hughes, D. (1999). *Trading in Futures. Why Markets in Education don't Work.* Buckingham: Open University Press.

Lehmann, R., & Nikolova, R. (2003). *ELEMENT. Erhebung zum Lese- und Mathematikverständnis – Entwicklungen in den Jahrgangsstufen 4-6 in Berlin.* URL: http://www.berlin.de/imperia/md/content/sen-bildung/schulqualitaet/schulleistungs untersuchungen/hu_praes.pdf?start&ts=1229526638 (25.10.2009).

Leithwood, K., & Menzies, T. (1998). Forms and effects of school-based management: A review. *Educational Policy, 12*, 325-346.

Lortie, D.C. (1972). Teamteaching. In H.-W. Dechert (Hrsg.), *Teamteaching in der Schule* (S. 37-76). München: Piper.

Lortie, D.C. (1975/2002). *Schoolteacher.* Chicago: University of Chicago Press.

LSR f. OÖ (Hrsg.) (1997). *Durchführungsrichtlinien zur sozialen Integration in der Hauptschule, Erlass B1-35/2-97 vom 24.09.1997.* Linz. URL: http://www.lsr-ooe.gv.at/cgi-bin/erlass02.asp?id=177 (05.05.2005).

LSR f. OÖ (Hrsg.) (2002a). *Durchführungsrichtlinien zur sozialen Integration in der Hauptschule (redigierte Fassung), Erlass B1-49/1-2002 vom 21.01.2002.* Linz. URL: http://www.lsr-ooe.gv.at/cgi-bin/erlass01.asp (05.05.2005).

LSR f. OÖ (Hrsg.) (2002b). *Integration an Hauptschulen: Umsetzung, Erlass B1-49/2-2002 vom 22.01.2002.* Linz. URL: http://www.lsr-ooe.gv.at/cgi-bin/erlass01.asp (05.05.2005).

Maag Merki, K., & Steinert, B. (2006). Die Prozessstruktur von teilautonomen Schulen und ihre Effektivität für die Herstellung optimaler Lernkontexte für schulische Bildungsprozesse. *Schweizerische Zeitschrift für Bildungswissenschaften, 28* (Sonderheft), 103-122.

Magotsiu-Schweizerhof, E. (1999). *Schulautonomie, Profilbildung und freie elterliche Schulwahl am Beispiel von Erfahrungen in angelsächsischen Ländern.* Ein Literaturbericht. Frankfurt: Deutsches Institut für Internationale Pädagogische Forschung.

Maritzen, N. (2003). Schulprogramm und Rechenschaft – eine schwierige Beziehung. In T. Brüsemeier & K.-D. Eubel (Hrsg.), *Zur Modernisierung der Schule* (S. 248-254). Bielefeld: transcript.

Maroy, C. (2004). *Regulation and Inequalities in European Education Systems.* Final Report for the European Commission, FP5, Key action „Improving socio-economic Knowledge Base". Mimeo. GIRSEF, Université Catholique de Louvain.
Maroy, C. (2006a). Quand les parents choisissent l'école. In G. Chapelle & D. Meuret (Hrsg.), *Améliorer l'école* (S. 129-140). Paris: Presses universitaires de France.
Maroy, C. (2006b). École, régulation et marché. In *Une analyse de six espaces scolaires en Europe.* Paris: Presses universitaires de France.
Maroy, C. (2009). Convergences and hybridisation of educational policies around 'post-bureaucratic' models of regulation. *Compare, 39* (1), 71-84.
Maroy, C., & Dupriez, V. (2000). La régulation dans les systèmes scolaires. Proposition théorique et analyse du cadre structurel en Belgique francophone. *Revue française de pédagogie, 130,* 73-87.
Maroy, C., & van Zanten, A. (2009). Regulation and competition among schools in six European localities. *Sociologie du travail, 51* (1), e67-e79.
Maslowski, R., Scheerens, J., & Luyten, H. (2007). The Effect of School Autonomy and School Internal Decentralisation on Students' Reading Literacy. *School Effectiveness and School Improvement, 18* (3), 303-334.
Mayntz, R. (2009). *Über Governance. Institutionen und Prozesse politischer Regelung.* Frankfurt a.M.: Campus.
McLellan, R. (2009). *Learning Outcomes & Student Voice: Whistling Past the Graveyard?* Paper presented at the ECER-conference, Vienna, 28-30 September.
Moser, U., Ramseier, E., & Keller, C. (1997). *Schule auf dem Prüfstand: eine Evaluation der Sekundarstufe 1 auf der Grundlage der "Third International Mathematics and Science Study".* Chur: Rüegger.
OECD (1995). *Decision-making in 14 OECD Education Systems.* Paris: OECD/CERI.
OECD (2004). *Bildung auf einen Blick 2004. OECD-Indikatoren.* Paris: OECD.
OECD (2008). *Bildung auf einen Blick 2008. OECD-Indikatoren.* Paris: OECD/W. Bertelsmann.
Oelkers, J., & Reusser, K. (2008). *Qualität entwickeln – Standards sichern – mit Differenz umgehen.* Berlin: Bundesministerium für Bildung und Forschung.
Osterloh, M., & Grand, S. (1997). Die Theorie der Strukturation als Metatheorie der Organisation? In G. Ortmann, J. Sydow & K. Türk (Hrsg.), *Theorien der Organisation* (S. 355-359). Opladen: Westdeutscher Verlag.
Oswald, W.D., & Roth, E. (1987). *Der Zahlen-Verbindungs-Test (ZVT)* (2. Aufl.). Göttingen: Hogrefe.
Ozga, J., & Jones, R. (2006). Travelling and Embedded Policy: The Case of Knowledge Transfer. *Journal of Education Policy, 21* (1), 1-17.
Philipp, E., & Rolff, H.-G. (2004). *Schulprogramme und Leitbilder entwickeln.* Weinheim: Beltz.
Prammer-Semmler, E. (2007). Das soziale Lernen ist aus einem Handlungsbedarf entstanden. Kann sich eine Schule über das soziale Lernen profilieren? In K. Soukup-Altrichter, E. Feyerer, E. Prammer-Semmler & U. Prexl-Krausz (Hrsg.), *Was verändert sich durch Schulprofilierung?* (S. 23-59). Linz: Trauner.
Prexl-Krausz, U., & Gierlinger, E. (2007). Wir sind nie stehen geblieben! Was sich im Zuge des Profilierungsschwerpunkts Englisch als Arbeitssprache an einer

Hauptschule verändert. In K. Soukup-Altrichter, E. Feyerer, E. Prammer-Semmler & U. Prexl-Krausz (Hrsg.), *Was verändert sich durch Schulprofilierung?* (S. 61-94). Linz: Trauner.

Posch, P., & Altrichter, H. (1993). *Schulautonomie in Österreich*. Wien: Bundesministerium für Unterricht und Kunst.

Posch, P., & Altrichter, H. (1997). *Möglichkeiten und Grenzen der Qualitätsevaluation und Qualitätsentwicklung im Schulwesen*. Innsbruck: StudienVerlag.

Radtke, F.-O., & Weiß, M. (Hrsg.) (2000). *Schulautonomie, Wohlfahrtsstaat und Chancengleichheit. Ein Studienbuch*. Opladen: Leske + Budrich.

Rauin, U. (1987). Differenzierender Unterricht: Empirische Studien im Überblick. In U. Steffens & H. Bargel (Hrsg.), *Untersuchungen zur Qualität des Unterrichts. Heft 3* (S. 111-137). Wiesbaden: Hessisches Institut für Bildungsplanung und Schulentwicklung.

Reimer, M.C. (2006). *Profilentwicklung an Mannheimer Schulen. Eine qualitative Untersuchung an Hauptschulen und Gymnasien*. Mannheimer sozialwissenschaftliche Abschlussarbeiten, Nr. 005/2006. Universität Mannheim.

Remy, J., Voyé, L., & Servais, E. (1978). *Produire ou reproduire. Une sociologie de la vie quotidienne*. Bruxelles: Éditions Vie Ouvrière.

Reynaud, J.-D. (1993). *Les règles du jeu. In L'action collective et la régulation sociale*. 2. Aufl. Paris: Armand Colin.

Robin, S.R., & Sprietsma, M. (2003). *Characteristics of Teaching Institutions and Students' Performance: New empirical data from OECD data*. URL: http://www.ires.ucl.ac.be/DP/IRES_DP/2003-28.pdf (19.10.2009).

Rürup, M. (2007). *Innovationswege im deutschen Bildungssystem*. Wiesbaden: VS Verlag.

Rürup, M. (2008). Schulautonomie in Deutschland – Konturen einer langfristigen Reform. Vortrag auf der Tagung „Effekte und Problemlagen neuer Steuerungskonzepte im Bildungswesen" an der PH Ludwigsburg. URL: http://www.zbl.uni-wuppertal.de/personen/roebken/team/ruerup/p_pics/Ruerup_Schulautonomie_29022008.pdf (27.10.2009).

Rürup, M., & Heinrich, M. (2007). Schulen unter Zugzwang – Die Schulautonomiegesetzgebung der deutschen Länder als Rahmen der Schulentwicklung. In H. Altrichter, T. Brüsemeister & J. Wissinger (Hrsg.), *Educational Governance* (S. 157-183). Wiesbaden: VS Verlag.

Saalfrank, W.-T. (2005). *Schule zwischen staatlicher Aufsicht und Autonomie*. Würzburg: Ergon.

Schimank, U. (2007). Die Governance-Perspektive: Analytisches Potenzial und anstehende konzeptionelle Fragen. In H. Altrichter, T. Brüsemeister & J. Wissinger (Hrsg.), *Educational Governance* (S. 231-260). Wiesbaden: VS Verlag.

SchOG (2010). Bundesgesetz vom 25. Juli 1962 über die Schulorganisation (Schulorganisationsgesetz) BGBl. Nr. 242/1962, zuletzt geändert durch BGBl. I Nr. 44/2010. URL: http://www.ris.bka.gv.at/Dokumente/BgblAuth/BGBLA_2010_I_44/BGBLA_2010_I_44.pdf (22.12.2010)

Schratz, M., & Hartmann, M. (2009). Schulautonomie in Österreich: Bilanz und Perspektiven für eine eigenverantwortliche Schule. In W. Specht (Hrsg.), *Nationaler Bil-*

dungsbericht. Österreich 2009. Band 2: Fokussierte Analysen bildungspolitischer Schwerpunktthemen (S. 323-340). Graz: Leykam.

Schrittesser, I. (2007). *Bildung organisierter Widerspruch? Über die Möglichkeiten und Grenzen der Organisationsentwicklung im Bildungssystem.* Frankfurt a.M.: Lang.

Schulz-Zander, R. (2001). Lernen mit neuen Medien in der Schule. *Zeitschrift für Pädagogik,* 43. Beiheft, 181-195.

Schümer, G., & Weiß, M. (2008). *Bildungsökonomie und Qualität der Schulbildung. Kommentar zur bildungsökonomischen Auswertung von Daten aus internationalen Schulleistungsstudien.* Frankfurt a.M.: Gewerkschaft Erziehung und Wissenschaft.

Seel, A., Altrichter, H., & Mayr, J. (2006). Innovation durch ein neues Lehrerdienstrecht? Eine Evaluationsstudie zur Implementierung des LDG 2001. In M. Heinrich & U. Greiner (Hrsg.), *Schauen, was 'rauskommt* (S. 95-111). Wien: Lit.

Seel, H., & Scheipl, J. (2004). *Das österreichische Bildungswesen am Übergang ins 21. Jahrhundert.* Graz: Leykam.

Senatsverwaltung für Schule, Jugend und Sport (Hrsg.) (2000). *Materialien zur Schulentwicklung. Themenheft 1: Schulprogramm und Evaluation.* Berlin.

Sertl, M. (o.J.). *Neue Lernformen für den flexiblen Menschen.* Soziologische Anmerkungen zu Heterogenisierung und Individualisierung des Unterrichts. Unv. Ms. Wien: Pädagogische Akademie des Bundes.

Sertl, M. (1993). Kurze Geschichte der Autonomiediskussion in Österreich. In P. Posch & H. Altrichter (Hrsg.), *Schulautonomie in Österreich* (S. 88-124). Wien: Bundesministerium für Unterricht und Kunst.

Sertl, M., Khan-Svik, G., & Garnitschnig, K. (2001). Teamarbeit und fächerübergreifender Unterricht. In R. Olechowski, G. Hanisch & W. Weidinger (Hrsg.), *Das Modell „Mittelschule"* (S. 56-83). Innsbruck: StudienVerlag.

Sikorski, S. (2007). Differenzierungsprozesse in städtischen Schullandschaften: Das Beispiel der Hauptschulen. *Zeitschrift für Pädagogik, 53* (3), 284-298.

Simsa, R. (2007). Erfolg und Misserfolg systemischer Interventionen. *journal für schulentwicklung, 11* (4), 15-23.

Soukup-Altrichter, K. (2007). „Vorher waren wir viel kleiner. Jetzt sind wir groß geworden." In K. Soukup-Altrichter, E. Feyerer, E. Prammer-Semmler & U. Prexl-Krausz (Hrsg.), *Was verändert sich durch Schulprofilierung?* (S. 133-167). Linz: Trauner.

Soukup-Altrichter, K., Feyerer, E., Prammer-Semmler, E., & Prexl-Krausz, U. (Hrsg.) (2007). *Was verändert sich durch Schulprofilierung? 4 Fallstudien profilierter Hauptschulen.* Linz: Trauner.

Soukup-Altrichter, K., Heinrich, M., & Altrichter, H. (2010). *Profilierung und die Sicht des schulischen Umfelds.* Unv. Ms. Linz: Johannes Kepler Universität.

Soukup-Altrichter, K., Prexl-Krausz, U., & Altrichter, H. (2005). Die Profilierung einer Hauptschule. In H. Altrichter, U. Prexl-Krausz & K. Soukup-Altrichter (Hrsg.), *Schulprofilierung und neue Informations- und Kommunikationstechnologien* (S. 21-46). Bad Heilbrunn: Klinkhardt.

Specht, W. (1996). Dimensionen und Tendenzen der Schulentwicklung in Österreich. Ergebnisse einer bundesweiten Untersuchung an Hauptschulen und allgemeinbildenden höheren Schulen. In W. Specht & J. Thonhauser (Hrsg.), *Schulqualität. Entwicklungen, Befunde, Perspektiven* (S. 344-392). Innsbruck: StudienVerlag.

Specht, W. (2003). *Die Hauptschule der Ursulinen im Spiegel der Wahrnehmungen von Eltern und Schülerinnen. Ein Evaluationsbericht.* Graz: Zentrum für Schulentwicklung, unv. Projektbericht.

Specht, W. (2006). *Schule BEWUSST: Bewertung des Unterrichts an Schulen der Steiermark. Projektbeschreibung und Allgemeine Ergebnisse.* Graz: Zentrum für Schulentwicklung, unv. Projektbericht.

Specht, W. (Hrsg.) (2009). *Nationaler Bildungsbericht Österreich 2009. Band 1: Das Schulsystem im Spiegel von Daten und Indikatoren. Band 2: Fokussierte Analysen bildungspolitischer Schwerpunktthemen.* Graz: Leykam.

Specht, W., & Grabensberger, E. (2007). Datenorientierte Schulentwicklung. Erfahrungen aus dem Pilotprojekt „Schule BEWUSST" in der Steiermark. *Unser Weg, 62* (3), 83-94.

Specht, W., Gross-Pirchegger, L., Seel, A., Stanzel-Tischler, E., & Wohlhart, D. (2006). *Qualität in der Sonderpädagogik. Ausgangspunkte und Fokusthemen.* Graz. URL: http://qsp.or.at (12.8.2006).

Steiner-Khamsi, G. (2000). De-Regulierung und Schulwahl in den USA: Gewinner und Verlierer. Was ist aus internationalen Vergleichen zu lernen? In F.O. Radtke & M. Weiß (Hrsg.), *Schulautonomie, Wohlfahrtsstaat und Chancengleichheit* (S. 117-135). Opladen: Leske + Budrich.

Svecnik, E. (1998). Zur Evaluation der Schulversuche „Neue Mittelschule / Schulverbund Graz-West" und „Realschule" in der Steiermark. *ZSE-Report, 37.* Graz: Zentrum für Schulentwicklung.

Tanzer, N.K., Grogger, G., & Maier, E. (2000). Ergebnisse der Erhebung: Gestaltung von Freiräumen an österreichischen Hauptschulen. *ZSE-Report, 49,* 61-154.

Terssac, G. de (Hrsg.) (2003). *La théorie de la régulation sociale de J.-D. Reynaud. Débats et prolongements.* Paris: La Découverte.

Tillmann, K.-J. (1995). *Schulentwicklung und Lehrerarbeit.* Hamburg: Bergmann + Helbig.

Thonhauser, J. (1996). Neuere Zugänge der Forschung zur Erfassung von Schulqualität. In W. Specht & J. Thonhauser (Hrsg.), *Schulqualität. Entwicklungen, Befunde, Perspektiven* (S. 394-425). Innsbruck: StudienVerlag.

Tomlinson, S. (2000). Wie wirken sich Bildungsmärkte auf ethnische Minderheiten aus? In F.-O. Radtke & M. Weiß (Hrsg.), *Schulautonomie, Wohlfahrtsstaat und Chancengleichheit* (S. 201-221). Opladen: Leske + Budrich.

Weber, E.-W., Spychiger, M., & Patry, J. Luc. (1993). *Musik macht Schule: Biografie und Ergebnisse eines Schulversuchs mit erweitertem Musikunterricht.* Essen: Die blaue Eule.

Weiß, M. (2001). Quasi-Märkte im Schulbereich. Eine ökonomische Analyse. *Zeitschrift für Pädagogik,* 43. Beiheft, 69-85.

Wößmann, L. (2007). Extern überprüfte Standards, Schulautonomie und Wettbewerb: Chancen für das Deutsche Schulsystem. *Recht der Jugend und des Bildungswesens, 55* (1), 64-83.

Wößmann, L. (2008). Zentrale Abschlussprüfungen und Schülerleistungen. *Zeitschrift für Pädagogik, 54* (6), 810-826.

Zanten, A. van (2001). *L'école de la périphérie. Scolarité et ségrégation en banlieue.* Paris: Presses universitaires de France.

Zanten, A. van (2006a). Les effets de la compétition sur les logiques d'action des établissements d'enseignement. *Raisons éducatives, 44,* 15-25.

Zanten, A. van (2006b). Compétition et fonctionnement des établissements scolaires: les enseignements d'une enquête européenne. *Revue française de pédagogie, 156,* 9-17.

Zanten, A. van (2006c). Une discrimination banalisée? L'évitement de la mixité sociale et raciale dans les établissements scolaires. In D. Fassin & E. Fassin (Hrsg.), *De la question sociale à la question raciale? Représenter la société française* (S. 195-210). Paris: La Découverte.

Zanten, A. van (2007). Les choix scolaires dans la banlieue parisienne: défection, prise de parole et évitement de la mixité. In H. Lagrange (Hrsg.), *L'épreuve des inégalités.* (S. 316-350). Paris: Presses universitaires de France.

Ziebermayr, B., & Altrichter, H. (2010a). „Kreativität war immer schon eine Stärke von uns." Profilierung durch Kunst und Kreativität in einer Hauptschule. In H. Altrichter, M. Heinrich, K. Soukup-Altrichter & B. Ziebermayr: *Schulprofilierung im Bereich soziales und kreatives Lernen* (S. 113-146). Münster: Monsenstein und Vannerdat.

Ziebermayr, B., & Altrichter, H. (2010b). „Eine Leidenschaft muss drinnen sein." Profilierung durch Kunst und Kreativität in einer gymnasialen Schule. In H. Altrichter, M. Heinrich, K. Soukup-Altrichter & B. Ziebermayr: *Schulprofilierung im Bereich soziales und kreatives Lernen* (S. 147-195). Münster: Monsenstein und Vannerdat.

Zymek, B. (2009a). Wettbewerb zwischen Schulen als Programm und Wettbewerb als Struktur des Schulsystems. In U. Lange, S. Rahn, W. Seitter & R. Körzel (Hrsg.), *Steuerungsprobleme im Bildungswesen. Festschrift für Klaus Harney* (S. 81-100). Wiesbaden: VS (zit. nach dem Ms.).

Zymek, B. (2009b). Prozesse der Internationalisierung und Hierarchisierung im Bildungssystem. *Zeitschrift für Pädagogik, 55* (2), 175-193.

Zymek, B., & Richter, J. (2007). International-vergleichende Analyse regionaler Schulentwicklung: Yorkshire und Westfalen. *Zeitschrift für Pädagogik, 53* (3), 326-350.

Zymek, B., Sikorski, S., Franke, T., Ragutt, F., & Jakubik, A. (2006). Die Transformation regionaler Bildungslandschaften. Vergleichende Analyse lokaler und regionaler Schulangebotsstrukturen in den Städten Münster, Recklinghausen, Bochum und dem Kreis Steinfurt 1995-2003. In W. Bos, H.G. Holtappels, H. Pfeiffer, H.-G. Rolff & R. Schulz-Zander (Hrsg.), *Jahrbuch der Schulentwicklung. Band 14* (S. 195-219). Weinheim: Juventa.

Autor/inn/en

Altrichter, Herbert, Prof. Dr., Institut für Pädagogik und Psychologie, Johannes Kepler Universität Linz, Österreich; herbert.altrichter@jku.at

Eder, Ferdinand, Prof. Dr., Fachbereich Erziehungswissenschaft, Universität Salzburg, Österreich; ferdinand.eder@sbg.ac.at

Feyerer, Ewald, Prof. Dr., Institut für Inklusive Pädagogik, Interkulturelle Pädagogik, Innovative Lehr- und Lernkultur, Pädagogische Hochschule OÖ in Linz, Österreich; ewald.feyerer@ph-ooe.at

Heinrich, Martin, Prof. Dr., Institut für Erziehungswissenschaft, Leibniz Universität Hannover, Deutschland; martin.heinrich@iew.phil.uni-hannover.de

Maroy, Christian, Full Professor, Canada Research Chair in Education Policy, Université de Montréal, Kanada; christian.maroy@umontreal.ca

Prammer-Semmler, Eva, Dipl. Päd., Pädagogische Hochschule OÖ in Linz, Österreich; eva.prammer-semmler@ph-ooe.at

Soukup-Altrichter, Katharina, Prof.^{in}, Dr.^{in}, Pädagogische Hochschule OÖ in Linz, Österreich; k.soukup-altrichter@eos.at

Specht, Werner, Hon.Prof. Dr., Bundesinstitut für Bildungsforschung, Innovation und Entwicklung des österreichischen Schulwesens, Zentrum für Bildungsforschung und Evaluation, Graz, Österreich; w.specht@bifie.at

van Zanten, Agnès, Senior CNRS Research Fellow, Sciences Po, Observatoire Sociologique du Changement, Paris, Frankreich; agnes.vanzanten@science-po.fr